国家社科基金
后期资助项目
GUOJIA SHEKE JIJIN HOUQI ZIZHU XIANGMU

在身份与契约之间：
法律文明进程中的
欧洲中世纪行会

Between Identity and Contract:
Medieval European Guilds
in the Process of Legal Civilization

康 宁 著

社会科学文献出版社
SOCIAL SCIENCES ACADEMIC PRESS (CHINA)

国家社科基金后期资助项目
出版说明

后期资助项目是国家社科基金设立的一类重要项目，旨在鼓励广大社科研究者潜心治学，支持基础研究多出优秀成果。它是经过严格评审，从接近完成的科研成果中遴选立项的。为扩大后期资助项目的影响，更好地推动学术发展，促进成果转化，全国哲学社会科学工作办公室按照"统一设计、统一标识、统一版式、形成系列"的总体要求，组织出版国家社科基金后期资助项目成果。

全国哲学社会科学工作办公室

目　录

图表目录

第一章　导论：法律文明进程
与欧洲中世纪的行会

"法律就像旅行一样，必须为明天做准备。它必须具备成长的原则。"

——〔美〕本杰明·卡多佐

人类法律文明经历了一个持续而漫长的历史发展过程，大体上可划分为传统与现代两大历史阶段。对此，英国历史法学家亨利·梅因（Henry Maine，1822－1888）的"从身份到契约"的历史概括与阶段划分是学界公认的不刊之论。他说："所有进步社会的运动，到此处为止，是一个'从身份到契约'的运动。"① 此言深刻概括了传统社会与现代社会、传统法律与现代法律的本质区别：前者属于身份型，其基本特征以"血缘—义务"为前提，公开承认和维护社会身份的差异以及特权的存在；后者属于契约型，其基本特征以"契约—权利"为基础，公开宣告并努力实现法律面前人人平等和法未禁止即自由的法治原则。在梅因看来，一部人类法律文明史，就是一部逐步祛除法律中的身份属性同时增量契约属性的此消彼长的历史，其中，古代罗马帝国后期职业军人的产生、中世纪采邑组织中的个人权利和义务，都是这一进程在发生学意义上的重要片段。那么，是否仍有未曾言及的

① Henry Sumner Maine, *Ancient Law*, London：John Murray, 1905, p. 150；Henry Sumner Maine, "Lecture Ⅶ：Ancient Divisions of the Family", *Lectures on the Early History of Institutions*, ed. by Henry Summer Maine, London：John Murray, 1885, p. 185.

其他因素，在法律文明的进程中同样贡献不菲？

此一问题的答案，无法绕开社会组织的重要形式——行会。行会是为了促进共同利益，按照不同领域组成的社会团体，古已有之，中世纪尤盛。就欧洲而言，由身份型传统法律文明向契约型现代法律文明的转变过程，在中世纪行会中得到具体而生动的展示，而且，这一历史性转变的实现在相当程度上还得益于后者的引领和带动作用。

一　法律文明进程中的行会：从身份到契约？

"法律必须稳定，但又不能静止不变。"[①] 欧洲中世纪行会呈现出法律秩序维持与调整的图景，为法律文明演化进程的诠释提供了视角。对此，英国学者亨利·梅因"从身份到契约"的论断已经提供了启示。在梅因的理论体系中，随着时间的推移，社会发展体现为结构性的变迁，尤其是社会主体、经济规模和经济独立性的增加；社会组织是这一进程的产物，其本身也促成既有法律关系的松动。这导致了传统的、地方性法律结构的瓦解，不适应这种瓦解的血缘身份隶属失去了存在的意义，新的社会秩序具有更多的自由性和流动性。在此，梅因看重封建采邑组织的法律意义，却对业缘性的行会关注不够。在《古代法》一书中，梅因认为，古罗马帝国以后，地缘性的采邑组织建立在契约关系（pact and obligation）的基础上，而不是血缘（blood—relationship）和直觉（instinct）的基础上。在梅因看来，正是得益于家族血缘对个体束缚的松弛，中世纪初期的采邑组织才得以吸纳长期、稳定的成员，而后者与领主之间的关系至少在表面上是契约型的，也是个体意识与契约关系在中世纪萌生的力证。不可否认，以约定方式限定财

[①] 〔美〕罗斯科·庞德：《法律史解释》，邓正来译，商务印书馆，2013，第4页。

产与权利归属的封建主仆，已经拥有了可以预见的利得与损失。但是，封建采邑关系之内的契约关系实际潜藏"领主—封臣"之间的不均衡较量。在封建附庸的前提下，附着于土地上的人无异于接受了不亚于血缘关系的又一身份性束缚，且这种束缚仍旧具有难以变更的、压倒性的力量。实际上，后罗马时代的中世纪欧洲是动荡、多层次的，封建采邑中的契约性要素只是其中的一种面向，围绕社会组织展开的讨论也不限于梅因本人。如果上升到一般性的理论视域，行会这一典型的业缘性社会组织，至少可以为下面的问题提供切入点：法律文明的进程如何在中世纪行会的线索中得以观瞻？

（一）关于行会的早期论断：从"例外"到"应然"

在古代社会自然崇拜与物活论的争辩中，诸如"真理"与"感官世界"、"存在"与"不存在"、"运动"与"不运动"的概念范畴，一定程度上限定了人们讨论或者尝试多样性的能力——行会不过是既定秩序的"例外情形"。彼时的社会组织，主要是基于生理的、血缘的家庭关系，日常活动体现为祭祀、繁衍的生活。非血缘性的聚集是存在的，初衷便是群体娱乐、宴会或私相帮扶的种种，具体的例证是最早出现在古希腊的"corpora"，直译为"团体"。古罗马共和时期也有类似的组织，名为"男子酒会"（male drinking club）。[①] 这种组织的形态当然较为松散，"酒会"本身也仍旧与祭祀活动难逃干系，但多数的"酒会"已经具有了平等帮扶意识的萌芽。到了罗马帝国晚期，这些团体扩及经营性的活动，遂与罗马时代推崇家族共和的政治气质相背离。帝国晚期的酒会必须获得相应许可才得以维持，此后直到古罗马帝国灭亡，行会的生存均须首先得到官方的许可。

---

① P. W. Duff, *Personality in Roman Private Law*, Cambridge: Cambridge University Press, 1938, p. 103.

　　罗马帝国衰亡之后的战乱环境，缔造了中世纪行会生发的空间。古罗马繁荣的商业和经营制度，在帝国灭亡之际遭遇了毁灭性的打击。在中世纪初期，"蛮族是极其不稳定的，一位领导人打赢了战争，就会逐渐形成以他为领导的部族；一旦战败，这个部族就分裂了；一个新的部族又围绕着另一位战胜者振兴起来"。① 动荡频仍的社会环境导致传统身份的混乱和个体安全感的丧失，稳定长久的生计在数百年之内似难实现。失去帝国政权护佑的普通民众纷纷加入教会寻求依托，并经由基督教神学将现世生活的终极因归之于神，政治、法律、日常体验都不过是神创世界通往"上帝之城"的环节。② 到 8 世纪，加洛林王朝的采邑制封建效忠体系在各日耳曼领地内趋于稳定，蛮族统治者以自上而下的差序分封体系，控制了欧洲绝大多数的人力与地产。基督教的势力扩张迅猛，教会组织凭借对文化教育的垄断和经济赋税的豁免，在精神和物质两个层面聚敛资源。乡村与城市开始并存，慢慢呈现社会生活相对多元的舞台。③ 在这样的背景下，尽管各处"总有一些让城市、团体、商会和个人搞借贷的机会"，④ 但此类非血缘性的联合，仍旧停留在诸种社会关系的"边缘"，它要么是基督教信徒中个别"利欲熏心者的组合"，要么是不受保护、颠沛流离者"不得已的归宿"。职业行会力量的微弱具有事实性，在中世纪初期大多数人们的眼中，如果行会无法从形体上加以消灭，那么也不必担心其具有颠覆性的力量。

　　11～13 世纪是中世纪行会的全盛时期，组建并加入行会成为谋生

① 〔美〕朱迪斯·M. 本内特、〔美〕C. 沃伦·霍利斯特：《欧洲中世纪史》，杨宁、李韵译，上海社会科学院出版社，2007，第 36 页。

② 〔古罗马〕圣·奥古斯丁：《上帝之城》，王晓朝译，人民出版社，2007，第 170 页。

③ 〔英〕伯特兰·罗素：《西方哲学史：及其与从古代到现代的政治、社会情况的联系》，何兆武、李约瑟译，商务印书馆，1982，第 103 页。

④ 〔法〕孟德斯鸠：《论法的精神》（下），张雁深译，商务印书馆，1997，第 106 页。

手段和流行的生活方式。11 世纪以后的社会稳定，催生了为数众多的剩余物品交易市场，商业、手工业的聚居伙伴关系成为常态，这构成中世纪行会发生学意义上的关键要素。职业行会内部组织结构已经摆脱了出生身份的束缚，转而以共同的权利义务约定维系合作，还辅之以技能传承的实现。作为结果，行会为中世纪时期的主要社会问题——封建盘剥、商业不安、契约不定、秩序崩坏等，提供了可以缓冲的空间，加入行会成为受到普通民众欢迎的选择。① 尽管基督教神学和封建采邑的力量仍旧吞噬着中世纪行会的生存环境，但行会在与外部环境的妥协与对峙之中抓住了机遇，并利用各种内部的典籍、规章把握这些机遇。② 12 世纪以后，手工业、商业的行会普遍获得了王权、领主与教会的承认，13 世纪则是各类行会组织化、制度化的时代。到中世纪后期，各地行会成为与封建庄园交融共存的世俗联合体，因行会经营而产生的商业贵族、资本贵族与封建贵族、宗教权贵成功达成了共赢的默契。商业、手工业行会迅速而广泛的经营拓展，不仅让人们有了开拓市场和疆域的欲念，更唤起了对于法律演化必要性的关注。中世纪行会质朴、务实的经营理念，最终酝酿产生了近代社会秩序的变革性力量。

除魅以后的近代欧洲聚焦世俗世界的现实问题，并在个体人、社会组织、国家等主体的实践中获得证成。经过 15 世纪以后的宗教改革和启蒙运动，基督教神学放弃了对世界的全面解释并撤回到仅仅是神

---

① Gijs Kessler and Ian Lucassen，"Guilds and Labour Relations：Exclusion, Inclusion and the Terms of Trade"，Paper for the S. R. Epstein Memorial Conference, *Technology and Human Capital Formation in the East and West*，London School of Economics，18 – 21 June 2008，p. 2，http://www. lse. ac. uk/economicHistory/seminars/Epstein% 20Memorial% 20Conference/ PAPER-KesslerLucassen. pdf（last accessed 24. 7. 2014）.

② Charles R. Hickson and Earl A. Thompson，"Essays in Exploration：A New Theory of Guilds and European Economic Development"，*Exploration in Economic History*，Vol. 28，New York：Academic Press Inc.，1991，p. 130.

学的领域中。启蒙产生的古典自然法思想，不仅不再诉诸超验的神学，还试图削弱传统理论的单一性逻辑基础，转而强调人们所共同约定的理想秩序图景。契约，尤其是社会契约，变成了实现人类生存理想的有效途径。经典自然法理论认为，契约是人们意志的选择，人类社会的聚集就类似这种意志的选择，社会结构本身具有约定属性，并且可以衍生一套具有确定性内容的规范。曾经在中世纪基于契约所获得的权利，此时几乎无须过多的解释，就被理解为与生俱来的当然权利，亦即"自然权利"。沿着这一建构主义的逻辑，有关行会的论断至少包含两个不同的走向。一是将行会视作个体自由意志的束缚，这类认知广泛存在于英、法、美等较早成型的自由资本主义国家，这些国家的传统行会因此遭到了质疑和取缔，行会的经营职能顺势转移到近代冒险资本家和他们经营的公司。二是认为行会本身也是契约的一种形态，并因此具有了"应然性"。它不仅实现了意志的合作，还解决了合作中的问题，即通过行会管理体制有效保障了社会秩序的实现，这样的行会被格奥尔格·威廉·弗里德里希·黑格尔（Georg Wilhelm Friedrich Hegel，1770－1831）提炼为"绝对精神"得以实现的过程性要素，① 经弗里德里希·卡尔·冯·萨维尼（Friedrich Carl von Savigny，1779－1861）、奥托·弗里德里希·冯·基尔克（Otto Friedrich von Gierke，1841－1921）等人之手，终成晚近德意志民族国家整合的重要范畴，中世纪的行会也以"法人""合伙"的形式融入近代国家的法典。

（二）经典社会理论的视角：体现社会结构"复杂性"的行会

近代以后，行会已然成为无法绕过的议题。长存了千年之久的中

---

① 〔德〕黑格尔：《历史哲学》，王造时译，上海世纪出版集团，2006，第323页。

世纪行会究竟如何走入近代视野？19 世纪的人们基本否定了一成不变的近代"社会契约"和"理想图景"，认为社会生活未必是法律建构的应然性结果；法律与社会结构之间更多是互动与调试，"自然状态""自然权利"的假设多源于对法律文明不愿深入细致的研究。是故，行会组织的存在也不奠基于某种至高的、假定的、空洞的原则，它既不是"例外"，也不是"应然"，而是社会持续发展的阶段性成果。循着这样的逻辑，古典契约理论将个体人从中世纪诸多组织性的束缚中解脱出来，19 世纪复又推动个体人重新回应社会结构与劳动分工的组织化需求，中世纪行会以全新的面貌回归人们的视野。

　　1859 年，查尔斯·罗伯特·达尔文（Charles Robert Darwin，1809 - 1882）的《物种起源》问世。《物种起源》之"遗传"、"变异"和"选择"的革新性命题如何影响到社会科学，我们不得而知。根据达尔文的基本观点，生命演化①并非一种拉马克（Lamarck）式的高而更高、好之又好的自发上升过程，而是这样一种现象：生命体在其中表现出了自发性、多向性的演化趋势和保持自己祖先模式（pattern）的趋势。这两种效应的结合实际铲除了自然界中毫无章法的乱序发展，同时经由"自然选择"的过程淘汰了不能适应周围环境的有机体。这样铲除的结果，就留下了能够适应其周围环境的生命形式之遗存模式（residual pattern）。② 有鉴于此，社会达尔文主义之父赫伯特·斯宾塞（Herbert Spencer，1820 - 1903）认为，有机体或由有机体组成的社会将在下述活动样式中比较长期地保持现状：组织的各个不同部分按照一个大致有意义的模式共同活动着。斯宾塞将达尔文的观点运用于社会经

---

①　达尔文演化理论（theory of evolution）目前的通译为达尔文"进化论"。"进化"一词暗藏从低等到高等、从落后到先进的定向性、目的性方向，而这其实与达尔文已经认识到的演化多样性和不确定性并不一致。这里，我们以"演化"代替"进化"的适用，以弱化定向性、目的性的表述。

②　Charles Darwin, *On the Origin of Species*, First Edition, London: John Murray, 1859, p. 6.

济领域，推定劳动的专业化分工、市场竞争的优胜劣汰等内容构成了
社会演化的基本模式，行业组织正是此种模式的适用场，尽管仍旧需
要相当的验证。①

《物种起源》问世仅两年后，梅因的《古代法》经由同一家出版
社出版发行。② 在19世纪演化理论的洪流中再观梅因，"从身份到契
约"的论说可谓梅因做出的时代性回应。他认为个人自由及其主张可
以获得一种"渐进式"的实现，从身份到契约就是这种渐进式的变
化。通过对古罗马法的考察，梅因注意到原初身份意图的崩溃，以及
以合约或者协议为基础的一般契约法的发展；社会组织形态的变迁是
顺理成章的结果，以血缘家族为主体的社会形态会逐渐瓦解，社会稳
定性通过约定和允诺得以维系，以此产生了作为中世纪主要社会结构
的封建契约组织。③ 梅因对比这种变迁的前后形态并认为，在以血亲
集团为单位的社会组织之间，人们只要采取恰当方式维系各个好战集
团之间的和平就已足够，而契约则与此不同，它是去中心化的，且体
现了相对充分的意志性，是故具有弹性和适应能力，应对不同的情境
游刃有余。梅因的论断颇有振聋发聩的感召力，但是单纯的契约结构
能否在普遍意义上诠释更多的社会团体，梅因没有展开充分的论述。

契约和社会组织的命题也受到埃米尔·涂尔干（Émile Durkheim,
1858 – 1917）等同时代社会学家的关注。涂尔干认为梅因的"契约"
理论过于简单化，以行会为主体的社会组织更多地保留了道德原则的
共同诉求，它是社会功能分化的产物，这是简单"契约"所不能解释

---

① 〔英〕赫伯特·斯宾塞：《社会静力学》，张雄武译，商务印书馆，1999，第33页。
② 达尔文的《物种起源》（On the Origin of Species）出版于1859年11月，时间仅早于《古代法》（1861年）两年。1931年，克莱顿·垦扑·亚伦（Carleton Kemp Allen）在为《古代法》所作导言中，认为梅因引用达尔文生物进化论的观点，是自然科学上有利于父权制理论的证据。见〔英〕亨利·梅因《古代法》，沈景一译，商务印书馆，1996，第9页。
③ 〔英〕亨利·梅因：《古代法》，沈景一译，商务印书馆，1996，第206页。

的。契约基础上的劳动分工促成了专业领域社会功能的产生，这种行业性的组织印证了"从块状分化向功能分化"的转变，涂尔干称此为"有机性"的合作，它的基础是共享的道德规制。① 那么，法律要做的是什么呢？涂尔干认为，法律可以针对后果性的内容，对有机体的合作予以确定，或者及时止损并予以恢复。这样一来，法律是否就处于相对次要的位置——它是不是只能从属于社会结构呢？并非如此。涂尔干反而更加注重法律在有机体维系过程中的意义，只不过这项任务已经呈现为更加复杂的形态。

马克斯·韦伯（Max Weber，1864－1920）选择与涂尔干大致相近的视角，即从社会经济学的方面考察行会"誓约"在资本主义兴起过程中的作用。在韦伯的经济社会学研究体系中，问题意识在于资本主义何以兴起并影响世界，为此法律其实完成了"实质理性"向"形式理性"的转化，经济誓约的出现一定程度上体现着这种转化，它增加了社会交往的安全性和可计量性。韦伯认为，中古时期欧洲的经济誓约体多是自治的，并且在外部环境的刺激下形成社会性的支配力量。② 继乡村土地关系的束缚之后，个体之间出现了对等的"兄弟情谊"（brotherhood），且这种誓约型的兄弟关系，正是受益于中世纪城市与行会的形成。韦伯暗指，行会和城市将不同身份的人加以混同，主体之间的差异性被削弱了。这一观点极具启发性。然而，为了解释"兄弟誓约"的整体属性，韦伯将中世纪城市与行会之间的差异进行了模糊化的处理。实际上，尽管城市的市民已经在形式上渐趋平等，行会内部依然存在着帅傅、帮工以及学徒的不同。况且，加入行会也

---

① 〔法〕埃米尔·涂尔干：《社会分工论》，渠东译，生活·读书·新知三联书店，2013，第33页。
② 〔德〕马克斯·韦伯：《非正当性的支配——城市的类型学》，康乐、简惠美译，广西师范大学出版社，2005，第56页。

不等于加入城市，只有师傅或者一部分老资历的帮工才具有市民的身份。由于行会的培训和晋升机制，学徒以及大多数的帮工争取成为正式市民的过程可能较为漫长。如果再考虑谋划生计、保障安全的必要，行会还应在城市的地域范围内维持特定的自主性。在韦伯的语境中，城市参与者、行会参与者之间存在的张力关系被弱化了，这就留下了值得推敲的论证空间。

无论如何，行会是法律文明进程的重要组成部分，这几乎是不存疑议的论题。美国当代社会法学家哈罗德·伯尔曼就是在法律传统的视域中定位中世纪行会的。伯尔曼认可韦伯从社会经济学视角对中世纪城市与行会的分析，但他认为韦伯尚未触及法律传统产生与演化的原动力因素，亦即中世纪行会固然重要，但合乎时宜的中世纪行会到底缘何产生，它又如何作用于后人称之为"西方"的法律传统？伯尔曼认为，经济社会发展的动力实际来自"教皇革命"，城市与行会是信仰命题的组成部分，行业誓言约束力的实现也借鉴了教会宣誓。① 中世纪行会生发的重要基础，是"教皇革命"之后多元自治的世俗共同体，以及不同世俗共同体所不断完善的法律制度，行会是信仰体系中多元性、秩序性的载体之一。② 韦伯之所以没有触及这一要害问题，原因在于韦伯对政治经济元素过分倚重，忽略了作为西方法律传统重要内容的宗教。如此，伯尔曼提出了解释行会问题的社会历史主义进路。③ 沿着这一进路，中世纪行会的研究还须回归彼时的社会环境与实践本身。

---

① 〔美〕哈罗德·J.伯尔曼：《法律与革命——西方法律传统的形成》，贺卫方、高鸿钧等译，中国大百科全书出版社，1993，第480页。

② 〔美〕哈罗德·J.伯尔曼：《法律与革命——西方法律传统的形成》，贺卫方、高鸿钧等译，中国大百科全书出版社，1993，第494页。

③ 在这一点上，伯尔曼的《法律与革命——西方法律传统的形成》也因大量使用二手文献而非原始资料引发争议。见彭小瑜《西方历史误读的东方背景：法律革命、宗教改革与修道生活》，《历史研究》2006年第1期，第124~125页。

（三）中世纪行会的待续议题：张力关系及其历史实证

欧洲中世纪行会的生存环境是复杂的。个体与组织、身份与契约，实际并不是简单的进程问题，而是张力变迁与调试的动态呈现。根据昂温对中世纪行会的研究，我们所熟知的现代国家（the state）与城市（municipalty），甚至个体人（the individuals），皆不存在于中世纪时期，而是处于形成与演化的过程之中。① 这些因素彼此间的共处与摩擦，使行会之类社会组织面临的不和谐因素持续存在。一方面，行会是具体社会情境之中的职业团体，它需要得到外部的认可或者保护。另一方面，作为行会外部环境的中世纪封建组织、教会与市镇离不开行会的经营收入，行会也要主动配合外部的政策并服从管理。随着行会专业化程度的提高和市场控制力的增强，社会环境与行会之间的关系可能愈发微妙。仅同类行会之间的摩擦与角逐，已经构成行会经营活动中的重重考验；教会、零散经营者、异乡人的介入，可能在诸多领域中与行会发生冲突；觊觎行会自治权及经济收入的领主或城市领袖，更可能在压缩行会生存空间的伎俩上大动脑筋；从事远距离贸易的行会组织，则会在客旅生活中遭遇障碍。无论是哪一种情况，行会都只能利用自身的经济实力，不断展开争取与交涉。交涉虽不会一帆风顺，却多以取得授权或者认可而告一段落，这其实是不断明确行会、界定行会的过程，它形成了一种内外兼具的约定性，并在行会化解日常纠纷与矛盾的过程中得到强化。

中世纪行会将妥协、对峙与变革的成果记录下来，形成制度性的文件，也就是行会法。行会法的本质在于职业约定，既是行会成员的内部之约，也是行会与外部环境的权限之约。诚如韦伯所言，中世纪

---

① George Unwin, *The Guilds and Companies of London*, London: Frank Cass and Company Ltd., 1963, p. xiii.

的职业团体兼有自律（autonom）与他律（heteronom）、自治（au-tokephal）与他治（heterokephal）的属性。但行会法的自律性与他律性，仍旧随实际情况的不同而各具差异。如果行会的自决程度较高，行会亦可较大限度地实现自身诉求，则行会法的实际影响力较大，最典型的是中世纪中后期意大利佛罗伦萨行会同盟的"正义法令"、德意志的汉萨行会法令等。如果行会的对外依附性较大，则行会法的效力随之减弱，比如英格兰、法兰西、西班牙等王权建制之下的行会，必须虑及外部授权和特许的现实基础。①

整体而言，行会呈现了自在性和依附性之间的平衡与较量。这种平衡与较量的关系，使身份和契约在中世纪行会之中的张力长期存在。"身份"当然没有被彻底根除，个体人加入行会实际也是一种身份资格的取得。只是，加入行会本身的意义在于对遵守行会权利义务的承诺。从此，个体有了行会人的新身份，团体获得了新成员，他们不是某位尊者忠实的臣仆，而是行会誓约和经营事业的构成主体。与此同时，行会法对个体成员行为与意志的规定真实且具体，其有关成员管理、师徒关系和学徒培训的机制，至少暗示着行会制度对个体人利益的平等关怀。行会内部的裁判以及对外上诉机制，使行会团体之约不是束之高阁的空论，而具有了实际的可操作性。可以说，中世纪行会蕴含着对会员之间平等意识的鼓励。这是在扬弃中世纪封建身份差异的同时，叠加了古已有之的经济契约关系。

在这个意义上，中世纪行会实际比早先的诸种论断走得更远。如果说，当代有关中世纪行会的认知，多少浸沐在梅因、萨维尼和达尔文营造的历史主义氛围之中，那么试图有所创见的接续性论证，也应当始于历史实证主义的线索，这就开启了有趣而富有挑战性的研究。

① 〔德〕马克斯·韦伯：《非正当性的支配——城市的类型学》，康乐、简惠美译，广西师范大学出版社，2005，第13页。

毋庸置疑的是，有关契约的理论与实践在古代社会业已出现，但是，把契约作为同行业人士进行合作和维持生产与生计的常规法律手段，毫无疑问是中世纪行会的创举。不能否认，中世纪的行会不仅是借助契约建立起来的，而且仰赖契约的约束力来维系日常运作。在这一过程中，无论团体还是个人，仍要面临"身份定位"的问题，只不过这样的一种身份，同时认可了后天的努力所得，并且采取法律的形式保障了稳定性和可行性。它不是"从身份到契约的运动"，而是"在身份与契约之间的互动"，关于它的价值分析也因此具有了开放性。正因如此，在古代到今天的法律文明演进历程中，中世纪行会的制度贡献也成为未完待续的论题。

二　相关概念的阐释

（一）身份、契约与中世纪的行会

身份和契约的概念于今而言是明确的。身份是指个体所保有的社会地位以及与之伴随的权利、义务和生活方式等。身份可以是与生俱来的，不涉及个体内在能力，也可以是后天争取的，需要通过竞争和个体的努力。先天的身份更多地取决于出生所得的性别、年龄、种族、家庭关系等，后天的身份取决于教育、职业、婚姻状况、成就或者其他的因素。至于契约，则是法律上可以践行、意指必须做某事或者禁止做某事的承诺，契约的产生需要拟约双方或多方彼此间的同意。这种同意的本质就在于，双方信守承诺是契约的前提，如果缔约一方未能信守承诺，契约就可能不被履行。现代社会中，违约的处分会具体考虑契约的有效性、契约的内容、违约的情形以及赔偿的义务等。

在欧洲中世纪或者更早的时期，身份和契约远非现今意义上的所指。古代社会所言身份，大都意味着因出生所具有的荣宠和特权，其背后是血缘的家族世袭或者社会差异。这样的出生身份对个体的影响是决定性的，往往意指支配土地、房屋以及相关仪制等方面的差别。如同在古罗马或者中世纪的封建领地之内，长子具有继承人的身份。尽管破除世袭身份的特许和约定古已有之，比如，广泛的买卖与借贷关系须以专门事项之内的权利义务之约为依据，但这种约定的关系处于世袭身份制网络的裹挟之内，缺乏相对纯粹的适用场合。此类约定最初更多地体现为家族权利义务关系的确认状态，比如主仆之约、婚姻之约等。依据约定而成立的社会关系，在中世纪的职业行会组织中较为普遍。

在古希腊哲人的眼中，行会的概念尚未明晰，职业团体仅是初具萌芽的形态。它们无疑是"二人以上群众所组成的'团体'"，"组成这种团体的分子可以是不相等的人们，如主奴，也可以是相等的人们。平等人之间的团体可以物资相通，由买卖而构成经济团体，或由夫妇构成家庭……家庭无需契约，组成政治团体则应有契约（宪法）"。①调整职业团体的法律规则尤其强调参与者的意愿，即罗马法上所谓的合意（convention），具体表现为新成员入会时的"约定性问答"。根据古代罗马的法律传统，约定性的问答是一种手续简单的契约，问答本身就是契约的专门形式。中世纪时期，职业行会的形态已经稳定下来，行会注重实际，足额缴纳会费、作出入会承诺，已经成为关键性的入会程序。为了提升入会仪式的神圣感和使命感，"约定性问答"这一形式始终保留了下来。新晋行会人宣誓的模式一般是固定的，即首先由行会领袖或者牧师提问："此时此刻，你是否愿意成为行会的

---

① 《尼各马可伦理学》1161ᵇ13，转引自〔古希腊〕亚里士多德《政治学》，吴寿彭译，商务印书馆，1965，第3页。

成员？"会员必须回答："我愿意。"① 这种问答的场合庄严肃穆，而就此作出的承诺，既是加入团体契约的形式要件，也是处罚违约行会成员的依据。

职业团体的权利义务承诺，开始瓦解先天性的身份性要素。对行会而言，团体的成员同为立约人。当行会团体内部的组织原则"以约为凭"，均等的参与和关怀便受到鼓励。不唯如此，行会整体的对外关系也是确定的——就内部事务而言，行会的领袖解决纠纷，行会法划定成员日常应该遵守的界限；在对外关系的处理上，行会要争取并维持稳定的经营环境，再与其他的社会力量和平相处。于是，无论行会还是行会人都以约定为基础——身份性的社会标准转化为职业团体的约定，再以法律的形式生成规范性的约束力，血缘世系不再作为行会生活的凭据。行会团体的维系不再奠基于荣誉和特权，而是以实际经济交往和稳定社会关系为前提。

（二）行会、经营性行会与非经营性行会

通常情况下，行会意味着职业领域之内的专门性组织与运作。行会是古老的——在西方，它的渊源可以追溯到古代希腊的城邦，在中国，它同样有着上起西周下讫清末的漫长演进史。行会又是普遍的——它分布世界各地，仅"行会"一词的表述便多种多样。中世纪专司经营贸易活动的行会以拉丁文"Gilda Mercatoria"表示，英文单词"Guild"起源于盎格鲁-撒克逊的词语"Geldan"和"Gildan"，意思是"付出"（to pay），明确成员需要向其从属的组织做出贡献。行会在法语中为 mètier jurande，意大利语为 arte，尼德兰语为 ambacht gilde，德语为 ant，zunft 或 handwerk。在亚洲各国，日本称行会组织为座、株仲

① "Ordinances of the Gild of St. Katherine, Stamford", *English Guilds*, ed. by Toulmin Smith, London: N. TrÜbner and Co., 1870, p. 189.

间；印度称行会为阇提；朝鲜称手工业行会为工匠契，商人行会为六矣廛。[①] 早期欧洲的行会为了互相帮扶或者娱乐建立起来，后来，行会也泛指不同背景、身份的人为了共同需求聚集起来，目标在于共同的福利。行会注重宗教、法律以及伦理的面向，成员视彼此为兄弟或者姐妹，弱化身份阶序的差异。日常生活中，贫困、疾病和衰老者会受到行会的照顾，财产失窃或者房屋毁损者也会受到行会的帮扶，行会成员去世后家人还可能有少量丧葬抚恤金等。[②]

一些欧洲中世纪的行会具有营利性，另一些则不具有。经营性行会的活动以手工业生产和商贸经营为主，具有趋利性；经营性行会的活动在特定地域之内展开，也可采用流动的形式广寻财路。此类行会常有特定的经营场所、生产技能抑或标志性的产品。行会的流动性则集中在跨区域的贸易点和市镇，比如德意志的汉萨同盟、法国的香槟集市，甚至包括更为晚近的荷兰与英国的东印度公司。[③] 非经营性的行会并非不涉及财富增值问题，只是其主要的活动内容以技术性培训与养成为主，典型的有英国的法律会馆，或者就延伸意义而言也包括中世纪的大学。

经济史学家曾对手工业行会（craft guild）和商人行会（merchant guild）等经营性行会进行区分。一般认为，商人行会从事转运与投资贸易，资本实力相对雄厚。手工业行会多以本地生产和小本买卖为主，处于相对附庸的经济地位。英国经济史学者李普逊曾经提到，"Gild Merchant（商人行会）是富有商人的行会，手工业者被排斥在这一行

---

① 曲彦斌：《行会史》，上海文艺出版社，1999，第35页。

② Alderman Charles Haskins, *The Ancient Trade Guilds and Companies of Salisbury*, Salisbury: Bennett Brothers, Printers, Journal Office, 1912, p. 3.

③ Avner Greif, Paul Milgrom and Barry R. Weingast, "Coordination, Commitment and Enforcement: The Case of the Merchant Guild," *Journal of Political Economy*, Vol. 102 (1994), p. 746.

列之外并被迫处于一种经济依附的地位，手工业行会则被认为是手工业者为了保护自己、反对 Gild Merchant（商人行会）和获得一部分商业特权而组织起来的团体"。对此观点做出补充说明的是，"Gild Merchant（商人行会）由拥有地产的城市市民组成，而手工业行会则包括那些生活在拥有地产的市民所组成的最早的城市团体周围的手工工匠，他们没有地产"。①

实际上，商人行会与手工业行会之间的相同点更多于不同点。至少在中世纪的前期，行会活动并没有十分严格的生产与贸易分工。在大多数的情形下，商业与手工业只是行会经营内容的两个方面，实难成为类型划分的严格标准。一般市镇内部的行会组织，大多拥有作坊并推销本行产品，同时扮演商人和手工业者的角色。英格兰莱斯特商人行会的档案表明，行会人的主体是各行业的手工业者兼商人，纯粹意义上的商人仍为少数。如手工业行会中的木匠（carpenters）、裁缝（tailors）、编织工（weavers）、泥瓦匠（masons）、纺纱工（spinners）、制革工（tanners）、理发师（barbers）、制帽工（hatters）、面包工（bakers）、制陶工（porters）、打铁匠（blacksmiths），也同时以商人行会的名义存在。② 对不少欧洲的城市而言，手工业行会也与商人行会登记于同样的市政花名册上。所以，二者更是经营规模大小的差别，而非行会类型的差异。

另外，商人行会的定义本就同样适用于手工业行会。商人行会也是一个既包含销售亦包含生产的经营性组织，并且凭借国王、领主等权威的特许获得专门的商业权限。尽管在中世纪中后期，一些行会可以凭借雄厚的资金基础专门从事贸易活动，但仅就其规模与数量而言，

① 金志霖：《英国行会史》，上海社会科学院出版社，1996，第 29 页。
② Carlo Poni，"Norms and Disputes：The Shoemakers' Guild in Eighteenth Century Bologna"，*Past and Present*，No. 123，Oxford：Oxford University Press，1989，pp. 80 – 108.

尚无法与其他的行会形成本质的区别。在资金充裕的情况之下，行会中的手工业作坊和商铺都可以是从事本地贸易的"坐商"，也可以是从事长距离转运的"行商"。再者，除了各自专有的经营权限之外，行会之间并不具有压倒性的强制力量，经济实力的悬殊可能是短时的，甚至遭到同行的抵制与反抗。可见，将商人行会与手工业行会同时纳入中世纪行会的大概念之中，应无太大的不妥。

非营利性的行会同样是中世纪行会的重要形态。中世纪欧洲的大学、英格兰的法律会馆（Inns of Court）采用了中世纪经营性行会的模式，成为以知识教育、技能训练而非经济营利活动为基础的行会组织的先驱者。会馆自称法律的行会（guild of law），与传统中世纪手工业、商业行会相比，法律会馆对业务资质、技能培训和人员管理的强调并无突出的差异。在法律会馆的早期资料中，可以看到中世纪行会的一般特征，诸如明确的自治权限、独立有效的管理体制、特定的会员培养程序，还有业务水准的认定机制，等等。"如同屠夫或者裁缝在证明自己能力并得到同行认证之前不能开张一样，法律行会的师傅也垄断了学徒从事律师事务的权利"；[①] 不管是手工业行会还是知识行会，技能的晋升可以获得庆祝，比如牛津、剑桥大学的学位授予仪式，还有法律会馆的法律资格授予仪式等。中世纪典型的行会生活尤其在英国法律会馆中得到复制，不同之处仅在于法律会馆转向了专门的教育、培训等非营利的智识性活动，职是之故，法律会馆不仅无法直接创造和增加财富，反而依仗会员缴纳的学费维持日常运转。

（三）城市与行会、城市法与行会法

在主权国家形成之前的欧洲中世纪，行会法具有城市、庄园、教

---

① 〔英〕塞西尔·黑德勒姆：《律师会馆》，张芝梅译，上海三联书店，2013，第13页。

会等多样性的权力基础，其渊源包括特许状、章程、判例、习惯等多种类型，这使行会法本身具有较大的灵活性，在外观上与中世纪其他法律渊源具有相似性。尤其相较于同样重视商业贸易的中世纪城市，行会在制度和运作方面更是与之难解难分。

中世纪的城市与行会之间存在相互变通与转化的部分。11 世纪以后，以西北欧和意大利北部为中心，欧洲城市复兴，发展迅速。据统计，14 世纪初期有 1500 多万人居住在城市中，占据当时欧洲大陆总人口的五分之一强。城市与行会的相似性是明显的——都兴起于商业贸易发达的地区，都不以大量土地的占有为依托，都意味着对传统人身依附关系的突破。比如，中世纪日耳曼的最大城市科隆（Cologne）及其城市中的行会都没有"共同用地"，而这在当时几乎是任何一个正常村落皆有的。[①] 十分常见的情形是，中世纪的市镇最初仅以经营见长行会组织的形态存在，因为"在尚不稳定的环境中，商业行会是行走于各地、从事商业活动的人相互帮持的团体"。[②] 在濒临港口和交通枢纽的地区，日耳曼的商业据点基尔克（gild）公社可以直接发展并固定为城市，然后吞并近邻的国王属地、封建农庄和教会辖区。行会的利益可能是构成城市经济体制的重要部分，行会甚至直接参与城市的管理。在意大利的帕多瓦和佛罗伦萨，行会可以缴纳税金、参与市政官员的选举，还可发挥初级的司法裁判功能。成功的行会甚至掌握了市民资格的授予权限，比如科隆的富人行会（Richerzeche）。另外的情形则是，行会未必与城市的产生和发展具有相关性，行会必须受制于城市的监督。13 ~ 14 世纪，英格兰的市镇属于国土，已经获得特

---

① 〔德〕马克斯·韦伯：《非正当性的支配——城市的类型学》，康乐、简惠美译，广西师范大学出版社，2005，第 13 页。

② 〔日〕河原温、崛越宏一：《图说中世纪生活史》，计丽屏译，天津人民出版社，2018，第 113 页。

许权限的行会仍然受制于国王市镇的管辖。尽管这种管辖时有松动，却是绝对真实的存在。当然，也有城市的行会一面保有自主的经营，一面参与到城市管理之中，比如威尼斯的行会。可以说，中世纪行会之于城市，"像植根于主干上的、充满生机的有机体，然而生长的过程又是各自分离的"。①

尽管如此，中世纪城市与行会之间的差异也是显而易见的。行会的联合基于职业而非地缘或血缘，城市则是一定区域（面积）的地缘共同体，享有领域内的政治经济支配权。用韦伯的话说，城市不仅是个经济团体，还是个统治的团体，行会是城市支配范围之内的部分。然而，尽管城市可以在最大限度内争取地域性的支配，却不是容纳个体人的最基础单元。行会则不同，它不必关心特定地域内的行政支配力，只须以团体的利益为初衷，再设定每位成员的职业身份就可以了。正因如此，城市的经济社会活动反而更加依托于行会。许多城市的市民权（citizenship）甚至通过行会成员资格（membership）的获得来实现，行会成员的身份反倒不以城市的地域为限。行会的足迹可以遍布欧洲各处，而相邻城市之间却经常存在管辖权的争议。②

欧洲中世纪的城市法律体系包括城市宪章（Charter）、城市立法和行会法等，内容涉及城市自治、市民法律地位、民事权益以及司法诉讼等多个方面。城市宪章是规定王权、教权、封建主与城市之间权利义务的公法性文件，一般由城市原属封建主颁发，是城市通过斗争或赎买而获得的。许多城市的宪章有涉及行会的专门条款，也是行会法主体内容的重要参考。它是获得自治的城市权力机关为适应本城自

① George Unwin, *The Guilds and Companies of London*, London: Frank Cass and Company Ltd., 1963, p. xxvii.

② Frederick Pollock and Frederic William Maitland, *The History of English Law before the Time of Edward I*, Vol. I, Cambridge: Cambridge University Press, 1968, p. 678.

身的发展需要而颁布的法令、条例等，主要包括自治规则、城市社会习惯的整理和汇编，内容涉及城市与领主的公权力关系问题，以及商业、手工业、教育、社会救济、治安等城市管理问题，也有刑法规范和诉讼法则。最早的城市立法是用拉丁语写成的，表达风格比较原始粗糙、技术也不够成熟，只是一系列的习惯、规则按颁布时间的简单罗列。如9世纪伦巴城（Lombard）的伦巴法汇编、9~10世纪的阿玛斐城（Amalfi）海商法、10世纪后半叶的热那亚（Genoa）城市法、比萨（Pisa）城市法均属这种早期的城市立法。13世纪以后的城市立法趋于成熟，如米兰（Milano）城市法、德国《萨克森城市管辖法》等，均更好地起到了适应社会变迁、调整城市生活的作用。按照立法技术与目的的差异，城市立法分为法典立法、专门立法和协定立法三种。

行会法构成了中世纪城市法律制度的重要渊源。在中世纪城市的法律秩序中，行会法是行会团体的权威性制度规范，也是"一种普遍的、鲜活的城市原则"（The all-pervading, life-giving principle of the borough）。[1] 行会的章程、习惯、判例也被汇编起来，构成行会处理内部事务、调整商业活动的法律依据，同时起到聚敛整合城市人力与物资资源的作用。行会法用职业的标准，为一定领域内的社会活动确定法律的形式，明确商业组织及成员承担的劳役、赋税义务，这本身也是对城市法律秩序的贡献。[2] 11世纪后半叶，城市兴起所带来的"团体"或"基尔特"就有自己的立法，只是这时的法仍然带有强烈的宗教色彩，往往利用内部规章处罚其成员的渎神、赌博、放高利贷等行

---

① George Unwin, *The Guilds and Companies of London*, London: Frank Cass and Company Ltd., 1963, p. xxvii.

② 〔德〕马克斯·韦伯:《非正当性的支配——城市的类型学》, 康乐、简惠美译, 广西师范大学出版社, 2005, 第56页。

为。13 世纪前后，随着城市规模的不断扩展，由早期基尔特分支形成的各类商人行会、社区行会、手工业者行会、慈善社团、兄弟会以及其他的具有世俗性质的行会遍布各地。15 世纪中期，英国约克城（York）仅手工业行会组织就达 51 个。在通常情况下，城市手工业者们求得特许令状，使行会能够确立正式有效的内部规范性文件，城市长官也在其权力范围内保障（促成）行会规范的有效性。之后，行会在城市中发挥更加重要的作用，它不仅处理行会内部事务、调整商业活动，而且属于城市的非正式管理机关，具有一定的行政组织职能，行会章程也在实际上具有城市公认的法律效力。

城市法与行会法的冲突时有发生。一般而言，行会的规范性文件必须呈递城市机关并获得认可。行会法涉及专业领域的具体规则总是引起城市权贵的注意，行会法的修改与变动也要经由城市登记、批准、备案等，受到城市管理者的制约。因此，在城市法与行会法并存的情况下，行会法的某些新增条款，可能由于城市管理者的保守顾虑而遭遇阻挠；行会内部纠纷的裁决，可能因城市机构的否定被推翻；尤其在强势领主或者王权的干预之下，行会应对的社会环境十分复杂，行会法的内容只能慎之又慎。可见，行会法在最广泛的意义上卷入了中世纪法律社会生活的框架之内，又时而充当不和谐的因素。

（四）商人法与行会法

行会法调整行会内部结构与外部关系。与零散的手工业者和商人相比，行会凭借自身的制度与组织而颇具优势。一方面，作为职业性的团体，行会必须保障产品供应的持续性或行业技艺的传承性。另一方面，行会还须建立基本的秩序以确保利润的维持。可以说，行会法既应保障行会工具和原材料的持续供应，又须关照成员持续稳定的组织生活，这使得行会内部的经营生活天然具有了反对竞争的垄断性特点。

比较之下，商人法更加注重交易活动的具体规则。与团体框架之内的行会商人相比，中世纪不乏独立的零散经营者。尤其在14世纪前后，社会环境的稳定、贸易往来的扩大导致远距离商业活动频繁，出现了经营规模较大的商业活动家。部分占有闲置资金的地产持有者和商业冒险者，收购本地的原材料和成型产品，通过长距离运输远销外地，再将外地的原料或产品运销本地，这与自产自销的行会工匠产生了较大的区别。这些商人有着跨地区的视野，其获得的巨额利润已经超出普通行会店面的经营所得。他们中的某些人成为独立门户的大庄家，有些则另行组织起来，形成商人的合伙（而非行会）。①

商人法的调整对象也更加宽泛，并在实际上挤压了传统行会法的垄断效力及专营空间。这使行会意识到，他们不仅要满足当地市场的要求，还须规定外国商人及手工业者吸纳和安置的相应内容，鼓励行会人从事远距离贸易的活动，于是行会法吸收更加国际化的商人法并做出调整。就此观之，中世纪商人法与行会法可能在竞争中彼此影响。当然，在特定的地域范围内，商人法与行会法都不得不与外部行政的权威和谐共处。二者须共同面对强制性税收、社会安全以及经营权利的确认问题，继而同样争取权威性的保障和许可。因此，竞争纵然是存在的，商人法与行会法仍有机会在商讨、对抗与妥协的过程中达成一致。这种实践中的一致性，构成了商人法与行会法彼此交叠融合的部分。

（五）罗马法与行会法

罗马法是中世纪法律研究不可绕过的议题。尽管随着西罗马帝国

---

① 〔德〕马克斯·韦伯：《中世纪商业合伙史》，陶永新译，东方出版中心，2010，第68页。

的轰然倒塌，罗马法失去了稳定的政治依托转而退隐幕后，但它在中世纪依然得到了低调而广泛的传播、讨论与适用，这构成了法律制度史上的一个奇迹。一如英国学者保罗·维诺格拉多夫所言，罗马法的故事其实是一个"幽灵的故事"①，因为对于中世纪的诸种法律形态而言，它已经严重退化且模糊不清，但它的存在的确是清晰可感的。这也是讨论中世纪行会法与罗马法关联性的起点。

中世纪行会法兴起于中世纪初期的法律"留白"时期，在这个意义上可以说行会法是罗马法衰落的结果。中世纪初期的蛮族入侵客观上导致了三个直接后果。一是尽管东罗马帝国保留了经典罗马法的条文学理和制度结构，如《优士丁尼法典》《法学阶梯》等，但帝国鼎盛时期作为统一性法律准据的罗马市民法、万民法体系都被日耳曼部族所删略、简化直至废弃；② 与之相伴，原来行会之类非血缘性的社会群体所遭受的法律限制③在中世纪也不复存在，这就为行会和行会法的发展提供了机遇。二是蛮族习惯法表面上取代学术化、体系化的罗马法，但实际上各蛮族群也不乏借鉴改造罗马法的努力——承续罗马法的过程与罗马法蛮族化的过程相互交织，于是导致一个结果，亦即对于中世纪欧洲法律制度而言，罗马法从未远去，它与各地方性、族群性法律一直在动态中并存于世，④ 甚至可以说罗马法成为中世纪欧洲法律诠释学的"储备库"。三是不同族群之间的交往一时无统一的法律可循，生活在不同法律背景下的人们要进行经济贸易往来，只

---

① 〔英〕保罗·维诺格拉多夫：《中世纪欧洲的罗马法》，钟云龙译，中国政法大学出版社，2010，第 4 页。

② 〔英〕H. F. 乔洛维茨、巴里·尼古拉斯：《罗马法研究历史导论》，薛军译，商务印书馆，2013，第 552 ~ 553 页。《法学阶梯》基本内容，参见徐国栋《优士丁尼〈法学阶梯〉评注》，北京大学出版社，2010。

③ *Corpus Juris Civilis*, Lione: Hugues de la Porte, 1558 – 1560, column 761, C. 4. 64.

④ 〔意〕马里奥·塔拉曼卡：《罗马法史纲》（下卷），周杰译，北京大学出版社，2019，第 714 页。

能通过当事各方商讨达成的协议进行，这意味着现实生活出现了巨大的法律"空白区"，蛮族习惯法与罗马法之外的法律渊源由此获得了发展契机。行会法就是对职业性联合这一社会现象的制度性填补。

具体而言，行会法在形式上、内容上和法理上均以罗马法为基础和支撑。中世纪的行会集中于城市，以商业、手工业等商品经济为主体，对于商业法律的需求巨大，作为"商品生产者社会的第一部世界性法律"的罗马法当然地成为行会的最佳法律资源，于是，行会群体与罗马法之间始终存在密切的联系和良好的互动。稍加注意即可看到，中世纪行会法的基本概念都来自罗马法，诸如契约、合伙、债权、赔偿等罗马法术语，大量出现在行会的法律文件中。行会的经贸往来程式多是在遵循罗马法的基础上略有创新而已。行业规范的拟定、行会纠纷的裁判和上诉法官区分与整合等司法实务，都有意无意地践行着罗马法的精神内核，并根据自身需要在技术层面稍加取舍。他们模仿却务实地简化了罗马法的诉讼程序，将罗马诉讼中的三次答辩缩减为一次以大大节省裁判时间，诉讼裁判甚至于一日或一周内完成，这为近代商事仲裁这一简易纠纷处理模式的出现奠定了基础。[①] 11 世纪罗马法复兴之后，关于罗马法的注释和评论更是融入了行业活动的中世纪实践，为近代民商事法律贡献了智慧。事实上，罗马法无形之中推动了行会商人的自主性和独立性，使他们朝着大约是"公民"而不是"臣民"的方向定义自我。

（六）行会、会堂与封建采邑

行会当然不是中世纪唯一的生活单元，甚至不能算是最主要的社

---

① ASV, Arti, busta 108, *Arte di Fabbri*: *Registered Capitoli*, 25 January 1594. 一说这种模仿是通过模仿教会法间接实现的，参见〔美〕哈罗德·J. 伯尔曼《法律与革命——西方法律传统的形成》，贺卫方、高鸿钧等译，中国大百科全书出版社，1993，第 427 页。

会组织形态。中世纪的社会恰似"漂浮在教堂之海的船舶，一侧是封建领主，另一侧是基督教宗"。[1] 庄园、采邑与教会团体的存在，使中世纪的社会组织具有多样性。除了前已论及的市镇、行会与商人，还有掌握土地财产和政治势力的主教领地，纯宗教性质的会堂，分封关系之下的领主（国王）与封臣、庄园主与佃农户等。

宗教组织是与行会并存且远比行会强大的团体，分为教区组织和会堂两种类型，其所涉事项更具精神性。教区是以教堂为中心的地理区域，初创于4世纪前后的罗马，保存并延续整个中世纪时期。教区的土地与财产大多源自世俗领主的赠予，小的教区又名牧区或堂区。在教区内部，神职人员保有与地方行政官类似的准行政权和赋税权。各教区主教是精神上的领袖，所有的信奉者皆须分享同样的神事活动。教区分为不同的层级，普通教区低于教省或者总教区。数个教区集合而成教省，再选择一个地位重要的教区为"总教区"。总教区设有一位大主教或者总主教，总主教也被赋予主教长的地位，统领各次级教区的主教。与教区组织相比，行会不具有地域上的延展性和体系结构上的多层级性。[2] 更为明显的差别是，教区组织因从属教会的中枢机构而不享自治，更不可能如行会一般，依据约定设定相关的法制。[3]

会堂又名"兄弟会"（confraternity，scuola），是行会在宗教领域的"近亲"。会堂是古罗马的帮扶组织在中世纪最完整的保留形态。不少会堂源自教士朝觐途中的聚集地，日常组织宗教仪式的开展，承担桥梁、道路修缮以及照拂穷人、安排居所等慈善工作。与教区组织相比，它的地域性和阶层性有所减弱，却承担着重要的宗教职能和社

---

① Susan Reynolds, *Kingdoms and Communities in Western Europe, 900 – 1300*, Oxford：Oxford University Press, 1997, p. xxxiii.

② 〔法〕马克·布洛赫：《封建社会》，张绪山译，商务印书馆，2004，第59页。

③ Susan Reynolds, *Kingdoms and Communities in Western Europe, 900 – 1300*, Oxford：Oxford University Press, 1997, p. 98.

会救济职责。① 与行会相比，会堂较少涉足经济事务，仅关心成员的婚丧礼仪、节日庆典、老弱赡养等社会生活，同时掌握精神领域的社会信仰。会堂也有制度性的规定，但大多是纯粹宗教性质的文件。行会法所体现的经济职能，在会堂的生活中几乎没有体现。但是，会堂的活动范围毕竟更为广泛，且能够在最大限度内覆盖不同社会背景的市民，因而又与行会交叠且难分彼此——许多行会不过是从会堂中分化出来的世俗团体而已。独立出来的行会仍然参与会堂的宗教仪式以及慈善募捐活动，或者自行组建附属的会堂，再划定部分财产收入作为专门的会堂经费。行会法中的会堂募捐大都具有强制性，并配有严格的罚则。② 因此，就中世纪欧洲的社会组织而言，"所设为宗教目的者，即为会堂；为手工业者赢利之联合组织，即行会"，③ 也有学者将会堂定性为宗教属性的中世纪行会。④

采邑制之下的庄园以家族为单位，采邑制度是中世纪日耳曼蛮族习惯的变体。早在8世纪的加洛林王朝，丕平三世正式将土地分封臣下，他的继任者查理大帝也把战争夺来的土地分封给有功将领，使得欧洲大陆的采邑制度迅速发展。英格兰则从威廉一世时期实行分封制，规定每个采邑供养骑士，为国王服兵役。这种形式对于提高国家的战斗力很有帮助，继而逐渐形成了一种封建等级制度——国王、有爵位者、骑士。此后的大封建主也把自己的土地分封给下属，而这些下属又把自己的土地进一步分封给下属，从而形成了一个以土地为纽带的

---

① Edwin R. A. Seligman, *Two Chapters on the Medieval Guilds of England*, Cleveland: Duopage Process, 1887, pp. 10 - 11.

② Brian Pullan, *Rich and Poor in Renaissance Venice: The Social Institutions of a Catholic State*, *to 1620*, Oxford: Basil Blackwell, 1971, p. 7.

③ John Harvey, *Medieval Craftsmen*, London: B. T. Batsford Ltd. London & Sydney, 1975, p. 32.

④ Edwin R. A. Seligman, *Two Chapters on the Medieval Guilds of England*, Cleveland: Duopage Process, 1887, p. 10.

"领主—封臣"依附关系"金字塔"。除了受封赏的领主之外，这样的等级网络关系还包括土地和附属于土地的劳动者，也就是中世纪的农奴（villein）和相对享有自主权的佃农（coloni）——他们被"束缚"在土地上，日常工作由领主的管家梅吉（major，英语"市长"一词的语源）进行监督，即便庄园易手他们也是交易的组成部分。① 这样的社会结构与中世纪的行会不同，封建庄园代表着国王与领主的势力，他们是行会权限的认定者或反对者，也是行会产品和技能的直接购买者和消费者。采邑组织是行会发展的基础社会土壤，但行会是这种社会土壤结出的变异之花。

与行会相比，采邑庄园中的权利义务关系仅仅具备形式上的约定性，或者说，它属于"对等但不平等"的封建契约范畴。马克·布洛赫（Marc Bloch）论述欧洲封建社会之余，谈到"援助和'友谊'誓约从一开始就是这一制度（采邑）的主要因素之一。但它是高低等级人们之间的契约，它使一个人服从于另一个人。相反，公社誓约的显著特点是，它将平等之人联合起来。行会同业成员中，相互间做出的誓约就是这种性质的誓约。……相互援助的誓约取代了以保护换取的服从誓约。这种相互援助誓约是与严格意义上的封建精神格格不入的"。② 一方面，封地内部的财产和人身权利是特定而明确的。领主对其附庸者负有保护与支持的责任，附庸者则负有效忠领主特别是为之从军作战的义务。根据"查理曼分割国土给其儿子们的契约"和"'宽容路易'分割国土给儿子们的契约"，拥有采邑的封建主在自己的土地内享有完全的行政、司法、军事和财政权，称为"特恩权"。③ 13 世纪英国王座法院法官亨利·布拉克顿（Henry Bracton）十分清晰地肯定了这

---

① 〔英〕艾琳·帕瓦：《中世纪的人们》，苏圣捷译，上海三联书店，2014，第 20～21 页。
② 〔法〕马克·布洛赫：《封建社会》，张绪山译，商务印书馆，2004，第 576 页。
③ 〔法〕马克·布洛赫：《封建社会》，张绪山译，商务印书馆，2004，第 275 页。

种契约关系，认为封建契约实际上在封君和封臣之间建立了一种法律的纽带，它经国王与贵族双方的建议或者赞同而达成（如 1215 年《大宪章》），并使双方的利益得以确定。① 另一方面，这种封建契约又存在明显的不平等性，采邑领地内部的权利义务关系仍要以严格的身份差别为基础。采邑领地的本质仍然是家族单元，采邑的授予及获得不外是因出生而获得的地位及荣宠。面对采邑关系中存在的身份悬殊，封建的契约实际起到了认可和强化等级身份的作用。严格的限嗣继承制度将长子以外的家庭成员排挤出封建受益者的序列。领主的优势使得封臣在大多数情况下成为单纯的义务主体，封臣的权利主张具有较强的不稳定性，封地最终成为权势家族可资榨取的私产。② 不难看出，与职业的行会团体相比，等级结构下的封建契约更加巩固了身份的差异性。

三　既有的研究

有关中世纪行会的研究在欧洲学界起步较早，且经久不衰。

早在 16 世纪，学者们一面浸沐于基督教 “邻人之爱” 的伦理学余温，一面在中世纪政治 “有机体论” 的语境之下，注意到行会组织在社会经济与政治生活中的重要性。颇具代表性的观点是，行会提供了满足社会成员经营需要和致富欲望的渠道，使贵族政治或者平民政治具有了天然的抗干扰性。意大利的加斯帕罗·孔塔里尼（Gasparo Contarini，1483－1542）的《论威尼斯共和国的政府》（De Magistribus et Republica Venetorum，1599）一书，将中世纪的手工业者描述为：“有多少

---

① Henry Bracton, *De Legibus et Consuetudinibus Angliae, 1922－1942*, New Haven：Yale University Press，转引自〔英〕沃尔特·厄尔曼《中世纪政治思想史》，夏洞奇译，译林出版社，2011，第 141 页。

② 〔英〕爱德华·甄克思：《中世纪的法律与政治》，屈文生等译，中国政法大学出版社，2010，第 126 页。

种贸易或者职业，他们（手工业者）就分化成了多少个组织（compa-ny）。每个组织都有特定的章程，指导工匠们的日常经营活动。他们自主选择的管理机构，不仅满足了成员们的利益诉求，还平息了成员之间的利益纠纷。"① 帕多瓦的马西利乌斯（Marsiglio de Padua，1275－1342）以职业团体的内部自治写就了对抗教会组织的檄文。他在《和平的保卫者》（*Defensor Minor and De Transaltione Imperii*，1993）中认为，个体受制于教会的情景是"短时的"（temporally）和"无用的"（useless），个体因职业所进行的联合才是"生存的必需"（necessities of life）。② 近代政治学之父尼可罗·马基雅维利（Niccolò Machiavelli，1469－1527）则认为，尊重和安抚行会是受人尊敬的君主"应当具有的"，"由于每个城市都分为各种行会或者部族集团，君主必须重视这些社会集团，有时会见他们，自己做出谦虚有礼和宽厚博济的范例，但总是保持着他至尊地位的威严，因为这一点在任何事情上都是不允许削弱的"。③

不少近代启蒙思想家将中世纪行会视作自由市场和个体权利实现的潜在壁垒。伴随着资本主义的兴起与发展，行会的规章同样成为理论家眼中的障碍。随之而来的英国、荷兰等多个地区的"行会弱化政策"（guild-weakening policies）甚至"反行会"（anti-guild）政策，使得学术界充斥着对行会制度的怀疑和批判。④ 古典自然法学派凭借个体自由主义的理论主张，对中世纪的行会体制进行了检省。他们笔下

---

① Gasparo Contarini, *De Magistribus et Republica Venetorum*, trans. by Lewes Lewkenor Esquire as *The Commonwealth and Government of Venice*, London: John Windet, 1599, pp. 34 – 37.

② Marsiglio of Padua, *Defensor Minor and De Transaltione Imperii*, Cambridge: Cambridge University Press, 1993, p. 33.

③ 〔意〕尼可罗·马基雅维利：《马基雅维利全集·君主论》，潘汉典译，吉林出版集团有限责任公司，2011，第 91 页。

④ Charles R. Hickson and Earl A. Thompson, "Essays in Exploration: A New Theory of Guilds and European Economic Development", *Exploration in Economic History*, Vol. 28, New York: Academic Press Inc. , 1991, p. 160.

的行会法仅仅是历史遗留的、人造的法（positive law），违背了理性的自然，行会也并非适格的法律主体（corpora legitima）。① 约翰·洛克（John Locke，1632－1704）的《政府论》（*Two Treatises of Government*，1689）对团体组织不乏提防之心："社会始终保留着一种最高权力，以保卫自己不受任何团体，即使是他们的立法者的攻击和谋算。"② 正是考虑到行会颇为强硬的垄断经营权，18 世纪的古典经济学家认为行会在相当长的时段之内阻碍了近代自由市场的形成。亚当·斯密（Adam Smith，1723－1790）认为"同业组合的排他特权、学徒法规、直接限制特殊职业上竞争人数的各种法规……是一种扩大的垄断，往往使某些产业所有商品的市价能长久超过自然价格"。③ 这种行会垄断的论说着眼于近代国家市场经济秩序的形成，立场似无不妥，只是对行会所在的特定历史情境进行了相对单一的认识。就原初意义而言，行会经营组织是否一定需要支撑自由市场的经济秩序？毕竟，正如伯特兰·罗素（Bertrand Russell，1872－1970）的观点，中世纪时期的动荡不安，激发了人们对稳定生存环境的渴望——行会的归属感正迎合了这种渴望。④或者，根据尤金·F. 瑞斯（Eugene F. Rice）《早期现代欧洲的基础，1460～1559》（*The Foundations of Early Modern Europe, 1460－1559*，1970），只要中世纪的社会生产在整体层面上没有突破地域性的限制，亦即，小型的手工业作坊仍然可以满足基本的社会需求，特定的投资人仍没有能力依靠交通的便利、资源的转运而进行厂房的选址，古典

---

① Otto von Gierke, *Naturrecht und Deutsches Recht* (Frankfurt, 1883), Vol. iii, trans. by Ernest Barker as *Natural Law and the Theory of Society, 1500－1800*, Boston: Beacon Press, 1934, p. 163.

② 〔英〕约翰·洛克：《政府论》（下篇），叶启芳、瞿菊农译，商务印书馆，2010，第94 页。

③ 〔英〕亚当·斯密：《国富论》，郭大力等译，商务印书馆，2014，第53 页。

④ 〔英〕伯特兰·罗素：《西方哲学史：及其与从古代到现代的政治、社会情况的联系》，何兆武、李约瑟译，商务印书馆，1982，第131 页。

经济学家笔下的自由市场就无可能也无必要出现。① 幸好，行会学家
沿着古典经济学家挑剔的话语，增添了对特定制度背景的探索。1837
年英国图书馆学家、古典学者威廉·赫伯特（William Herbert，1771 -
1851）的《伦敦十二大公会的历史》（*The History of the Twelve Great
Livery Companies of London*，1837）就是这一历史情境之下的行会著述。
尽管该书对 19 世纪资料梳理的欠缺，多少影响其论证内容的丰富性，
但有关行会内部结构的介绍已经十分清晰。② 英国法律史学家弗雷德
里克·威廉·梅特兰（Frederic William Maitland，1850 - 1906）在英国
法制史的宏观视野中论证行会和行会法，认为"商人特权的维持"
（maintenance of the merchant privileges that have been granted）是行会生
活的主要内容，这些内容很大程度上是由行会自身的法庭进行保障的，
行会法庭不仅活跃在英格兰，还"不可避免地普遍存在于法兰西、德
意志等地区"。③

　　行会制度的系统论证兴起于 19 世纪末 20 世纪初。彼时，工业革
命所造成的社会分化，契约自由所带来的资本压迫，使"现实中的资
本主义，对于现代人来说，已经从清教徒肩上轻飘飘的斗篷，变成了
一只铁的牢笼"。④ 学者们开始怀念中世纪行会组织中的脉脉温情。社
群主义（Communitarianism）的研究思潮兴起，行会制度在近代社会的
语境之下不断被重述。1900 年前后，行会组织及其法律制度成为意大
利社会运动的旗帜。激进的社会学家认为行会团体真正顾及了广泛的

---

① Eugene F. Rice, *The Foundation of Early Modern Europe, 1460 - 1559*, New York：W. W.
　 Norton and Company, 1994, p. 70.
② William Herbert, *The History of the Twelve Great Livery Companies of London*, London：Livery
　 Companies of London, 1837, p. 10.
③ Frederick Pollock and Frederic William Maitland, *The History of English Law before the Time of
　 Edward I*, Vol. I, Cambridge：Cambridge University Press, 1968, p. 667.
④ 李猛：《除魔的世界与禁欲者的守护神》，北大法律信息网，http://article. chinalawin-
　 fo. com/ArticleHtml/Article_2501. shtml（last accessed 12. 21. 2014）。

社会正义，是推动社会变革的重要力量。从这个意义上说，马克思、恩格斯的共产主义理论正是这一社会思潮的集大成者。恩格斯在论及西欧封建社会中行会特点时，参考了普布里乌斯·塔西陀（Publius Cornelius Tacitus）《日耳曼尼亚志》（Germania）中有关蛮族部落民主的描述，认为城市行会在一定意义上是农村基层组织——马尔克公社的移植，二者同样保有共产主义所有制的形态。[①] 他说："在农村，占统治地位的是从原始共产主义中生长起来的马尔克公社。起初，每个农民都有同样大小的份地，其中包括面积相等的每种质量的土地，并且每个人在公共马尔克中也相应地享有同样大小的权利。……以后的一切同业公会，都是按照马尔克公社的样子建立起来的，首先就是城市的行会，它的规章制度不过是马尔克的规章制度在享有特权的手工业上而不是在一个有限的土地面积上的应用。整个组织的中心点，是每个成员都同等地分享那些对全体来说都有保证的特权和利益。"[②] 第一次世界大战之后，意大利社会理论家奥登·波尔（Odon Por，1883 - ?）更是抛出了"行会社会主义"（Guild Socialism）的观点。他褒奖行会注定以劳动力的垄断"实现生产控制、释放经济自由"，且行会不仅是绝佳的劳动力组织形式，还兼顾高度的个人性格和公共精神（high personal character and public spirit），可以最大限度地适应社会发展与合作的多元需求。[③]

德国日耳曼法学家奥托·弗里德里希·冯·基尔克（又译为祁克）、德国社会理论家马克斯·韦伯、法国社会学家埃米尔·涂尔干是同一思潮之下的保守者。1868 年，年仅 27 岁的波美拉尼亚（Provi-

---

[①] 〔古罗马〕普布里乌斯·塔西陀：《日耳曼尼亚志》，马雍等译，商务印书馆，1985。

[②] 《马克思恩格斯全集》（第 46 卷），人民出版社，2003，第 1019 ~ 1020 页。

[③] Odon Por, Guilds and Co-operations in Italy, trans. by E. Townshend, London：The Labor Publishing Company, 1923, p. 140.

nz Pommern）律师出版了处女作《德意志团体法论》（*Das Deutsche Genossenschaftsrecht*，1868）第一卷，全书共 1100 多页。1873 年，基尔克发表了该书的第二卷，1881 年又发表了第三卷，后者由梅特兰译作《中世纪政治理论》（*Political Theories of the Middle Age*，1900），并在英语世界引起反响。基尔克是 1900 年《德国民法典》的主要批评者。他反对法典中过度彰显的个体主义框架，认为与传统德意志民族团体主义的精神气质不符。他凭借对大量原始资料的分析，以"行会"和"团体"的理论解释了德意志社会演进的五个阶段。第一阶段始于 800年，主体是基于父权和亲属关系之上的日耳曼部落组织。基尔克认为，这是中世纪团体发展的伊始，也是领主分封制度的开端。团体的组织形式受到了封建附随义务的冲击，但是个体的服务与财产也能受到些许的保护，这就蕴含着团体、城市甚至邦国发展的基因。第二阶段为11～13 世纪，德意志处在团体组织和封建力量的双重控制下。一方面，这一时期的社会秩序相对和平，日耳曼团体在共同经营对象（common subjection）的基础上发展为职业的行会。与自上而下的封建关系相比，行会是自下而上自发形成的。另一方面，封建的契约关系向个体或者团体法律关系的方向转化。正因如此，德意志才发展出了最为古老的地方社群（community/gemeinde）以及城邦（state）。第三阶段持续至中世纪末期，自发的团体组织具备了统治性的力量。这是自由城市与商人行会、手工业行会的繁荣时期（heyday），并行存在的还有贵族的联盟、教士的组织、经院学者的团队、不同省份或者领主内部的地产庄园、农户社区等。基尔克注意到，各类团体的约束力开始减弱了，比如，罗马法和教会法松动了封建领主的权限，领主对人和土地的控制开始交接到邦国（state）的手中。第四阶段的起止时间是具体的，自 1525 年德意志农民起义（German Peasants'War）到 1806年莱茵联盟（Confederation of the Rhine）的建立，这一时期仍然受到罗马法、教会法和团体法律传统的影响，却也同步开启了国家与个人的时代。① 第五阶段始于 1868 年，古老的日耳曼社团精神复苏了，团体也不单纯解决生计问题，而是在国家的体制内部获得了新的位置。在《德意志团体法论》的末卷，基尔克重点阐述了这种旧传统的新定位，法律人格、法律团体与自然法、国家和政治权力关联，可以让日耳曼的历史元素为当今所用。他对这一阶段的描述不乏溢美之词，认为调试之后的日耳曼团体将取得瞩目的成就。实际的情形也是如此。德国私法体系较早地接纳了"法人"和"团体"的概念，离不开基尔克一脉学者先期的论证及准备。②

　　行会的研究，是马克斯·韦伯资本主义问题意识之下的重要部分。韦伯将基尔克团体主义的论证扩及整个欧洲，使之具有了一般性。在韦伯的笔下，行会首先是一种非血缘的职业联合体，其伦理基础是基督教的"兄弟之爱"（brotherhood）。③ 之后，他将"誓约"的概念作为解释中世纪行会的核心，并区分了誓约的不同层次——城市团体的誓约、职业团体的誓约等，后者是前者实现地域性支配的手段。④ 只是，韦伯尤其强调城市团体，认为城市是从隶属身份上升至自由的场所，"城市的空气使人自由"（Stadtluft Macht Frei）。他得出结论，"这个伟大的——实际上可以说是革命性的——变革，使得中世纪的西方

① Otto von Gierke, *Naturrecht und Deutsches Recht* (Frankfurt, 1883), trans. by Ernest Barker as *Natural Law and the Theory of Society, 1500 – 1800*, Vol. iii, Boston: Beacon Press, 1934, p. 115.

② Otto von Gierke, *Das deutsche Genossenschaftsrecht* (Berlin, 1868 – 1913), trans. by F. W. Maitland as *Political Theories of the Middle Age*, Vol. iii, Cambridge: Cambridg University Press, 1900, p. 88.

③ 〔德〕马克斯·韦伯：《非正当性的支配——城市的类型学》，康乐、简惠美译，广西师范大学出版社，2005，第 56 页。

④ 〔德〕马克斯·韦伯：《非正当性的支配——城市的类型学》，康乐、简惠美译，广西师范大学出版社，2005，第 64 页。

城市与所有其他城市截然有别"。① 实际上，与城市相比，职业行会是更加微观层面的社会组织，同样起到了瓦解隶属关系、推动自由交往的作用。这一点，韦伯的字里行间已有所指，但尚未十分明确。

如果说韦伯宏观的理论关怀与专门的行会现代性研究擦边而过，埃米尔·涂尔干则直面了行会组织在20世纪初期的现实意义。涂尔干认为，职业群体有一种正面的道德性，它遏止了个人利己主义的膨胀，培植了劳动者对团结互助的极大热情，防止了工业和商业关系中强制法则的肆意横行。② 他对行会制度的社会功能倍加推崇："从城邦的发端到帝国的兴盛，从基督教社会的黎明到当今时代，如果说法人团体是必不可少的话，那是因为它切合了我们深层和持久的需要。"③ 尤其重要的是，行会还为每一种职业制定了明确的规范，规定了雇主和雇工以及雇主之间的责任。但是，涂尔干自己也认为，任何一种制度在实施了一个时期以后，没有不退化变质的，这不仅因为它没有在适当的时候发生改变，从而使自己变得顽固不化，而且也因为它只是朝着一个方向发展，从而使自己变得面目全非。在涂尔干的时代，商业主特别重视自己的特权，而不再顾及职业本身的名誉以及成员的忠诚，行会团体的规范也就没有什么存在的价值了，而且还会给人们带来诸多的麻烦。可见，涂尔干笔下的行会是历史的，也是现实的。涂尔干尝试对行会及其规范加以改造，而不是整体予以否认和批判。

理论的争鸣，伴随着同时代历史学者分析行会经济形态的努力。1870年德国经济学家、社会改革者鲁约·布列塔诺（Lujo Brentano，

---

① 〔德〕马克斯·韦伯：《非正当性的支配——城市的类型学》，康乐、简惠美译，广西师范大学出版社，2005，第40页。

② 〔法〕埃米尔·涂尔干：《社会分工论》，渠东译，生活·读书·新知三联书店，2013，第22页。

③ 〔法〕埃米尔·涂尔干：《社会分工论》，渠东译，生活·读书·新知三联书店，2013，第21页。

1844－1931）的文章《行会的历史与演进》（"On the History and Development of Gilds"，1870），1891 年英国传教士 J. 迈尔特·兰伯特（J. Malet Lambert，1853－1931）的著作《行会生活的两千年：古今行会体系发展史概览》（*Two Thousand Years of Gild Life：Or an Outline of the History and Development of the Gild System from Early Times*，1891）梳理了行会产生与发展的脉络，展示了数十个中世纪行会以及行会生活的微观画卷，为古今行会制度的分析奠定了基础。[1] 英国历史学家乔治·昂温（George Unwin，1870－1925）的《伦敦的行会与公会》（*The Guilds and Companies of London*，1963）、法国经济学家乔吉斯·雷纳德（Georges Renard，1876－1943）的《中世纪的行会》（*Guilds in the Middle Ages*，1919）以同样细腻入微的笔触探讨了古今行会的具体制度设计。昂温借用伦敦行会档案馆的便利条件，解决了行会在城市和国家政治经济体系之中的定位问题。他通过对行会结构、行会纠纷以及市政监管的描写，理顺了行会与市镇、国王之间的司法关联。他尤其强调行会组织的法律规范，将行会法规的属性定位于"友爱"（fraternity），认为由行会到贸易联盟（Trade Union）的职业团体组织推动了政治自由的发展。[2] 继昂温之后，雷纳德的笔触涉及更多中世纪行会制度的细节，包括行会的选举、师徒的关系、职业的伦理、慈善的活动，等等。在雷纳德看来，中世纪的行会之所以淡出前现代历史的舞台，原因在于社会经济条件的改变。[3] 但是，20 世纪初期的情形却呈现悖论——一面是市场的无限扩张对传统行会法律规制的排斥，

---

[1] Lujo Brentano，"On the History and Development of Gilds"，*English Guilds*，ed. by Toulmin Smith，London：N. Trübner and Co.，1870，pp. lxviii-lxxi；J. Malet Lambert，*Two Thousand Years of Gild Life: Or an Outline of the History and Development of the Gild System from Early Times*，Hull：A. Brown，1891，p. 15.

[2] George Unwin，*The Guilds and Companies of London*，London：Frank Cass and Company Ltd.，1963.

[3] Georges Renard，*Guilds in the Middle Ages*，London：G. Bell and Sons，1919.

一面是行会的管理经验与现代生产组织的兼容。因此，有必要将残余的行会制度予以重组，或可使其成为对当下社会问题的有效回应。从这个角度看，现代工业组织与中世纪的行会既有差别，又有传承和继受。中世纪依旧是行会的中世纪，但行会却可以具有现代性。

两次世界大战期间的行会研究，借力社会连带、福利国家的理论思潮，更加注重行会组织联合个体成员、平衡社会差异的功能。亨利·皮朗（Henri Pirenne）在《中世纪欧洲经济社会史》（*Economic and Social History of Medieval Europe*，1936）中，认为即便有着细节上的不同，行会保障中世纪生产者、销售者以及消费者的社会功能却是随处可见的。① 法国社会活动家、欧洲中世纪研究的奠基人马克·布洛赫所著《封建社会》（*La société féodale*，1939），一面指出"叠床架屋"的中世纪行会管理机构不利于城市生意的迅速处理，一面强调同业行会团体的誓约推动了平等个体之间连带关系的形成与发展。② 英国学者厄耐斯特·普利爵士（Sir Ernest Pooley）的《伦敦市行会》（*The Guilds of the City of London*，1945）图文并茂地将行会置于中世纪至今的社会图景中，展示了行会的起源及分布、行会的宗教仪式、行会的经营生活等。他暗指，行会无时不处于整体社会环境的网络之中，比如来自皇家的授权、来自市政的监管等。这种往来中的社会关系十分融洽，王室成员、市政官员能够以成员的身份加入行会，行会中的杰出者也有机会跻身城市行政官的序列。③ 这样，行会是城市有机体内的重要组成部分，行会的法律制度则是这一有机关联的文本体现。

20 世纪 60 年代以来，行会研究分散在政治学、经济学、法学、人

---

① Henri Pirenne, *Economic and Social History of Medieval Europe*, London: Kegan Paul, Trench, Trubner & Co. , 1936, p. 180.

② 〔法〕马克·布洛赫：《封建社会》，张绪山译，商务印书馆，2004，第 575 页。

③ Ernest Pooley, *The Guilds of the City of London*, London: William Collins of London, 1945, p. 44.

类学、教育学等诸多领域，学者们之间有共识，更有争议。其中，美国学者查尔斯·R. 惠克逊（Charles R. Hickson）以及厄尔·A. 汤普逊（Earl A. Thompson）撰文《以文探路：行会与欧洲经济发展的新理论》（"Essays in Exploration：A New Theory of Guilds and European Economic Development"，1991），从效率和安全的视角延续了对古典经济学派行会观的质疑及反思，将各地区行会特殊性的研究纳入学术视野。两位学者考察古罗马至近代的行会演进史之后，认为效率及安全才是考量中世纪行会制度的最重要因素。根据他们的分析，行会法律规范中的师徒关系和生产活动将中世纪的城市经济固定下来。只是，作为代价，行会须在一定程度上依附于城市，参与城市的税收及防御工程。[①] 他们据此划分了行会起源与发展的主要时间阶段，比如，古代希腊和罗马的萌生期，中世纪的稳定期，近代的转型时期。他们留意到日耳曼人入侵、拜占庭帝国建立以及商路传播对各地区行会形态的影响，比如，北部意大利城市国家、德意志地区的社会环境相对宽松，该地区行会的对外依附性较弱。反之，在法国、西班牙的城市中，行会则具有更多的外部依赖性。胡果·索里（Hugo Soly）的《欧洲手工业行会的政治经济》（"The Political Economy of European Craft Guilds"，2008）拓展了这种行会类型的划分，突出了行会在不同社会情境之下的适应能力。

　　此后，有关不同地区行会法律特殊性的研究进一步展开。黑瑟尔·斯旺逊（Heather Swanson）在《晚期中世纪约克地区手工业、兄弟会及行会》（"Crafts，Fraternities and Guilds in Late Medieval York"，2006）及《经济结构的幻觉：晚期中世纪英格兰市镇的手工业行会》（"The Illusion of Economic Structure：Craft Guilds in Late Medieval English Towns"，

---

① Charles R. Hickson and Earl A. Thompson，"Essays in Exploration：A New Theory of Guilds and European Economic Development," *Exploration in Economic History*，Vol. 28，New York：Academic Press Inc.，1991，pp. 129 – 130.

1988）中发现，英格兰的行会既无法如欧洲大陆某些地区的行会一般自治，也不享有真正意义上的社会垄断权。① 他以 1387 年约克地区的行会章程为依据，认为英格兰行会慈善活动的影响力大于其经济影响力。罗伯特·史密斯的《西班牙行会的商人》（The Spanish Guild Merchant，1940）表明，同样的情形发生在中世纪西班牙的卡斯特罗地区，行会事务受到皇家法庭以及市政机构的较大影响。② 与此同时，卡罗·伯尼在《规范与争端：18 世纪的博洛尼亚鞋匠行会》（"Norms and Disputes：The Shoemakers' Guild in Eighteenth-Century Bologna"，1989）一文中，证明意大利自治城市中的行会享有更多的自由。正因如此，这里的行会通过法律文本的编纂和实施，将法律的语言融入了行会的生活。③

　　观点上的争鸣始终存在。褒扬者居多，如安东尼·布莱克（Antony Black）的《12 世纪至今欧洲政治思想中的行会与市民社会》（Guilds and Civil Society in European Political Thought from the Twelfth Century to the Present，1984）受到剑桥学派历史语境主义方法的启迪，强调特定历史情境之下的行会观念各有差异，却暗藏着道德言语上的传承性，比如"誓词"（Oath）。④ 乔万尼·卡尼奥托（Giovanni Caniato）的《威尼斯的手艺人与商人》（"Arti e Mestieri a Venezia"，1989）探讨了行会内部分化与重组在整合劳动力资源方面的积极作用。⑤ 伦

---

① Heather Swanson，"Crafts，Fraternities and Guilds in Late Medieval York"，The Merchant Taylors of York，eds. by R. B. Dobson & D. M. Smith，York：Borthwick Texts and Studies，2006，pp. 7 – 8；Heather Swanson，"The Illusion of Economic Structure：Craft Guilds in Late Medieval English Towns"，Past and Present，No. 121（1988），pp. 29 – 48.

② Robert Sidney Smith，The Spanish Guild Merchant，Durham：Duke University Press，1940，p. 8.

③ Carlo Poni，"Norms and Disputes：The Shoemakers' Guild in Eighteenth-Century Bologna"，Past and Present，No. 123（1989），p. 107.

④ Antony Black，Guilds and Civil Society in European Political Thought from the Twelfth Century to the Present，London：Methuen & Co.，1984，pp. 4 – 8.

⑤ G. Caniato，"Arti e Mestieri a Venezia"，Arti e mestieri tradizionali，ed. by M. Cortelazzo，Milan：Silvana Editoriale，1989，pp. 138 – 139.

敦大学菲利普·德·维沃（Filippo de Vivo）认为，即便只是平民与贵族之间简单、直接的沟通，行会也是功不可没的。① 皮特·亨夫瑞（Peter Humfrey）认为，行会既然具有扶贫济弱的社会功能，就能够当然地促进社会和谐。美国学者理查德·麦肯尼（Richard Mackenney）在《贸易人和贸易者：欧洲和威尼斯的行会世界，1250～1650》（*Tradesmen and Traders：The World of the Guilds in Venice and Europe, c. 1250 – c. 1650*，1987）一书中认为，功能多样化的行会体系本身抑制了可能出现的动荡局面，也推动了市民营生与商业德行，行会法就是行会链接（mediation）国家与社会之功能的史料依据。然而，这些学者只是关注行会维持稳定、推动经济的作用，对行会规则本身的挖掘却不够充分。② 麦肯尼的学生派特瑞卡·安妮·奥勒斯通（Patricia Anne Allerston）就没有延续恩师乐观的研究思路，反而认为行会的司法系统存在"职权交叠且效率低下的缺点"。③ 无独有偶，贾浩在《有关团体的自我规制：中世纪晚期英格兰的佐证》（"On Group Self-governance：Evidence from Craft Guilds in Late-Medieval England"，2006）一文中强调了行会个体成员违反行会法、投机取巧的动机。④ 美国经济社会史学者汤普逊在《中世纪经济社会史（300—1300年）》《中世纪欧洲晚期经济社会史》二书中兼采行会的褒贬之词，他不否认中世纪行会发展过程中限制竞争、实施垄断的"迫切愿望"，继而在此基础上强调

---

① Filippo de Vivo, *Information & Communication in Venice: Rethinking Early Modern Politics*, New York：Oxford University Press, 2008, p. 6.

② Richard Mackenney, *Tradesmen and Traders: The World of the Guilds in Venice and Europe, c. 1250 – c. 1650*, London：Croom Helm, 1987, pp. 233 – 235.

③ Patricia Anne Allerston, "The Market in Second-hand Clothes and Furnishings in Venice, c. 1500 – c. 1650", Unpublished Doctoral Thesis, European University Institute, 1996, p. 41.

④ Hao Jia, "On Group Self-governance：Evidence from Craft Guilds in Late-Medieval England", 2006, p. 7, http://www. imbs. uci. edu/files/imbs/docs/2006/grad _ conf/06-haoJia-paper. pdf (last accessed 13. 7. 2014).

经济社会领域的近代革命，实际在 13 世纪的行会经营中已经发生。① 针对行会限制竞争和实施垄断，M. M. 波斯坦在《剑桥欧洲经济史》第 3 卷《中世纪的经济组织和经济政策》一书中则提出了怀疑，认为行会的实际影响力受到政治统治者、消费者、零售商贩等多种因素的限制，是故无法如想象中那般如愿抬高价格并实施垄断，况且，如果行会彻底 "没有公共责任"，则共同的组织纽带也会 "脆弱而易断"。② 据此，更加全面的中世纪行会图景，呈现为保守性与革新性的并存。

至于行会现代转型的问题，仍有伦敦政治经济学院的史蒂芬·爱波斯坦（Stephan Epstein）以及剑桥大学席拉·奥吉尔（Sheilagh Ogilvie）之间数个回合的文笔交锋。爱波斯坦强调行会法有助于克服市场失序，奥吉尔则质疑行会法不过将社会生产的 "寻租"（rent-seeking）固定下来而已。两位学者的 "文战" 体现在 2004 年奥吉尔的《行会、效率以及社会资本：德意志前工业社会的佐证》（"Guilds, Efficiency, and Social Capital：Evidence from German Proto-industry"，2004），2007 年爱波斯坦的商榷文《前现代经济中的手工业行会》（"Craft Guilds in the Pre-modern Economy"，2008），以及 2010 年奥吉尔的再商榷文《我们能否再塑行会？一种怀疑的再鉴定》（"Can We Rehabilitate the Guilds? A Sceptical Re-appraisal"，2010）中。③

---

① 〔美〕詹姆斯·W. 汤普逊：《中世纪经济社会史（300—1300 年）》（下册），耿淡如译，商务印书馆，2009，第 520 页；〔美〕詹姆斯·W. 汤普逊：《中世纪欧洲晚期经济社会史》，徐家玲译，商务印书馆，1996，第 544 页。

② 〔英〕M. M. 波斯坦等主编《剑桥欧洲经济史》第 3 卷《中世纪的经济组织和经济政策》，经济科学出版社，2002，第 198 页。

③ Sheilagh Ogilvie, "Guilds, Efficiency, and Social Capital：Evidence from German Proto-industry", *Economic History Review*, Vol. 57, No. 2（2004），p. 328；Stephan Epstein, "Craft Guilds in the Pre-modern Economy", *Economic History Review*, Vol. 61, No. 1（2008），p. 155；Sheilagh Ogilvie, "Can We Rehabilitate the Guilds? A Sceptical Re-appraisal", pp. 52 – 54, http://www.econ.cam.ac.uk/research/repec/cam/pdf/cwpe0745.pdf（last accessed 20.11.2014）. 遗憾的是，爱波斯坦本人已于 2007 年 2 月逝世。他没能看到席拉的回应文章，也没能使有关行会的争论继续进行。

尤为值得一提的是，行会也在教育学领域开花结果，中世纪行会几乎成为英国法律会馆、近代大学组织不可绕过的议题。通常认为，近代大学是欧洲中世纪行会在纯粹知识技能传承领域的应用，行会的学徒制构成大学最早的师生关系模型。[①] 与此同时，法律会馆也成为行会组织在英格兰普通法背景之下的独特因应，在《英格兰法律礼赞》（De Laudibus Legum Angliae，1741）一书中，福特斯丘爵士（Sir John Fortescue）描述了法律会馆以行会技能培训的方式在学员法律、艺术、品行养成等方面的积极作用。[②] 著名英格兰法律史学家梅特兰更是以中世纪行会类比法律会馆，"手工业行会规制学徒，排除不称职者并反对不正当竞争，律师们也是如此"，[③] 这种类比在此后法律会馆的研究成果中屡见不鲜。[④]

行会法的文本与实践同样备受关注。意大利学者米开朗基罗·莫拉若（Michelangelo Muraro）从行会的条款出发，认为行会章程中

[①] Olaf Pedersen, *The First Universities: Studium Generale and the Origin of University Education in Europe*, Cambridge: Cambridge University Press, 1997, pp. 144 – 145.

[②] John Fortescue, *De Laudibus Legum Angliae*, London: Savoy, Printed by H. Lintot for D. Browne, 1741, Chapter 49.

[③] Charles M. Hepburn, "The Inns of Court and Certain Conditions in American Legal Education", *Virginia Law Review*, Vol. 8, No. 2 (December, 1921), p. 98.

[④] 相关文献包括但不限于 Robert R. Pearce, *A History of the Inns of Court*, London: Richard Bentley, 1848; Edward I. Dugdale, *Origines Juridicales or Historical Memorials of the English Law，Courts of Justice，Forms of Trial，Inns of Court and Chancery*, https://quod. lib. umich. edu/e/eebo/A36799.0001.001/1: 63.27? rgn = div2; view = fulltext; Rev. Reginald J. Fletcher, *The Reformation and the Inns of Court*, London: Harrison and Sons, 1903; Phyllis Allen Richmond, "Early English Law Schools: The Inns of Court", *American Bar Association Journal*, Vol. 48, No. 3 (March, 1962); V. S. Bland, ed., *A Bibliography of the Inns of Court and Chancery*, London: Selden Society, 1966; Wilfrid Prest, "Legal Education of the Gentry at the Inns of Court, 1560 – 1640," *Past & Present*, No. 38 (December, 1967); A. W. B. Simpson, "The Early Constitution of the Inns of Court", *The Cambridge Law Journal*, Vol. 28, No. 2 (November., 1970); David Lemmings, *Gentlemen and Barriste Bar: The Inns of Court and the English Bar, 1680 – 1730*, Oxford: Clarendon Press, 1990; 〔英〕塞西尔·黑德勒姆：《律师会馆》，张芝梅译，上海三联书店，2013，第17页。

严苛的技能规范是近代知识产权法律规制的渊源。① 帕米拉·O. 朗
（Pamela O. Long）提供了行会法律注册的统计数据。② 罗伯特·P.
莫格斯（Robert P. Merges）与维尔松·索西尼（Wilson Sonsini）则
认为，有关质量、标准以及贸易规则的法律条款是行会生活不同于
外界的标志。③ 克里斯托弗·梅（Christopher May）补充认为，行会法
律规制之下的专营权的确存在，但实践中的行会活动却多有让步——这
体现了私有权利与公共生活的对抗和平衡。④ 詹姆士·肖（James
Shaw）笔下的行会法与现实的司法实践之间存在脱节。⑤ 苏珊·雷
诺兹（Susan Reynolds）在她有关中世纪行会法律实践的研究中复又
推崇行会文本的关键性，"理论和实践之间，以及观念与活动之间似
乎总是存在差距。但是，充斥于社会生活之中的、涉及正确和错误
的观点、价值以及臆想依旧是紧要的，且不以条款实施的好坏为转
移"。⑥ 可见，行会并非单纯证明某一观点或社会现实的历史资本，它
有着独立的文本逻辑和实践机理。只是，悬而未决的问题依然存在：
行会在实现多样的社会价值之前，如何完成了强大的自我建设？这种
内部结构的进化和升级，使行会法律制度在当地的法律体系之中扮演

---

① Michelangelo Muraro, "The Statutes of the Venetian Arti and the Mosaics of the Mascoli Chapel", *The Art Bulletin*, Vol. 43, No. 4 (1961), p. 268.

② Pamela O. Long, "Invention, Authorship, 'Intellectual Property', and the Origin of Patents: Notes toward a Conceptual History", *Technology and Culture*, Vol. 32 (1991), pp. 871 – 873.

③ Robert P. Merges and Wilson Sonsini, "From Medieval Guilds to Open Source Software: Informal Norms, Appropriability Institutions, and Innovation", pp. 1 – 5, http://www. law. berkeley. edu/files/From_Medieval_Guilds_to_Open_Source_Software. pdf (last accessed 24. 7. 2014).

④ Christopher May, "The Venetian Moment: New Technologies, Legal Innovation and the Institutional Origins of Intellectual Property," *Prometheus: Critical Studies in Innovation* Vol. 20 (2002), p. 169.

⑤ James E. Shaw, *The Justice of Venice: Authority and Liberties in the Urban Economy, 1550 – 1700*, Oxford: Oxford University Press, 2006, p. 108 – 110.

⑥ Susan Reynolds, *Kingdoms and Communities in Western Europe, 900 – 1300*, Oxford: Oxford University Press, 1997, p. lxv.

　　何种角色？既然行会章程是重要的，实施的过程又不是一帆风顺的，那么行会法蕴含的动力与张力，理应成为需要揭晓的谜题。

　　图 1-1、图 1-2 和图 1-3 显示了谷歌图书数据系统搜索关键词为"行会"（guild）、"行会法"（guild statutes）英文出版物（1500~2000年）结果和搜索关键词为"行会"（gilda）意大利文出版物（1500~2000年）的结果。

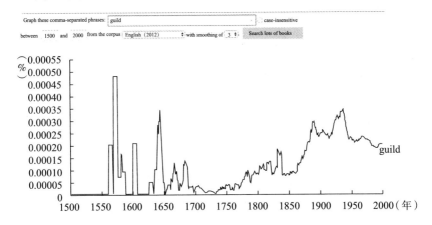

图 1-1　谷歌图书数据系统显示关键词为"行会"（guild）

英文出版物（1500~2000 年）

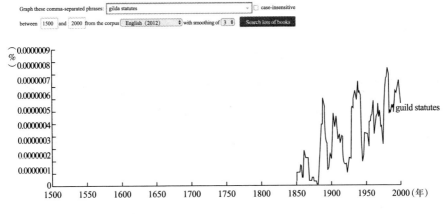

图 1-2　谷歌图书数据系统显示关键词为"行会法"（guild statutes）、

英文出版物（1500~2000 年）

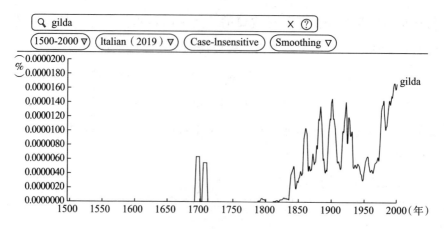

图 1 - 3　谷歌图书数据系统显示关键词为"行会"（gilda）
意大利文出版物（1500～2000 年）

　　国内学术界有关行会的研究成果也十分丰硕，但中世纪行会的系统性论述却略显薄弱。

　　国内有关行会的研究成果大致分布在三个主要的领域。一是行会演进的脉络与规律，这主要体现为行会史，尤其是对中国古代行会断代史、行会地域史的研究。二是当代行会的研究，这是结合当前社会发展的境况，针对行会法律规制、行会结构与基本功能、行会自治与他治、行会法律责任等基本问题的研究。三是作为比较分析的域外行会研究，具体为行会制度与域外行会史。三个领域均已有了相当的成果积累。

　　首先，中国古代行会断代史、行会地域史的研究硕果累累。学者们坚持实证分析，发掘运用一手档案资料，深入社会与国家、传统到近代的复杂情境，动态还原不同时段、不同地域的行会制度形态，进而呈现发展演变的基本历程。① 相关研究综合政治史、经济史与社会

----

① 相关文献有曲彦斌《行会史》，上海文艺出版社，1999；全汉昇《中国行会制度史》，百花文艺出版社，2007；高其才《论中国行会习惯法的产生、发展及特点》，《法律科学》1993 年第 6 期，第 70～76 页；彭泽益主编《中国工商行会史料集》，中华书局，1995；章开沅等主编《苏州商会档案丛编》，华中师范大学出版社，2012；陈振汉、熊正文、萧国亮编《清实录经济史资料（顺治—嘉庆朝）·商业手工业编·叁》，北京大学出版社，2012。

史的多条线索，不仅有长时段的宏观叙事，而且分析行会选举制度、话语体系、运作机制以及演变规律，行会相关制度结合具体社会实践的图景向细节铺展。① 古代中国的行会以唐代、宋代最为典型，近代以后的行会又在苏州、上海、浙江、天津、宁波、广州、济南等地区各具形态。② 学者们的关注点大致集中在：中国古代不同时期行会的外观与运行模式如何？古代行会如何有效实现自我组织与对外往来的协调性？③ 行会在传统农业经济体系中的实际功能如何，其在近代中国转型过程中面临怎样的挑战，又发挥着怎样的作用？④ 既有研究尤

① 傅筑夫：《中国经济史论丛》，生活·读书·新知三联书店，1985；孙睿：《近代行会自我治理机制研究——一个经济社会视角》，《西安财经学院学报》2014 年第 6 期，第 116 ~ 120 页。海外汉学家作品可参 D. J. Macgowan（〔美〕麦高文），"Chinese Gilds or Chambers of Commerce and Trades Unions"（《商贸联盟中的中国行会与协会》），*Journal of North—China Branch of the Royal Asiatic Society*，1886；H. B. Morse（〔美〕莫斯），*The Guilds of China*（《中国的行会》），London：Longmans，1932。

② 魏天安：《唐宋行会研究》，河南人民出版社，2007；马继云：《宋代工商业行会论略》，《山东社会科学》2006 年第 2 期，第 125 ~ 128 页；朴基水：《清代佛山镇的城市发展和手工业、商业行会》，《中国社会历史评论》2005 年第 6 卷，第 119 ~ 144 页；魏文享：《试论民国时期苏州丝绸业同业公会》，《华中师范大学学报》（人文社会科学版）2000 年第 5 期，第 79 ~ 87 页；陈亚平：《清代商人组织的概念分析——以 18—19 世纪重庆为例》，《清史研究》2009 年第 1 期，第 55 ~ 64 页；王凤山等：《宁波近代商帮的变迁》，宁波出版社，2010。

③ 顾銮斋：《中西封建行会的一些差异》，《东方论坛》1997 年第 1 期，第 28 ~ 35 页；霍新宾：《清末民初广州的行会工会化》，《史学月刊》2005 年第 10 期，第 49 ~ 55 页；韩晓莉：《新旧之间：近代山西的商会与行会》，《山西大学学报》（哲学社会科学版）2005 年第 1 期，第 67 ~ 72 页；虞和平：《鸦片战争后通商口岸行会的近代化》，《历史研究》1991 年第 6 期，第 122 ~ 135 页。

④ 彭南生：《行会制度的近代命运》，人民出版社，2003；朱英：《近代中国商会、行会及商团新论》，中国人民大学出版社，2008；孟玲洲：《从行会到同业公会：济南近代手工业行业组织的演变》，《青岛大学师范学院学报》2012 年第 3 期，第 80 ~ 85 页；王翔：《近代中国手工业行会的演变》，《历史研究》1998 年第 4 期，第 56 ~ 70 页；王翔：《从云锦公所到铁机公会——近代苏州丝织业同业组织的嬗变》，《近代史研究》2001 年第 3 期，第 104 ~ 131 页；毛燕武：《试论民国时期杭州电织业同业公会的现代性》，《杭州师范学院学报》（社会科学版）2003 年第 5 期，第 101 ~ 105 页。相关博士学位论文包括但不限于：董瑞军：《近代东北商会研究（1903—1931）》，博士学位论文，吉林大学，2013；魏文享：《民国时期的工商业同业公会研究（1918—1949）》，博士学位论文，华中师范大学，2004；李严成：《民国律师公会研究（1912—1936）》，博士学位论文，华中师范大学，2006；张天政：《上海银行公会研究（1937—1945）》，博士学位论文，复旦大学，2004；王晶：《上海银行公会研究（1927—1937）》，博士学位论文，复旦大学，2003。

其关注中国古代行会的转型，讨论了诸如行会是否内生于近代中国的现代性因素、行会转型如何作用于近代中国社会等问题。中国学者的研究视域与理论关怀，实际与梅因、韦伯、伯尔曼等欧美学者存在多处的对话、争鸣与暗合。

其次，行会建设及其功能优化是当代学术研究的热点。至少在法学界，随着 1998 年《社会团体登记管理条例》（2016 年修订）、2007 年《国务院办公厅关于加快推进行业协会商会改革和发展的若干意见》、2015 年《行业协会商会与行政机关脱钩总体方案》、2019 年《优化营商环境条例》等法律法规的不断完善，行会相关研究可谓高潮迭起。① 学者们注意到行会主体定位不明的问题，试图在行会调控主体和受控主体的双重身份中寻求一个平衡点。② 对此类问题的研究，推动了行会是营利还是非营利，是依附还是独立，是"受控于人"还是"控制他人"的深入讨论。③ 一方面，政府鼓励行会独立发展、赋予其行业公共治理职能的基本现状，得到了学界的普遍认可。另一方面，行会的自治地位和自律责任得到了关注，但也同时出现相关问题，即国家对经济生活的干预使行业协会镶嵌于国家体制的内部，最终呈现为"依

---

① 张冉：《中国行业协会研究综述》，《甘肃社会科学》2007 年第 5 期，第 231～235 页；张华：《连接纽带抑或依附工具：转型时期中国行业协会研究文献评述》，《社会》2015 年第 3 期，第 221～240 页。

② 汪莉：《论行业协会的经济法主体地位》，《法学评论》2006 年第 1 期，第 63～69 页；王名、孙春苗：《行业协会纲》，《中国非营利评论》2009 年第 4 卷，第 1～39 页；税兵：《非营利法人解释——民事主体理论的视角》，法律出版社，2010；张静：《法团主义》，东方出版社，2015；孙丽军：《行业协会的制度逻辑——一个理论框架及其对中国转轨经济的应用研究》，博士学位论文，复旦大学，2004。

③ 郑小勇：《行业协会对集群企业外生性集体行动的作用机理研究》，《社会学研究》2008 年第 6 期，第 108～130 页；周俊：《行业协会的公共治理功能及其再造——以杭州市和温州市行业协会为例》，《浙江大学学报》（人文社会科学版）2011 年第 6 期，第 36～46 页；常健：《行业自律的定位、动因、模式和局限》，《南开学报》（哲学社会科学版）2011 年第 1 期，第 133～140 页；郁建兴：《从双重管理到合规性监管——全面深化改革时代行业协会商会监管体制的重构》，《浙江大学学报》（人文社会科学版）2014 年第 4 期，第 107～116 页。

附性"。① 当然，相关研究业已跳出了"独立"与"依附"的二元分析视野，向社会的回应、法律的建制、国家的支持、成员的信赖、组织的建设等问题深入迈进。② 尽管这类研究主要所指的"行业协会"已经与行会史研究中的"行会"有所区分，但前者毕竟是后者的现代形态。

最后，域外行会的研究取得一定的进展，但仍待进一步展开。目前，国内关于外国行会的研究成果较多地集中在经济社会史方面，法律史、政治史的领域也有涉及，但专精程度略显薄弱。一方面，行会作为近代教育"原型"的价值和意义得到了普遍的认可。学者们基本达成共识，行会教育模式的存在，是欧洲中世纪大学诞生必不可少的条件，它的组织结构和管理模式便利了师生行动一致、争取权利并创造良好的学习环境，行会教育模式打开了学术研究的新局面，对现代大学精神的奠基有着重要的影响。③ 行会也加速了知识世俗化的进程，学徒制是一种独特的职业学习制度，小作坊的培训模式重视实践和言传身教，这就以传承手工艺技术、培养熟练的手工业者为基本宗旨，

---

① 鲁篱：《行业协会经济自治权研究》，法律出版社，2003；鲁篱：《行业协会限制竞争行为的责任制度研究》，《中国法学》2009 年第 2 期，第 81～91 页；张沁洁：《行业协会的组织自主性研究——以广东省级行业协会为例》，《社会》2010 年第 5 期，第 75～95 页；郭薇、常健：《行业协会参与社会管理的策略分析——基于行业协会促进行业自律的视角》，《行政论坛》2012 年第 2 期，第 57～62 页。

② 黎军：《基于法治的自治——行业自治规范的实证研究》，《法商研究》2006 年第 4 期，第 47～54 页；孙沛东：《市民社会还是法团主义？——经济社团兴起与国家和社会关系转型研究述评》，《广东社会科学》2011 年第 5 期，第 218～223 页；易继明：《社会组织退出机制研究》，《法律科学》2012 年第 6 期，第 80～90 页；孙笑侠：《论行业法》，《中国法学》2013 年第 1 期，第 46～59 页；郁建兴：《后双重管理体制时代的行业协会商会发展》，《浙江社会科学》2013 年第 12 期，第 53～77 页；郁建兴：《从双重管理到合规性监管——全面深化改革时代行业协会商会监管体制的重构》，《浙江大学学报》2014 年第 4 期，第 107～116 页；易继明：《论行业协会市场化改革》，《法学家》2014 年第 4 期，第 33～48 页。

③ 张磊：《欧洲中世纪大学》，商务印书馆，2010；宋文红：《欧洲中世纪大学的演进》，商务印书馆，2010；李秀勤：《欧洲中世纪大学的行会性及其影响》，《重庆科技学院学报》（社会科学版）2010 年第 18 期，第 126～128 页；陈沛志、王向阳：《西欧中世纪大学与近代科学的产生》，《自然辩证法研究》2012 年第 12 期，第 74～79 页。

它与中世纪神学体制下的信仰教育截然不同，近代科学研究就是在这样的氛围下得以启动的。① 另一方面，学者们认为行会在经济生活中的引领作用更加突出。中世纪行会是近代民族国家经济发展史的有机组成部分，具有承前启后的桥梁作用。② 现代公司的法人、股份、资本所有和资本经营相分离的三大特征，在中世纪西欧的行会合伙经营中已经得到初步的培育；中世纪行会的团体认同意识、经济权利意识、合作共享意识等，是近代公司制度的灵魂，中世纪意大利、英格兰等地商人行会的社会合伙和家族公司就是现代公司的初级形态，近代英国殖民早期出现的规约公司意味着中世纪行会开始向合股公司转变；③行会还在维系市场秩序、社会慈善、保障劳动者权益等方面做出了贡献。④ 与此同时，法律史、政治史的研究尤其认可中世纪欧洲商法的近代贡献，并将中世纪行会相关法律制度包括在商法大范畴之内，大陆法系中商号、商标、居间、行纪、商事簿记，无限公司、两合公司、银行、证券交易、票据流通、合伙经营、商业保险、货物买

---

① 赖佳、张晓晗：《试析欧洲中世纪行会学徒制》，《职教论坛》2014 年第 28 期，第 87 ~ 93 页。相关博士学位论文包括但不限于关晶《西方学徒制研究——兼论对我国职业教育的借鉴》，博士学位论文，华东师范大学，2010。

② 金志霖：《试论英国行会的产生及其早期经济措施》，《求是学刊》1990 年 2 月刊，第 77 ~ 88 页；金志霖：《英国行会史》，上海社会科学院出版社，1996；张永修、吕娜：《利普逊笔下的英国行会制度》，《史学月刊》1992 年第 1 期，第 84 ~ 89 页；赵文洪：《论英国行会的衰落》，《世界历史》1997 年第 4 期，第 75 ~ 82 页；姚爱爱：《试论 14、15 世纪英国城市中手工业行会的变化和作用》，《齐齐哈尔大学学报》（哲学社会科学版）2002 年第 1 期，第 54 ~ 57 页；李自更：《中世纪英国行会述略》，《史志学刊》2017 年第 3 期，第 14 ~ 19 页。

③ 刘景华：《现代公司制度的中世纪源头》，《湘潭大学学报》（哲学社会科学版）2017 年第 6 期，第 135 ~ 144 页；王琦：《简述西欧行会产生发展及其衰亡》，《北方文学（下半月）》2011 年第 2 期，第 96 ~ 97 页；周一良、吴于廑主编《世界通史资料选辑（中古部分）》，商务印书馆，1981；金艳曦：《试论中世纪西欧行会的社会救济功能》，《濮阳职业技术学院学报》（哲学社会科学版）2014 年第 6 期，第 58 ~ 60 页；李南海：《行会与近代理性资本主义的起源——马克斯·韦伯行会思想述论》，《漳州师范学院学报》（哲学社会科学版）2013 年第 4 期，第 99 ~ 103 页。

④ 王加丰：《中世纪中后期西欧贸易手段的创新与发展》，《经济社会史评论》2015 年第 1 期，第 86 ~ 125 页；徐浩：《中世纪西欧工业管理研究——以消费者、雇主和雇工权益为中心》，《史学理论研究》2015 年第 1 期，第 97 ~ 107 页。

卖、仓储、寄托、冒险、贷款等具体制度内容都来自中世纪商法。①
不难看到，目前国内关于别国法律制度的研究注重宏观性线索，诸如
对中世纪行会法等中观或微观法律范畴的定位尚存模糊不清的状态，
这也为进一步地挖掘和梳理提供了可行的空间。

四 小结：方法与路径

历史从来是不服规训的，法律却充满了规训的表达。试图对法律
史的某个问题得出一般性的结论，细节的分析与考证当然必不可少。
就资料而言，笔者所搜集的行会法律文献，包括一些汇编的典章，还
有广泛的、碎片式的法庭备忘录，当事人申诉状，信函，账簿等。这
些珍贵的档案材料出自中世纪用拉丁文书写的巧匠，静躺在欧洲的教
堂和研究机构中。只是，手写的文件可能因人而异，法律文件的形式
因此不一而足。尤其省略符号、构词习惯的差别，往往构成中世纪法
律文本最大的阅读障碍。况且，档案文献难于保存，使得法律资料相
对集中于 14 世纪以后的时期——整体再现中世纪行会法的难度是可想
而知的。不管怎样，历史的考证和法律文本的比较分析，能够再现行
会法制及理念的微毫；精心选取的资料截图，多少具有文物一般的证
明力量。立意于此，全书共分九个章节。

第一章为导论，在法律文明进程的视域中引出欧洲中世纪行会的
研究价值。本章就国内外既有研究文献进行了分析和探讨，也对身份、

---

① 何勤华：《关于大陆法系研究的几个问题》，《法律科学》2013 年第 4 期，第 5 ~ 14 页；
张薇薇：《中世纪城市的宪制》，《外国法制史研究》第 18 卷，法律出版社，2015，第
389 ~ 435 页；李秀清：《日耳曼法研究》（修订版），社会科学文献出版社，2018；陈灵
海、柴松霞等：《法律文明史》第 6 卷《中世纪欧洲世俗法》，2015；郭义贵：《西欧中
世纪法律概略》，中国社会科学出版社，2008；孙敏洁：《商标的早期历史追溯》，《求
索》2012 年第 3 期，第 246 ~ 248 页。

契约、行会、行会法、封建采邑、罗马法等重要相邻概念进行了界定，还对研究所采用的实证分析和比较分析方法进行了说明。导论提出全文的问题意识，即后罗马时代的中世纪欧洲是动荡、多层次的，围绕中世纪行会展开的讨论理应具有复杂性。除了梅因"从身份到契约"的论断以外，行会在法律文明进程中的定位还应上升到一般性的理论视域，法律演化并不是简单的进程问题，而是蕴含变迁与调试的张力关系。至少，中世纪的行会不仅意味着"从身份到契约的运动"，而且意味着"在身份与契约之间的互动"——对中世纪行会组织的研究，应当比早先的诸种论断走得更远。

第二章分析欧洲中世纪行会的产生背景与行会法的确立，这一进程体现了去身份化的特征。在中世纪早期动荡不定的局势下，流离失所的工商业者迫于生计汇聚起来，他们原本是互不相识、素无联系的陌生人。为了能够有一个和平有序、合作共赢的工作与生活环境，只能以职业工作为基础，以契约为纽带，自发结合而成同业者行会，而且必然以行会章程的形式将彼此之间的约定确定下来。所以，行会的建立本身就是对传统身份关系的否定，就是立于契约关系的基石之上。然而，中世纪行会及其所依托的城市，无一不处于由等级身份构成的封建社会关系的大环境中，所以不可能"出淤泥而不染"，因此，行会继续保留了上述各种等级身份关系的残余。不过，两相比较，契约关系占据相对主导的地位。

第三章描述欧洲中世纪行会的组织结构，尤其是经营性行会的组织结构。行会成员通过宣誓自愿入会，由此而平等地享有会员权利、履行会员义务，并通过行会章程将这些权利义务固定于法制的范围内。行会章程为勤奋能干的学徒提供了成长提升的均等机会，行会的日常生活管理遵循统一的标准，并且通过教育的途径得以实现。所以在正常状态下，行会内部关系的主基调是合作而不是竞争，是和谐而不是冲突。可以说，从行会建立伊始，成员之间永久性的身份差别和从属关系就不复存在。能够预见的是，行会生活的封闭性、行会收入的均等性等，必然在一定程度上导致排斥、压抑产品竞争的结果，但是在中世纪的社会背景下，"奉献—保障""权利—义务"的契约理念，也伴随行会结构的顺利运行而缓慢形成。

第四章描写欧洲中世纪行会与其他社会单元互动的基本模式和法律实践。行会法确立了行会外部结构的原则与界限。行会可以援引并执行自己的章程，完成相对独立的体系建设，并在复杂的社会关系之中争取空间。法规的授予、管理的协作，使行会与市政机构、国王、领主之间的关系不再局限于"主—臣"或者"分封—尽忠"的传统模式。当然，行会章程仍然保留着"索取—确认"的外观，仍要通过捐税以及劳工服务履行对授权者的义务，行会章程的违反者也可能受到城市法院的审判，行会对其成员的罚款也有上缴城市议会的部分——行会的自主性是不无代价的。这意味着行会成员履行对城市应尽的行政义务、宗教义务和赋税义务，也要求行会以备案章程的形式获得确定的约束力。这表明，解决行会身份与契约的张力关系，关键在制度化。

第五章探讨行会实施管辖和裁判纠纷的情形。行会产品、价格以及服务的争议经常出现，行会成员之间，行会与其他组织、个体之间的冲突时有发生。行会内部的冲突和对外的矛盾种类繁多，有些可以通过协商化解，但根本解决方法只能走司法途径，即依据章程的规定诉诸法律。在内部诉讼的情形中，行会是中立的法官；在外部纠纷的场合，行会是主张利益的当事人。无论是在内部诉讼还是在外部诉讼中，维护行会利益和成员的合法权利，都是会长、理事会或其他行会领袖义不容辞的职责。通过各种权利诉讼的实践，行会成员的权利意识和维权能力都相应增强和提高，这无形中丰富了中世纪法律实体与程序的内容。

第六章以英国中世纪的法律会馆为例，分析非营利性行会的法律规范、组织结构和社会互动模式等。英国法律会馆别名法律行会，采用中世纪传统行会的一般经营模式，同时开创了以知识技能而非经营利润为基础的行会组织的先河。与传统中世纪手工业、商业行会相比，法律行会具有中世纪行会的一般特征，诸如明确的自治权限，独立有效的管理体制，特定的会员培养程序，还有行会业务水准的认定机制，等等。与此同时，法律会馆转向了专门的教育、培训等非营利的实践活动。法律会馆的知识技能本身具有实用性和可延展性，比经营型行会具有更为持久的生命力和稳定性。法律会馆的制度规范和程序化标准，使其成为延续至今的中世纪行会组织，是中世纪行会法律属性的"活化石"。

第七章梳理中世纪行会的消解及其遗产，着重分析其推动近代个体权利和公司制度生成的重要作用。行会并不是中世纪的乌托邦，它维系了基本的经营秩序，也不可避免促成了专营权和垄断权的存在。这使行会呈现保守主义的消极色彩。然而，15世纪以来近代工业生产和区际贸易的浪潮，使行会团体在特定地域范围之内的专有经营再难维系；民族国家的司法、行政和税收体系，全面接管了行会在区域管理和法律规范中的权限。传统行会的消极因素瓦解了，行会法的组织结构则为近代法人、公司制度的诞生奠定了基础。与此同时，行会对个体劳动者的认可也为私权利的主张扫除了障碍。中世纪行会具有了近代法律变革的意义。

第八章对中国古代行会与欧洲中世纪行会进行对比分析。由于时代背景和现实需求的差异，欧洲中世纪行会与古代中国的行会发挥着相近但不相同的社会作用。中国古代行会与欧洲中世纪行会兴起于大致相似的时间点，在多个方面呈现颇为相近的外观特征。然而，诸多相似性却没有使古代中国行会具有类似于欧洲中世纪行会的实际影响力——既少见中国古代行会凭借独立的地位参与城市或者国家的政治生活，亦少见行会团体或成员依托行会法主张权利的诉讼记录。产生差异的原因是多方面的，该章从产生路径、内部结构和外部关系三个层面，对比了中西行会制度的异同，总结启发性内容。与中世纪欧洲行会相比，古代中国的行会较多体现出外部政治力量的规划指引，但也走上了自主性与自律性结合的发展道路。

第九章提炼全书主要观点并总结启示。欧洲中世纪行会是封建社会与商品经济交融的产物，在它身上不可避免地打着传统社会的身份烙印。但是，作为契约共同体的行会以及契约型行会法律规范，对传统的身份社会结构及其法律秩序造成了巨大冲击，推动了欧洲法律文明由传统向现代的过渡。应当看到，当代国际商事领域的实体法与裁判程序，正是起源于早期欧洲行会商业实践的自发性探索。当前，对处于复杂国际商业体系中的我国而言，中世纪行会所呈现的国际商事法律"源代码"，或可为我国跨国商事领域话语权的增强提供颇具价值的启示。

当然，历史主义者万难随心所欲。对历史上法律制度的了解，大抵只能以历史所允许的程度为限。而且，在所要研究的客体本身年代已远、内容庞杂，且佐证资料的考订极难完成之时，不少研究的意向会因条件所限而无法如愿。唯愿本书的笔触能够跨越当下的时空，再现中世纪行会质朴的法律光点。

第二章 去身份化：行会及行会法的
产生和演进

> "善良人在追求中纵然迷惘，却终将意识到有一条正途。"
>
> ——〔德〕歌德，《浮士德》

关于行会的起源可谓众说纷纭。常见的观点有"乡村起源说"、"教会起源说"、"罗马起源说"、"商业起源说"以及"劫掠团伙起源说"等。根据"乡村起源说"，行会发端于古代社会以及中世纪日耳曼部落的村社结构，比如鲁约·布列塔诺就将行会的起源归因于古代社会的家族团体，卡尔·马克思也认为日耳曼部落的土地共有制度与行会的产生有着必然的关联。① "教会起源说"认为，基督教会组织在行会形成过程中起到了关键的作用，比如威尔汉姆·爱德华·威尔达（Wilhelm Edward Wilda）强调宗教节日中的聚会为行会团体的产生创造了机会，哈特维格（Hartwig）注重法兰克王国修士团体的作用。② "商业起源说"出自比利时经济史学家亨利·皮雷纳（Henry Pirenne），他主张行会起源于 11 世纪商业复苏之际"个人创造性的联合"。③ "劫掠团伙起源说"的代表是德国社会学家 J. 温泽尔（J. Winzer），认为行会肇始于

---

① Lujo Brentano, "On the History and Development of Gilds", *English Guilds*, ed. by Toulmin Smith, London: N. Trübner and Co., 1870, pp. lxviii - lxxi.

② George Unwin, *The Guilds and Companies of London*, London: Frank Cass and Company Ltd., 1963, p. xxxi.

③ 〔比利时〕亨利·皮雷纳：《中世纪的城市》，陈国樑译，商务印书馆，2006，第 76 页。

北欧斯堪的纳维亚的劫掠团伙。[①] 更多的学者坚持"罗马起源说"并将行会的源头追溯至古罗马，如乔吉斯·雷纳德[②]和迈尔特·兰伯特等。比较上述几种观点，"商业起源说"因具有坚实的史料基础，也更符合历史逻辑，从而为今天大多数学者所认可。

一　行会的产生及其早期形态

"商业的早期组织如同封建制度的早期组织一样是世界性的。"[③] 在欧洲，早在古典时代，就已出现了早期的行会。因受时代条件限制，那时的行会普遍依托家族，血缘关系是其天然的联系纽带，一个家族的成员往往全部从事某一种职业，且世代相传，家族身份和职业分工重合在一起。

个体人同居共处的生活，早在血缘温情和暴力控制兼有的古代社会就已存在。彼时，"一个宣称具有正当性的团体，只能将其基础置于传统型的祭典取向的团体之上，例如氏族、军事团体以及政治性的部落组织"。[④] 古代社会对生育秘密与家庭祭礼的崇拜，使家族团体成为最为核心、常见的社会组织，稳定的职业行会无从产生。[⑤] 古希腊以家族为单位的祭祀、土地、住宅和私产，古罗马父系家族之中以父权、夫权为中轴的伦理秩序，都是这种职业组织的早期形式。根

---

① George Unwin, *The Guilds and Companies of London*, London：Frank Cass and Company Ltd.，1963，p. 35.

② Georges Renard, *Guilds in the Middle Ages*, London：G. Bell and Sons, 1919, p. 2.

③ 〔比利时〕亨利·皮雷纳：《中世纪的城市》，陈国樑译，商务印书馆，2006，第77页。

④ 〔德〕马克斯·韦伯：《非正当性的支配——城市的类型学》，康乐、简惠美译，广西师范大学出版社，2005，第45页。

⑤ 此处"古代"的定义和界分，依据法国学者库朗热在《古代城邦——古希腊罗马祭祀、权利和政治研究》（谭立铸等译，华东师范大学出版社，2006）中的研究，重点阐述近古时期的希腊和罗马。

据柏拉图曾经的记述，一位将死的雅典人要求获得立遗嘱的权利时，立法者明确告诉他："你不是你产业的主人，你甚至不是你自己的主人。你连同你的产业，都属于你的家庭，你的祖先，你的子孙全体。"为了维护自身利益，家族成员对祖传的专业技能无不珍视有加，通常对外是保密的，具有封闭性，致使族外人士很难介入，因此，"家族本身扮演了职业群体的角色"。正如法国学者库朗热所言，"由于这些宗教信仰，（职业）团体生活在古代是不存在的"。①

古代社会有着稳定的职业，却不能说有稳定的职业行会。亚里士多德注意到，社会分工的差异是"有机"的，从掌握祭祀、仪典的领导者，到国王、武人和文官，再到商人、工匠、农民和手工业者与奴隶，人们各自的职业不同，习惯和起居自然无法相同，也最好不要进行变更。②他并未言明古希腊人习以为常的事实，即家庭对职业分工的决定和支撑作用。家庭或者家族的团体凭借世代流传的知识或者技能，已经形成了固定的职业，这反过来又强化了对个体人的控制。人们对族外人士介入家庭的疑心，使他者通过劳动介入家族职业的可能性十分有限。可以说，"既然经济作用在家族以外还没产生什么影响，单靠家族来支配经济就够了，这样家族本身也就扮演了一个职业群体的角色"。③可见，早期的家族职业具有鲜明的血缘身份特征，严格说来还不属于职业组织，只不过是当时简陋条件下人们赖以生存和生活的一种自然方式而已。

后来，随着社会的发展、人口的增多和社会交往的日益深入，血缘家族关系不再是保障生计的唯一安全方式，家族成员有可能游离于家族

---

① 〔法〕努马·库朗热：《古代城邦——古希腊罗马祭祀、权利和政治研究》，谭立铸等译，华东师范大学出版社，2006，第53页。
② 〔古希腊〕亚里士多德：《政治学》，吴寿彭译，商务印书馆，2010，第39页。
③ 〔法〕埃米尔·涂尔干：《社会分工论》，渠东译，生活·读书·新知三联书店，2013，第29页。

之外，自谋生路。他们通过与自身利益相似或相同的族外陌生人建立联系甚至联合起来，也能够基本维持生计。于是，家族外的职业组织开始萌芽。某些相似的观念和利益也会形成事实上的依赖，并且吸纳更多陌生人的加入。在这一过程中，职业同行之间的彼此认同加速了家族团体分解的可能性。人们认识到，血缘关系固然是保障生计的安全方式，但除此之外的其他方式或动因也同样可以做到：利益的相似、共同对付来犯之敌的需要，甚至仅仅因为联合而联合，都能使人们走向良好且稳定的生活。当然，由于人们所从事的领域有限，家族外的团体也就限于不多的领域。这样，个人的生活仍在家庭中进行，职业的活动则向家族外转移了——业缘的组织形式和认同感默默地成长起来。

在古代希腊的后期，生人之间的职业组织已经出现。彼时，随着城邦国家的建立与发展，古老的家族血缘关系日趋松弛，希腊各城邦在保持家族或部落等社会组织的同时，默许了家族外职业团体的存在。及至梭伦时代，通过重分土地，进一步弱化了血缘身份，一些营造士和工匠们开始建立跨家族的职业组织。根据刘易斯·芒福德的社会史考证，此时古希腊的陌生人之间已经产生了"对话"，而"对话是脱离一致性的第一步。这种一致性是自我意识和发展进步中的一大障碍"。[①] 这种业缘的组合不是基于出生和习惯，而是为了必要的利益和生活自觉联合起来的。

不过，由于当时城邦当局并不鼓励职业组织的建立，也未在城邦体系中给予职业组织以明确定位，所以，许多家族外职业团体还没有完全突破血缘关系的羁绊，有些甚至呈现为"拟制的家族"；还有的团体仅仅是厌烦家族内乏味生活的成员外出寻找消遣的产物，缺乏职

---

① 〔美〕刘易斯·芒福德：《城市发展史》，宋俊岭等译，中国建筑工业出版社，2005，第123页。

业组织的属性，例如，有的团体只具有"男性饮酒俱乐部"（male drinking club）的功能。[①] 为了使团体维持下去，成员以自己的财产资助集体的生活，内部的氛围倒也轻松自在。团体中的人有了懵懂的合作意识，但不具备常规化的经营活动和体系化的自我管理。再者，古代希腊并未给职业的联合提供鼓励性的舆论环境，城市显贵从未认真思考过这样的问题，即如何将这些新兴的职业者团体安置到城邦的政治体系中来，反而轻视公民经商，视工匠为无用之物。所以，哲学家苏格拉底虽然也曾学习石匠技艺，但终因体力劳动的社会评价较低而放弃，诸如毕达哥拉斯和伊壁鸠鲁的聚点集劳动和学业于一体，也只在城市的郊区自得其乐。那时纯粹的同业组织经常自身难保，更不能有所发展。不过，它们所凸显的团体取向甚至扶助功能，倒为职业行会的正式登场做足了准备。

在古代罗马强大的父权制和国家体制之下，职业组织的发展同样步履维艰。王政、共和与帝制轮番上演的古代罗马，不仅在政治上成为霸主，还在经济上统一了整个地中海地区。通过发达的水路贸易、陆路运输，罗马行政体系在帝国行省之间调配着农作物、水产品，以及石器和陶器等手工业产品。[②] 这种颇为清晰的产业层次，再加上远销海外市场的强大需求，在无形中强化了不同谋生手段的意义。从庞贝古城的遗址不难发现，罗马人的交谈、婚配、教育、经商早有较为特定的区域，为职业谋生提供了进一步联合的有利环境。行会正式登场了，它成为国家行政体系和法律调控的"末梢"，时而受到罗马政府的鼓励。在罗马的官方文字表述中，职业组织被正式命名为"行业组织"（collegiatus），意为以共同经营利益为基础的稳定职业团体，应

---

① P. W. Duff, *Personality in Roman Private Law*, Cambridge: Cambridge University Press, 1938, p. 103.

② 〔法〕德尼兹·加亚尔等：《欧洲史》，蔡鸿滨译，海南出版社，2000，第122~123页。

当服从罗马国家的管理，履行赋税的义务。帝制时代的罗马行会可谓小有规模，不少劳动者和商人组成了社团，当然，古罗马的行会保持互相帮扶的属性，成员之间以"兄弟"和"朋友"相待，也会把自己的物品或遗产赠给团体。不仅大型家族的事业盘根错节，小户经营的贩售活动也普遍存在，甚至占据重要的地位。不同之处在于，罗马的行会开始强调自身的职业属性，是负有经营职能的"私组织"，也承担纳税和征税的"公职能"。行会组织已经正式破土而出，在国家体系和个人生活中占据一席之地。

行会团体在古罗马的发展依然阻力重重。帝国的管理虽然允许行会"活了下来"，但却把行会置于依附帝国政府的地位，这在实际上悖逆了行会自身的发展诉求。帝国初期，罗马行会仰赖地中海出口转运的稳定销路，还能在承担赋税义务的同时勉强度日。帝国晚期，海外销路遭遇蛮族侵扰而频频中断，本地行会的生产销售受到影响。入不敷出的罗马财政转而更加控制压榨行业组织的财产。职业行会的经营活动受制于政府各项"特许令"（licentia）的申请；新成立的行会组织首先承担为国创收的任务，尤以赋税为重。这种强大体制的掌控，把稍具雏形的行会经营变作"国家的爪牙"。劳动者开始争相逃离任务繁重的职业团体，罗马皇帝不得不使用强制招募和雇佣的方法勉强维持。4 世纪时，法律甚至迫使某些经营者组成社团，行会成为维持社会稳定的工具。[①] 5 世纪后期，西罗马帝国轰然倒塌，大批行会随之消亡。此后继续存在的东罗马帝国沿用传统政策，继续对行会控制有加。

罗马国家的法律体系保留了可供查阅的行会法律规范。这些规范表明，行会不仅意味着共同的认知，还意味着法律的认可。可以看到，有了体制内的定位和法律依据，行会的经营模式和社会评价也稳定下

---

① 〔法〕菲利普·内莫：《罗马法与帝国的遗产——古罗马政治思想史讲稿》，华东师范大学出版社，2011，第 75 页。

来。文献证明，古罗马有关行会的最早法律规定，出现在王制时代的
努马（Numa）治下。① 根据迈尔特·兰伯特的考证，公元前 500 年的
罗马对行会的法律规制已经明确表述为：

> 行会团体所拟之法律，得在不违反公共法律的情形下，自成
> 体系（Sodales legem quam volent, dum ne quid ex publica lege cor-
> rumpant, sibi serunto）。②

以 6 世纪优士丁尼的《国法大全》（*Corpus Juris Civilis*）的文本为
例，仍可窥见古罗马国家加诸行会之上的、过犹不及的国家控制：

> 为限制社会潜在之野心，凡兄弟会组织皆须获得批准（Ces-
> sante omni ambitione, onmi licetia qngetoru sexagintatriu collegiatoru
> numer maneat）。③

> 欲受本地法律关照之团体组织，必援引此法典，因其保障团
> 体之成立：任何新成立之团体组织，均不得变更赋税之义务（Ita
> ut iudicio tua sedis sub ipsorum prasentia corporatorum in corum lo-
> cum, quos humani subtraxerint casus excodem, quo illi fuerant corpo-
> ra, subrogentur: nulli alii corporatorum prater dictum numerum per
> patrocinia immunitate concessa）（见图 2 - 1）。④

---

① J. Malet Lambert, *Two Thousand Years of Gild Life: Or an Outline of the History and Development of the Gild System from Early Times*, Hull：A. Brown, 1891, p. 22.

② J. Malet Lambert, *Two Thousand Years of Gild Life: Or an Outline of the History and Development of the Gild System from Early Times*, Hull：A. Brown, 1891, p. 20.

③ *Corpus Juris Civilis*, Lione：Hugues de la Porte, 1558 - 1560, C. 4. 63.

④ *Corpus Juris Civilis*, Lione：Hugues de la Porte, 1558 - 1560, Column 761, C. 4. 64.

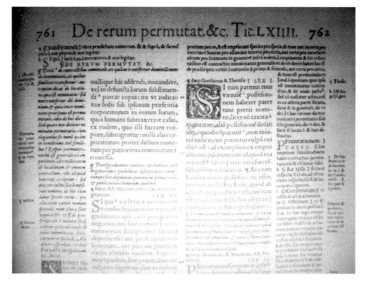

图 2 - 1 *Corpus Juris Civilis*（Lione：Hugues de la Porte，1558 - 1560），
C. 4. 64（优士丁尼《国法大全》，C. 4. 64，行会专款）

资料来源：*Corpus Juris Civilis*，Lione：Hugues de la Porte，1558 - 1560，column 761，
C. 4. 64。

不难得知，在无以逃避的家族血缘关系网络和国家政治权力覆盖下的古代社会，崭露头角的行会不可能成为职业者自主自治的经济组织，而且处处都表现出浓厚的身份依附性特征。

二 行会在中世纪的发展与繁荣

行会的"黄金时代"，始于战乱频仍的中世纪初期。罗马帝国灭亡后的人们颠沛失所，增强了对职业组织的依赖。自 5 世纪始，"那双曾经控制整个大帝国的手已无力再抓牢帝国的任何一部分了。手指一松，掌中物纷纷失落"。[①] 大范围的外部控制在很长时期内无法实现，

---

① 〔美〕刘易斯·芒福德：《城市发展史》，宋俊岭等译，中国建筑工业出版社，2005，第270 页。

职业行会被"松绑"了。散落在乡间、原野的商人和手工业者保留并改进了曾经的行会。他们渴求安全，延续了行会的经营职能及其私相帮扶的成员关系。各种行业的参与者在特定地点自发聚集起来，是比邻又是商业伙伴。他们开设商铺和作坊，形成了专注于特定贸易的职业聚落。产生于希腊罗马时代的古老行会，顺势转变为以特定职业为依托的、陌生个体组合而成的中世纪行会。

行会终于能够自行提供人们所需的安全和生计。它吸纳了农户、商人和手工业者，赋予他们全新的身份——"行会人"。这样的行会在特定的地点自发聚集，开设商铺和作坊，会员专注于特定贸易和经营的手段，他们是比邻又是商业伙伴，日耳曼民族的部落平等观更为行会内部的利益分配提供了参照。与此同时，在古罗马传统和拜占庭文化的影响下，专司宗教活动的教会团体业已成形；封建领地之上的显赫家族同时推进着土地、庄园的家庭合伙——职业行会仅是社会生活方式的一种。① 但是，此时的行会毕竟是陌生人基于职业的联合，其对利润和资本的独特关注几乎是空前的。500~1500 年，行会组织持续活跃于西欧的许多地方。行会不仅走向了繁荣，也走向了具体的、规范化的行动模式——行会法的指引。

5~9 世纪，西欧政局的动荡不安缔造了行会发迹的契机。西罗马帝国的灭亡以及蛮族的战争，使民众的生活水平大大降低。过去罗马文化所仰赖的城市富人，大部分沦为贫困的流亡者，或者依赖其乡村的少量地产生活。拜占庭人和伦巴第人之间的战争，将残存的罗马文明毁灭无几。阿拉伯人踏上东罗马帝国的领土，定居于非洲和西班牙，威胁过法兰西，更劫掠过罗马。丹麦人和诺曼人蹂躏了英格兰、西西里和意大利南部。混乱持续至 1000 年前后，战争、谋杀和掠夺带来了

---

① 〔德〕马克斯·韦伯：《中世纪商业合伙史》，陶永新译，东方出版中心，2010，第 36 页。

不安和苦难，令中世纪前期的欧洲大陆鲜有喘息的瞬间。

近6个世纪的混战状态，使曾经的罗马世界经历了较大的变化，政治经济制度的重建过程相当迟缓。世俗权力掌握在具有条顿血统的王侯手中，蛮族部落的诸种习惯与罗马文明格格不入。对此，一些人选择投身教会苦行修道，期待着一个较好的来世。5世纪末叶至11世纪中叶，教会组织伸展到意大利、法国与西班牙、大不列颠与爱尔兰、德国、斯堪的那维亚与波兰，逐渐取得了实际而有效的控制力量。① 另一些人则诉诸经营团体的保护。人们以团体的形式组合起来，抵御因社会动荡所致的生存风险。此时的行会当然不是古代罗马的"国管"组织，而成长为相对纯粹的职业团体。尽管仍然受到蛮族国王和领主的干涉，或者只能在这些势力的边缘从事商贸活动，但此时的行会已经逐渐成熟。行会人和僧侣们一样聪慧并通晓世俗事务，也能与贵族们分庭抗礼，时常作为自由的斗士受到下层民众的欢迎。这样的行会组织，在6世纪的那不勒斯（Naples）已经出现。作为东罗马帝国的保护国，那不勒斯一面仍将行会作为争取赋税的市民组织，一面为行会的独立经营保留了空间，甚至放任了其潜在的政治参与能力。

西欧城市的复兴成为行会大军前进的"踏脚石"。即便在战乱频仍的中世纪初期，罗马帝国时期的重要城市据点仍旧有所保留，诸如巴黎（Paris）、马赛（Marseille）、科隆（Cologne）、特里尔（Trier）、罗马（Rome）、那不勒斯（Napoli）等。9世纪的西欧进入社会秩序的恢复期，主教领地和封建采邑发展起来，采邑周边的人们也用讨价还价和公然购买等方式建立了货物储备和商业活动的据点，中世纪的城市慢慢成形，转而寻求领主和教会的认可。在城市中，市民身份意味

---

① 〔美〕哈罗德·J.伯尔曼：《法律与革命——西方法律传统的形成》，贺卫方、高鸿钧等译，中国大百科全书出版社，1993，第104页。

着经营活动的自由，大大小小的批发商、转运商、手工业工匠在此共谋生计。可以说，这种市民身份以及自由交往，"代替了血亲乡土、家族和封建伦常的古老纽带。专门化的各种职业团体以一套全新的关系和责任，补充了原始的家族、邻里团体；人人都在新城市中占有一席之地"。① 出于规范贸易和稳定市场的需求，市民将行会作为基本的单元，同时赋予其较大的自主地位。11 世纪，越来越多的市镇利用行会组织贸易活动，人们对职业团体也就更加依赖。这一时期，行会多由市民自发组建而成，或者经城市宪章授权设立而成，加入行会甚至意味着直接取得市民的身份。② 至此，不少行会组织获得了充分的社会影响力，他们完成了自身运营体制的设计，甚至着手掌控特定地域之内的专营权限，限制外来商人的介入。③

意大利北部的城市国家最先见证了职业行会的繁荣。在 9 世纪的阿马尔菲（Amalfi）以及威尼斯（Venice），落难商人和工匠自发建立了政权，职业行会的发展几乎是没有障碍的。他们甚至可以排除教会势力和蛮族入侵的干扰，在不同的势力角逐之中周旋谋利。10 世纪，行会已在佛罗伦萨（Florence）、那不列斯以及热那亚（Genoa）等城市大量兴起。从 1250 年弗里德里希二世（Friedrich II，1194 – 1250）去世到 1494 年法兰西王查理八世入侵，意大利的行会总体上没有受到外国的干涉。五个重要的城市国家，比如米兰（Milano）、威尼斯、佛罗伦萨、教皇国（Civitas Ecclesiae）和那不勒斯都发展出了相对成熟

---

① 〔美〕刘易斯·芒福德：《城市发展史》，宋俊岭等译，中国建筑工业出版社，2005，第260 页。

② Adolphus Ballard, *British Borough Charters, 1042 – 1216*, Cambridge：Cambridge University Press, 1913, p. lii.

③ 中世纪有着手工业行会和商人行会并存的现象，但二者的区分却并不鲜明。资金充沛的手工业者，可因远距离的贸易运输而成为商人；商人行会也离不开手工业劳动打造的基础资本。可见，商人行会和手工业行会的区别，毋宁是中世纪行会人侧重不同经营阶段的结果，故本文对二者不做特定的区分。

的行会制度。^① 这些南欧的行会凭借对香槟集市（Foires de Cham-pagne）的参与，将行会的组织形式传播至欧洲北部的弗莱梅（Flem-ish）和法兰西。

行会也在欧洲西部的列日（Liege）、巴黎、鲁汶（Rouen）以及图卢兹（Toulouse）等城市可见。13 世纪的巴黎有一部《职业目录》，记载了彼时巴黎手工业行会的数量已有 100 种以上。^② 其他与贸易相关的城市也都受到行会的影响，比如马赛（Marseille）等。13 世纪中期，行会组织的形式见于欧洲西部的德意志（Germania）地区、伊比利亚半岛东北部的西班牙沿海商业地区，并最终于 14 世纪早期传入德意志东部（Eastern Germania）。德意志北部城市的行会也不落后，先后建立了汉萨同盟以及声誉卓著的四大商站——1229 年建立于俄罗斯的诺夫哥罗德（Novgorod）商站、1252 年建立于佛兰德的布鲁日（Bruges）商站、1278 年建立于挪威的卑尔根（Bergen）商站和 1320 年建立于英国伦敦泰晤士河畔的斯蒂尔亚德（Steelyard，又译"钢院"）商站。^③ 此时，行会保障贸易往来、降低税收，已成为商人和手工业者从事经营活动的最佳选择。1400 年前后，欧洲大部分的商业活动与手工业生产都以行会的形式展开。他们抵御时发的瘟疫和饥荒，维持了生活的富裕及稳定。职业行会成为欧洲地区最为普遍、成熟的世俗经营团体。

日耳曼的征服者主动维持贸易路线并从中取利，客观上鼓励了行会组织的发展。蛮族国王保障职业团体的经营权限，行会支付一定数额的金钱和服务作为对价。8 世纪，法兰克国王洛萨一世（Frankish

---

① Charles R. Hickson and Earl A. Thompson, "Essays in Exploration: A New Theory of Guilds and European Economic Development", *Exploration in Economic History*, Vol. 28, New York: Academic Press Inc., 1991, p. 136.

② 〔日〕河源温、堀越宏一：《图说中世纪生活史》，天津人民出版社，2018，第 172 页。

③ 金志霖：《试论汉萨同盟的历史影响和衰亡原因》，《华东师范大学学报》（哲学社会科学版）2001 年第 5 期，第 91 页。

Emperor Lothar I）受外来行会活动的启发而批准行会。洛萨一世利用了教会的支持，鼓励领地内商业和手工业组织的发展。加洛林王朝时期的行会已经摆脱了领主的监管，获得了自主性。在不列颠，盎格鲁－撒克逊的辖地早就批准行会的存在。盎格鲁－萨克逊语中的行会名为"gildan"，直译为"付出"。撒克逊的"口岸行会"（frith-gild）承担商贸经营和内部扶助的义务，选举"会长"（alerman）以及四名"助理"（echevins）自行管理。11 世纪之后，英国行会借力旧有行会的框架以及诺曼征服带入的组织理念，日趋成熟。

成形之后的行会聚集在特定的地域。在伦敦，杂货匠行会集中在今天的皇后大街（Queen Street），裁缝匠行会聚集在砖块巷（Birchin Lane）。同理，染工行会位于伦敦堪德威克地区（Candlewick），渔夫行会位于泰晤士河畔（Thames-side）。① 据统计，前后 102 座英格兰城市、38 座爱尔兰城市和 30 座威尔士城市建立过行会。约克市民于 1163 年组建了织工行会，1160 年组建鞋匠行会，1181 年组建皮革行会，1181 年组建鞍马商行会。15 世纪中期，仅约克一地的手工业行会就达 51 个。② 此外，盎格鲁－撒克逊时期流传下来的行会领袖职位"warden"也得以保留，承担着召集行会人聚会的职能。③ 王室也参与规范行会经营权的活动，"会员"与"非会员"的身份差异充斥在英格兰的贸易活动和社会关系之中。同样的情形出现在巴黎、服装之城

---

① Ernest Pooley, *The Guilds of the City of London*, London：William Collins of London, 1945, pp. 7 – 8.

② *The Merchant Taylors of York：A History of the Craft and Company from the Fourteenth to the Twentieth Century*, eds. by R. B. Dobson and D. M. Smith, York：Borthwick Publications, 2006, p. 14.

③ Ernest Pooley, *The Guilds of the City of London*, London：William Collins of London, 1945, p. 9.

佛兰德斯（Flanders），以及德意志和西班牙的城市。[①]

　　早期的行会体现出其职业性的一面，又体现出宗教性的一面。团体生活不仅保障成员财产安全并降低贸易风险，还须提供宗教聚会的场所。许多行会供奉自己的圣人并组织活动，经费由会员捐助。不少行会还有宗教上的专门称谓。比如，伦敦染匠行会的全名为"圣母玛利亚庇佑下的伦敦染匠行会"（Fraternity of the Blessed Virgin Mary of the Mistery of Drapers of the City of London）；杂货商行会的全名则是"施洗者圣·约翰的杂货商行会"（Fraternity of Taylors of St. John the Baptist）；金匠行会则以金匠守护神为名，即"圣·邓思坦的金匠行会"（Goldsmiths of St. Dunstan）；马具商则组织了"圣·马丁的马具商公会"（Saddlers of St. Martin）。[②] 1198 年，米兰最为重要的手工业行会组织名为"圣·安布罗杰忠信社"（Credenza di St. Ambrogio），直观上甚至难见其职业属性。不过，宗教倾向的不同只是各地文化差异的反映，它仅仅说明宗教信仰在那时欧洲的重要地位和深刻影响，作为工商业发展产物的行会本质上是一种社会经济组织。

　　11～15 世纪的繁荣与稳定，使各地区行会在保有基本经营属性的同时出现了差异。不同地区行会之间具有一定的相似性，又依各自所处社会情境的差异而呈现不同。一般而言，行会是各地区社会活动的基本单位，个体人可以独立的身份加入行会。行会借鉴基督教组织中的入会起誓原则，宣誓（Oath）成为固定的入会程序之一。然而，行会的组织和运作在与外部环境的妥协或争斗中受到影响，一旦特有的经营权限稳定下来，行会还将抬高加入的门槛。这一过程导致行会组

---

① John Harvey, *Medieval Craftsmen*, London: B. T. Batsford Ltd. London & Sydney, 1975, p. 17.

② Ernest Pooley, *The Guilds of the City of London*, London: William Collins of London, 1945, p. 8.

织的地方化，并通过 15 世纪欧洲各国行会的不同称谓体现出来，如意大利语为 gilda、arte 和 schola，拉丁语为 officium 和 ministerium，德语为 amt、innung、handwerk 和 zunft，荷兰语为 gilde 和 ambacht，英语为 guild 和 mistery。[1] 传统罗马法中的 fraternitas，collectae，conviviae 以及 corpora，在中世纪的法律文献中依然适用。[2]

三　行会法的外观、类型与结构

13 世纪前后，随着城市的规模不断扩大，各类商人和手工业行会遍布各地，行会法的基本形式也在各地稳定下来。从外观上看，这些行会规范大都重内容不重形式。它们的体例性较弱，甚至可能只是核心条款与增补条款的集中汇编。就内容结构而言，作为核心文件的行会章程由"授权规定"、"权利义务"和"罚则诉则"组成，其他规范涉及具体的经营活动以及对外往来等多个方面，为行会整体及其成员提供了指引。

（一）行会法的外观

中世纪的行会不仅是借助契约建立起来的，而且仰赖契约的约束力来维系日常运作。参加行会的每位工商业者更像是以意愿为基础的缔约人，他们在入会时郑重宣誓："我愿意成为本行会的成员，崇拜本行会的庇佑者，并遵从本行会的章程。"这种依约结合的法律载体就是行会章程（Statuto/Mariegola/Matricola），其内容涉及行会的经营

---

[1]　Henri Pirenne, *Economic and Social History of Medieval Europe*, Connecticut: Martino Fine Books, 2014, p. 179.

[2]　Susan Reynolds, *Kingdoms and Communities in Western Europe, 900 - 1300*, Oxford: Oxford University Press, 1997, p. 69.

管理、成员的权利义务、职业规范和对外往来等多个方面。

行会法普遍具有重内容轻形式的特点，所以体系性、逻辑性相对较弱，其原初条款与增补条款各自占据一定的篇幅。在现存的中世纪法律档案中，行会章程缺乏近代法典卷、编、章、节、条、款、项的编纂体例，仅是相关条款或者文件的简单汇编，包含正式的宪章（Constituto）、法令（Capitoli）、禁令（Prohibitions）、确认（Confermation）等。为了应对社会情势的变更，增补性条款是章程体例的重要组成部分。增补条款或者附于相关法条之后，或者另行装订并与法典同处存放，方便查阅。章程开篇标记公布或者生效的日期，增补的条款除了标注日期之外，还须指明某个相应的先前条款于修订之时正式失去效力。增补性的条款或者文件，主要有补令（Supplica）、裁定（Commandamento）、决断（Termination）、命令（Ordini）、声明（Proclama）、判决（Sentenza）、申诉（Appellation）、裁量（Decreito）以及罚则（Pena）等。多数增补条款的末尾附加参与表决的人数，或者赞成与反对的票数分布，有的还附有城市市政或者行会的印鉴，以强化其权威性。英格兰艾克赛特（Exeter）裁缝匠行会（Gild of The Tailors）原初的章程条款是大量誓词和特许的汇编，涉及人员结构、选举程序、组织生产、质量标准、纠纷诉讼等内容，还有税收变动、涉外分歧等方面的应急性增补条款。[①] 意大利行会的章程除了包括以上的内容，又附记每则条款在具体案件中的援引事由。[②]

行会章程多以目录开篇，以时间顺序进行列举式的规定。少数文件以字母顺序建立页码索引，目次清晰。每个条款往往不单独成段，只改

---

① *English Guilds*, ed. by Toulmin Smith, London：N. Trübner and Co., 1870, pp. 304 – 316.

② James E. Shaw, "Institutional Controls and the Retail of Paintings：The Painters' Guild of Early Modern Venice", *Mapping Markets for Paintings in Europe, 1450 – 1750*, eds. by Neil De Marchi and Hans J. Van Miegroet, Turnhout, Belgium：Brepols, 2006, p. 109.

变首字母的颜色加以突出，客观上节省了篇幅。正文内容通常始于行会初建时期，重点篇章配有醒目的花边，如耶稣头像、城市标记、行会徽章等，以示强调。出于长期保存的需要，行会的章程一般都包装考究。威尼斯绸布商行会（Arti di Marzeri）的章程用红色天鹅绒进行包装，增补篇章以深棕色木质书皮包装（见图 2-2）。法典的内里多采用不易腐坏的油蜡纸，主要内容以清晰可辨的签字体书写（见图 2-3）。

图 2-2　绸布商行会章程（*Mariegola*, **Arti di Marzeri）**

资料来源：Venice, Archivio on Stato di Venezia（ASV）, Arti, busta 312, anno 1446。

　　除汇编的章程之外，不少行会都有独立成册的判例汇总（Summary），即行会审理裁决内外纠纷的案例辑要。意大利行会章程中所附存的审理和判决名为"Processi"。15 世纪的诉讼档案表明，判例的目录共有两级：一级目录以当事人姓名的字母顺序排列，标题表述为"xx contra xx"，相当于今天常见的"某某诉某某案"；二级目录依照审判的时间对大致的庭审进程加以记录，时间具体到年月日。就内容而言，判决书的内容逐条列为"A, B, C, D, E…"，或者罗马数字"I, II, III, IV, V…"，文末附审理人和记录员的签名。判决所援引的章程条款，或者在开篇处明确指出，或者直接于相关判决之前抄写副

图 2 - 3　绸布商行会章程细节，1446 年（*Mariegola*，
Arti di Marzeri，detail，1446）

资料来源：Venice，Archivio di Stato di Venezia（ASV），Arti，busta 312，anno 1446。

本（copia）。[①] 这样，年代久远的法令时常以片段的形式出现在稍晚近的判决之中。为了表示相关性并增加说服力，先前的法令都被抄写下来，置于相关判决的前篇。比如，1248 年章程的片段附在 1564 年的案件之前，1422 年的法令附在 1533 年的判决之前，1488 年的法令附在 1515 年的判决之前。[②]

（二）行会法的类型及地域分布

毋庸置疑，有关契约的理论与实践在古代社会业已出现，但是，把契约作为同行业人士进行合作和维持生产与生计的常规法律手段，毫无疑问是中世纪行会的创举。

古罗马帝国灭亡之后，有关行会的法律条款融入了具体的社会情境。除罗马法的相关内容外，690 年英格兰的《伊尼律法》（*The Law of*

---

① ASV，Arti，busta 313，anno 946，copia.

② ASV，Arti，busta 350，processo contro Mercers A，Copia tratta dalla Mariegola della scolla di Marzer anno 1248.

Ine) 以及 890 年的《阿尔弗雷德律法》(*The Law of Alfred*) 都有涉及行会的相关内容。925～940 年的《伦敦城市法令》(*Judicia Civitatis Londoniae*) 是首个专门规定行会组织规范与和平经营的法令。11 世纪，各行会自拟的章程已经在剑桥、艾克赛特以及伍德博雷等地区的档案中频繁出现了。[①] 11 世纪后半叶，欧洲新兴城市的行会可谓各有法律规范。它们凭借彼此认可的约束和强制，处罚渎神、赌博、放高利贷等行为。

行会法是成员自愿参与和遵守的准则，而非古罗马式的、外力强加的限制。尽管仍要通过"许可"或者"注册"才能产生正式的效力，但行会法集中规定了行会内外各个方面的内容。工匠之间的相互扶持以及职业地位仍是法律规定的主体，须由全体成员共同遵守。综观欧洲中世纪的行会法，大都既有行会组织以及功能的共通性条款，又依不同地区社会情境的差异而各有不同。实际生活中，一些地区的商人行会对城市的影响是关键性的，但其他的地区则未必。一方面，欧洲中世纪的行会具有共通性。它们都是自发形成的职业团体——自发性使行会在先天上倾向于独立经营，职业性削弱了团体成员与生俱来的身份差异。另一方面，行会又必须解决对外往来以及社会生计问题。它置身于中世纪的整体社会环境之中，与其他的社会势力有着频繁的交往；它一无军队，二无土地，有的只是劳动的产品及通商的利润。于是，在保障自主性和处理对外关系的过程中，行会的自在性与依附性程度的不同，使各地区行会法略显差异。[②]

首先，在城市化进程迅猛、统一政治权威相对孱弱的意大利中北

---

① George Unwin, *The Guilds and Companies of London*, London: Frank Cass and Company Ltd., 1963, p. xxvi.

② Hugo Soly, "The Political Economy of European Craft Guilds: Power Relations and Economic Strategies of Merchant and Master Artisans in the Medieval and Early Modern Textile Industries", *The Return of the Guilds: International Review of Social History*, eds. by Lucassen and Others, Supplement 16 (2008), pp. 46 – 47.

部、德意志以及尼德兰的佛兰德斯地区，出现了自主性较强的行会。
这种行会的法，是行会政治运动的胜利果实，最典型的是意大利佛罗
伦萨行会同盟的"正义法令"、德意志科隆的汉萨行会法令等。其次，
在国家行政体制成熟较早的英国、法国以及西班牙卡斯特罗地区，出
现了依附性较强的行会。此类行会的活动需要争取国王或所在城市行
政机构的"特许"，行会法典的表现形式多为"特许状"（charter），
实际体现出外部势力对行会的层层圈限，以及行会本身的妥协和抗衡。
最后，在国家体制与城市复兴同步进行的地区，如意大利北部的威尼
斯潟湖地区，行会的自主及对外依附的关系均不突出。威尼斯的国家
体制与其商业经济的发展基本契合，其行会章程的主要法理依据为
"注册"（register）。在威尼斯的行会章程中，行会组织的内部结构、
日常行为规范以及行会与政府的协作关系等，是嫁接在政治机构与行
会之间的双向准则。

1. 自主型行会法——意大利中北部和德意志地区

顾名思义，这一类的行会法首先突出经营权，确定行会独立自主
的地位。随着 12 世纪欧洲城市与商业的兴起，自治城市中的行会借用
政治权威的缺失，成为其所在地域之内的领导者。在意大利中北部、
德意志以及尼德兰的佛兰德斯地区，行会一度成为统领市政活动的中
坚。政治力量保障之下的行会法，对行内事务和公共生活的参与都详
尽地加以规定。[①] 行会章程升级为城市政治生活的一般性准则，也是
管理贸易标准和劳动关系的规范体系。在这些地区，行会自身的力量
即可保障章程的实施。

自治城市中的行会是举足轻重的。11 世纪末 12 世纪初，意大利
自治城市的行会成为经济生活的主力。大多数的市镇拥有制衣行会、

---

① Daniel Waley, *The Italian City-Republics*, London and New York：Longman, 1988, p. 131.

制革行会、铁匠行会、泥瓦匠行会、屠户行会、酒商行会、渔业行会、磨坊行会以及客栈行会等。13 世纪，民众运动在佛罗伦萨、帕多瓦以及锡耶纳等城市国家取得了政治上的成功。行会作为民众运动的重要组织，开始扮演城市立法者、政治家以及经济决策人等关键角色。在较长的一段时期之内，各种行会组织能够影响城市的政治决议，有效限制行外势力或者贵族领主的侵扰。行会法也呈现协调政治生活、维持社会秩序的基本内容，再以行会独有的司法体系保障实施。章程规范之下的誓约、禁令以及契约性文件受到成员的尊重，甚至作为城市法规的组成部分，城市贵族也不得不进行调适，以回应行会的制度与需求。

佛罗伦萨的行会法堪称是自主型行会法的典型。11 世纪伊始，佛罗伦萨的行会为社会成员提供了最大程度的安全感与身份认同。它们从职业经营和共同利益的角度出发，表达诉求并参与政治，吸引佛罗伦萨人纷纷入会。佛罗伦萨的商埠与行会大厅一直是城市公共生活近乎全部的内容。[①] 1449 年美蒂奇家族的僭主统治确立之前，佛罗伦萨的行会组织可谓私人团体与公共参与的集合，甚至美蒂奇家族的祖先萨尔韦斯特罗·阿拉马诺·德·美蒂奇（Salvestro Alammano de' Medici）本身就出身于梳毛工行会。15 世纪，佛罗伦萨的行会分为"大行会"（Arti Maggiori）和"小行会"（Arti Minori）两种类型，全部行会的总数为 21 个。大行会事关大宗进出口商品，包括羊毛行会、银行家行会等，小行会以零售业为主，包括杂货商行会、染匠行会以及皮毛加工行会。在第一民主政权（Primo Popolo，1245 – 1252）时期，这些行会组织能够游刃有余地提出自己的政治主张，并坐收渔利。[②] 大行

---

① Gene Brucker, *Florentine Politics and Society, 1343 – 1378*, Princeton：Princeton University Press, 1962, p. 46.

② Edgcumbe Staley, *The Guilds of Florence*, London：Methuen & Co., 1906, p. 33.

会中的佼佼者本身与城市贵族无异，小行会也在 14 世纪获准分享大行会的权利，比如在聚会场所、资金储备以及选举行会代表参与佛罗伦萨政治管理等方面，大小行会的权利基本对等。即便对最终决策的影响有限，普通的行会匠人也能凭借事先的内部投票，将可能影响行会利益的城市议案排除于未然。①

行会法是佛罗伦萨政治决策的重要参考。行会利用已经取得的政治影响力，将章程的内容以国家法令的形式表现出来。1290 年，第二民主政权的正义法令（Ordinance of Justice）就是大行会章程综合影响之下的国家立法。② 该法令将佛罗伦萨的各个阶层置于行会的规范之中，执行该法令的佛罗伦萨最高司法官（又名"正义旗手"，Gonfaloniere of Justice）亦由行会推举产生。无论是吉伯林（Ghibellines）贵族集团还是加尔夫（Guelfs）贵族集团，都必须为争取行会的支持而不遗余力。为了确保正义法令的实施，佛罗伦萨诸行会于 1292 年召开会议，试图增选行会的代表监督法令的施行，为此设计的选举方案就有 24 种之多。所选代表必须反对有违行会利益的行为，还要定期就法令实施的情况进行汇报，同时接受行会机关的修整意见。不仅如此，1378 ~ 1382 年，行会直接参与了佛罗伦萨执政团的竞选。③ 这一时期，各行会的章程为了增强社会凝聚力，出现了淡化贫富、地位以及门第差异的倾向。尽管美蒂奇家族对行会实行了压制政策，行会的势力也依然存在。④ 银行家行会以及羊毛行会为摆脱贵族寡头的干预，将各

① Gene Brucker, *The Civic World of Early Renaissance Florence*, Princeton：Princeton University Press, 1977, p. 52.

② Gene Brucker, *Florentine Politics and Society, 1343 – 1378*, Princeton：Princeton University Press, 1962, p. 58.

③ Gene Brucker, *The Civic World of Early Renaissance Florence*, Princeton：Princeton University Press, 1977, p. 43.

④ Ferdinand Schevill, *History of Florence: From the Founding of the City through the Renaissance*, London：G. Bell and Sons, Ltd. , 1937, p. 89.

自的行会章程延续下来，使其保留了规范社会活动、参与政治生活的能力。①

12~14 世纪的锡耶纳行会法同样如此。14 世纪之前，锡耶纳政府几乎处于商人行会的实际控制之下，行会的规制具有普遍性。② 这是由锡耶纳城市的商业属性所决定的。作为亚平宁半岛托斯堪尼地区的独立城市国家，锡耶纳是中世纪举足轻重的商业中心。该市政府结构包括中心行政管理委员会（Central Administration）、司法警察委员会（A Chief Judicial and Police Officer）以及城市议会（Council of the City）。这些机构的成员大多来自各个行会，日常职权的行使必须符合行会每年数次的审查。锡耶纳的商人行会名为"Mercanzie"，其成员或者直接参与政治活动，或者在重大决策之中担任顾问。制衣行会（Arte della Lana）是仅次于商人行会的手工业行会，同样活跃在政治经济的事务之中。是故，锡耶纳地区行会法的自主性特色浓厚，成为影响当地决策、避免纠纷的依据。③

1256~1328 年的帕多瓦同样是行会的势力场。这一时期的帕多瓦城市政府本身就是众多行会的集合。1293 年，帕多瓦行会章程明确了自身的立法目的，即"建立一个统一体、社区或者联盟，以维持并保护帕多瓦城市的安定和谐，免受内部独裁与外来侵扰之苦"。④ 帕多瓦的行会仲裁官禁止公共生活中的行会人做出有违行会的行为，敦促他

---

① Nicholas Scott Baker, "For Reasons of State: Political Executions, Republicanism, and the Medici in Florence, 1480–1560", *Renaissance Society of America*, Vol. 62 (2009), p. 461; Gene Brucker, *Living on the Edge in Leonardo's Florence*, Berkeley: University of California Press, 2005, p. 37.

② *Encyclopedia of the Renaissance*, eds. by Paul Grendler and Others, Vol. 3, New York: The Gale Group, 1999, p. 103.

③ Daniel Waley, *Siena and the Sienese in the Thirteenth Century*, Cambridge: Cambridge University Press, 1991, p. 47.

④ Daniel Waley, *The Italian City-Republics*, London and New York: Longman, 1988, p. 145.

们以行会的名义表达政治和经济诉愿。结果，不仅行会成员受到章程的约束，城市的运转同样处于行会章程的规制之下。①

德意志城市的行会也不例外。12 世纪，遍及境内的行会组织与商业联盟足以挑战虚弱的德意志王权。弗里德里希二世只能裁定：

> 手工业者可自行组成行会，任何被接纳之参加者得依自愿（Cuiuslibet artificii confraternitates seu societates quocumque nomine vulgariter appellantur）。②

不少封建领主为了从城市中取得税收，也鼓励行会力量的发展。不少德意志北部的市镇名义上臣服于领主或者教区，实际却处于行会的主导之下。在 1074 年之后的科隆（Cologne），商人行会就是城市的直接管理者。1400 年前后，科隆已经设立了 80 个行会组织，汉堡（Hamburg）有近百个行会组织，吕贝克（Lubeck）也有 70 余个行会组织。③ 这些城市行会的章程不仅保护当地经营者的利益（pro societate sua servanda），还作为德意志汉萨同盟法规的组成部分波及境外。正如奥托·基尔克所言，"德意志的国家形态，最初是以由下往上的方式建立起来的"。④

2. 依附型行会法——英格兰、法兰西及西班牙

王权控制之下的行会组织对政治权威颇有"依附性"。在中世纪的英格兰、法兰西以及西班牙，出现了较早的中央权威以及配套的行

---

① Daniel Waley, *The Italian City-Republics*, London and New York: Longman, 1988, p. 145.

② Susan Reynolds, *Kingdoms and Communities in Western Europe, 900 – 1300*, Oxford: Oxford University Press, 1997, p. 74.

③ Sheilagh Ogilvie, *Institutions and European Trade: Merchant Guilds 1000 – 1800*, Cambridge: Cambridge University Press, 2011, p. 24.

④ Gierke, *Das deutsche Genossenschaftsrecht*, Berlin, 1868 – 1913, 转引自 Susan Reynolds, *Kingdoms and Communities in Western Europe, 900 – 1300*, Oxford: Oxford University Press, 1997, p. xxix。

政管理体系。① 这些地区的王权势力深入方方面面，行会法的一致性与连贯性也容易受到影响。出于对安定社会环境的依赖，行会法除了规范行业的贸易生产，还须应对王室权威的介入和干涉。结果，行会章程必须在规制经营活动的同时申请国王许可。其所应满足的若干条件，内容包括税款、兵役或者价格控制等。12～15 世纪的 300 年间，英格兰、法兰西与西班牙的行会章程正是在王权行政系统的监管之下削弱了自在性，一度成为控制社会与财政创收的途径。可见，"当井然有序的行会团体处于特定的社会处境（在王权统治的区域之内），它们必须配合统治者所需的政治合作与财政支持。唯如此，行会才能换取有利的经济立法和经济特权"。②

　　行会的依附伴随着权力的让渡，行会法面临沦为王权控制体系末节的风险。实际的情形是，国王既是行会产品的直接消费者，又是行会利益的首要分享者。尽管行会章程的条款力图将王权限定在保障行会权利、稳定社会秩序的层面，国王还是会在行会的日常经营、产品价格等方面进行频繁的干涉。从国王的角度看，赋予行会较多的自主权经常意味着随时可能的价格波动，因而并无益处。12 世纪，法兰西国王不断对其管辖范围之内的行会活动表示"关切"。他一面积极争取行会支持以限制贵族领主的权力，一面又试图确保行会对法王言听计从决不反抗。自 13 世纪始，行会必须定期将章程呈送法王阅览，还必须在具体内容的修订方面采纳法王的建议。③ 15

① Alan Harding, *Medieval Law and the Foundations of the State*, Oxford: Oxford University Press, 2001, p. 5.

② Sheilagh Ogilvie, "Guilds, Efficiency, and Social Capital: Evidence from German Proto-industry", *Economic History Review*, Vol. 57, No. 2 (2004), p. 328.

③ Hugo Soly, "The Political Economy of European Craft Guilds: Power Relations and Economic Strategies of Merchant and Master Artisans in the Medieval and Early Modern Textile Industries," *The Return of the Guilds: International Review of Social History*, eds. by Lucassen and Others, Supplement 16 (2008), p. 71.

世纪，路易十四担心巴黎行会章程中的价格限定影响财政税收，便将王室代表安置于行会之中，实现了直接的调控和监督。① 此后，行会价格的调整必须经过王室代表的同意，行会章程也须根据新的调整内容做出变更。

在英格兰，行会与王权的关系也体现为行会与城市的关系。11世纪，诺曼征服之后的英格兰开始建立自上而下的行政体系。随后的200年间，行会组织在英格兰境内活跃起来，以财政义务承担者的身份获得国王特许状的认可。他们臣服于国王，又处于当地市政的管理之下。尽管中世纪的英国城市同样享有自主权，但大多数时候的市政官负有捍卫"国王安宁"（King's peace）的义务。英格兰国王频频介入主要行会的选举，获选的会长一面负责行会内部的事务，一面要在对外的交往活动中沟通协调。行会的准入资格、质量标准以及销售价格的内容，都是国王或市政机构根据行会监督的意见斟酌通过的。行会与城市之间偶发的争端，也大多由国王出面调停。于是，无论在英格兰中部的伦敦、南部的布里斯托尔还是北部的约克，行会法都无一例外地列举了处理城市与国王双重关系的指示条款。比如，伦敦的行会章程不仅要尊重国王的权威，还尊重伦敦当地的法律习惯与规范。② 14世纪，伦敦制衣行会有关质量标准的规定以及残次"修补品"（patched up work）出售的禁令，全都经过了国王或者城市的审准。③ 1240年，海滨城市布里斯托尔的市政当局直接出台命令，要求"行会

① Charles R. Hickson and Earl A. Thompson, "Essays in Exploration：A New Theory of Guilds and European Economic Development", *Exploration in Economic History*, Vol. 28, New York：Academic Press Inc. , 1991, p. 146.

② Samuel K. Cohn, *Popular Protest in Late Medieval English Towns*, New York：Cambridge University Press, 2013, p. 31.

③ Charles R. Hickson and Earl A. Thompson, "Essays in Exploration：A New Theory of Guilds and European Economic Development", *Exploration in Economic History*, Vol. 28, New York：Academic Press Inc. , 1991, p. 146.

商人之间、行会商人与水手之间以及水手之间的冲突，不限是否本地籍贯，一律依照布里斯托尔城市的法律与习惯进行处理"。① 约克的城市巡逻官甚至能够直接巡查当地任一行会作坊的产品质量。约克地区的行会章程也频频出现"行会内部罚款的半数需要上缴城市议会"的字样。② 可以说，英格兰的行会服从国王，同时服从国王的城市。

西班牙的行会也是如此，王室及其市政权威的监管都是有效的。③ 13 世纪末，阿拉贡王室对行会活动的开展很是认同，遂改组成立了专门的海事委员会（Consulado de Mar）专司监管。④ 在此之前，该委员会就已经由当地的商人、行会师傅以及商船所有者自发组成了。历经国王的干预和组建，海事委员会的管辖涉及行商和坐商的行会，也是解决行会纠纷的机构。同样，14 世纪初期，卡斯特罗王朝批准了行商代表加入市政议会的权利，这种权利从商业发达的巴塞罗那（Barcelona）地区扩散至王国全境。⑤ 当然，无论是专门委员会的改组还是行会代表的选举，国王的支持与包容、动机与利得，都是西班牙行会发展的关键力量。

行会运行缺乏充分的自主，行会法的实施就会另谋它途。除了尽力争得的自我裁决权，王室司法体系成为行会解决纠纷的重要渠道。在英格兰，行会冲突的解决必须借力日渐完备的王室司法体系。太平绅士（Justices of the Peace）、王座法院（The King's Bench）以及城市法庭（Municipal Courts）都是国王的司法机构，也同时获得了行会的青睐。在纠纷出现

---

① Sheilagh Ogilvie, *Institutions and European Trade: Merchant Guilds 1000 – 1800*, Cambridge: Cambridge University Press, 2011, p. 267.

② Swanson, "The Illusion of Economic Structure: Craft Guilds in Late Medieval English Towns", *Past and Present*, No. 121 (1988), p. 44.

③ Sheilagh Ogilvie, *Institutions and European Trade: Merchant Guilds 1000 – 1800*, Cambridge: Cambridge University Press, 2011, p. 263.

④ Robert Sidney Smith, *The Spanish Guild Merchant*, Durham: Duke University Press, 1940, p. 8.

⑤ Robert Sidney Smith, *The Spanish Guild Merchant*, Durham: Duke University Press, 1940, p. 34.

的第一时间，行会可以诉诸国王的司法。① 即便是单纯的行会内部事项，王室司法也充当了固有的申诉机构。在西班牙的卡斯特罗王朝，行会意识到自身力量的有限，经常主动诉诸王室的司法裁判并获得支持。此类行会法首先是王室治安的组成部分，而非团体利益诉求的直接表达。

3. 均衡性行会法——威尼斯潟湖地区

威尼斯的行会并不及佛罗伦萨一般自在经营，也不总是处于王权的强制干预之下，而是在自我组织与对外往来的过程中保持相对均衡的状态。行会享有经济活动层面的自由，却无法取得类似于佛罗伦萨的自主性权威；政治组织多以相对温和的形式对行会进行保护和建议，而非贯以强行的指导。行会本身承担着稳定的经济职能，也在政治权威与市民百姓之间保持居间的状态。就实际情况而言，行会将排除于政治权力体系之外的市民加以组织，使其具有了整体上的影响力。另外，行会生活的帮扶性质，又客观上缓和了社会结构内部的紧张关系。行会镶嵌在威尼斯城市的社会生活之中，它意味着政治生活与经济生活一定程度的分化，又在社会生活中发挥交流联络的功能。② 这种均衡性行会是中世纪欧洲行会的一个特例。

得益于潟湖海域的天然屏障，威尼斯行会的发展是长期的，也具有稳定的社会凝聚力。行会是最主要的社会单元，组织并包含了大约四分之三的城市人口。早在 9 世纪，威尼斯就出现了最早的职业行会"arte dei casseleri"（译为"制箱人行会"）。从那时起，威尼斯的工匠和商人已经注意到行会法规范个体行为、保障职业利益的作用。③ 12

---

① Samuel K. Cohn, *Popular Protest in Late Medieval English Towns*, New York: Cambridge University Press, 2013, p. 59.

② Ning Kang, "The Mediating Justice: Statutes in Venetian Guilds (1300 - 1600)," unpublished Research Master Dissertation, University of Leeds, 2014, p. 93.

③ Michelangelo Muraro, "The Statutes of the Venetian Arti and the Mosaics of the Mascoli Chapel", *The Art Bulletin*, Vol. 43, New York: College Art Association, 1961, p. 268.

世纪，行会的影响力扩大了，享有市民权的威尼斯人都可以加入行会成为行会人。13 世纪时期，威尼斯行会数量已达 142 个。根据 1563 年的一项统计，17 万威尼斯城市人口中，12 万人是手工业者，且其中的绝大多数是行会人。① 1752 年的威尼斯仍有 132 个行会组织。② 直到 1791 年全岛被拿破仑占领，威尼斯的行会仍拥有长久稳定的生存环境。

与行会小范围内的凝聚能力相比，威尼斯的政治权威具有一定的分散性，不致对行会活动产生压倒性的专断。享有权威的贵族们一面限制了普通市民对政治事务的参与，一面又在内部进行了统治资源的分割。正是为了贵族之间权力分割的实现，威尼斯政府的官职相互重叠，不同国家机构可以兼具司法、军事与财政职能。官职不仅任期较短，还存在相互的分化与牵制。于是，威尼斯既避免了同时期其他城市国家的政治动荡，又没有出现存在于英格兰和法兰西的强大王权。相对封闭的贵族政治集团，将行会的职能框定在经济活动的层面；分散与分化的政治权威，无法对行会实施强有力的干预，客观上为行会凝聚力的生成和职业化水平的提升保留了空间。③ 专司行会事务的威尼斯国家机构——"老法院"（Giustizia Vecchia）以及"新法院"（Giustizia Nuova），只在行会的制度备案以及纠纷申诉的方面专司其职。威尼斯的行会章程也较为平均地涉及手工业生产、金融服务、社会救济以及公共生活的参与等多个方面的内容。当然，这种更具均衡意义的行会是中世纪威尼斯的特殊情形，并不具有普遍性。

---

① Richard Mackenney, *Tradesmen and Traders: The World of the Guilds in Venice and Europe, c. 1250 - c. 1650*, London: Croom Helm, 1987, p. xiii.

② Michelangelo Muraro, "The Statutes of the Venetian Arti and the Mosaics of the Mascoli Chapel," *The Art Bulletin*, Vol. 43, New York: College Art Association, 1961, p. 268.

③ Robert Finlay, "The Myth of Venice in Guicciardini's History", *Medieval and Renaissance Venice*, eds. by Ellen E. Kittell and Thomas F. Madden, Urbana: University of Illinois Press, 1999, p. 296.

（三）行会法的结构与内容

孟德斯鸠有言，不同的法律文本也许包含着类似的精神实质。各地区行会的自主和依附多有不同，行会规范所关涉的具体问题却大同小异——它们都将职业的规则和习惯确立起来，以团体内外权利义务的设定，形成有效的契约性法律文件。总体而言，行会法一般包括授权性规定、具体权利义务条款以及罚则诉则三个部分。授权性规定通常位于行会章程的开篇位置，是行会章程的存在依据；权利义务条款则是授权性规范在细节上的具体化；罚则与诉则确立了解决行会内部纠纷的基本程序与处罚措施，是行会法实施的保障性条款。

第一，授权性条款。

首先，授权性条款是对行会整体合法性的认可。行会组织无法避免与外部社会的交往，行会法的效力多少意味着对外部权威的肯定性态度。授权性条款旨在明确行会本身与城市政府、教区统治者、贵族领主或者国王等外部权贵的互认关系，客观上为行会诸种规定的有效性奠定根基。比如，亨利二世在授予普雷斯顿商会的特许状中规定："普雷斯顿市民得设立商会……除商人行会成员外，任何人皆不得在该市进行买卖活动。"[①] 事实上，无论是否具有实质上的意义，中世纪的行会组织凡成立必得授权。英格兰的行会因国王的"批准"而成立，威尼斯的行会要在履行"备案"手续之后才能成立，即便是已在佛罗伦萨地区取得政治领导权的行会组织，也不忘证明行会的成立乃"因圣父、圣子、圣灵之名"（In nomine Patris et Filii et Spiritus Sancti）　因神的授权而成立。[②] 这种确认使会成员的职业活动具有了

---

① Ephraim Lipson, *The Economic History of England*, Vol. I, London: A. and C. Black, 1948, p. 267.

② Cura di Anna Maria E. Agnoletti, *Statuto dell'Arte della Lana di Firenze*, Firenze: Felice le Monnier Editore, 1940, p. 13.

专属性。它既明确了行会可以保有的财产与权利，又帮助行会实现法律层面上的排他性适用。可以说，行会法律制度的维持与变动，本身就是在授权性条款基础上的增改。行会对外往来过程中的权利义务申辩，则更以授权性条款为依据。

其次，授权性条款对个体成员的行会权利义务进行了规范性的指引。行会首先是个体人自愿的组合，授权性条款在宏观的层面确认了行会人"自愿"与"组合"的基本样态。授权性条款对特定的职业者加入行会的意愿予以认可，使行会人的入会宣誓具有法律效力，意味着个体会员身份的成立。这种对于个体选择的认可，最终派生出成员在行会中的生存与安全保障，比如最低薪资待遇、学徒不受虐待、日常照拂义务等。授权性规范客观上构成了对职业社会活动的勉励，也为行会组织的延续注入了动力。

最后，授权性条款赋予行会组织并管辖其成员的权限。授权性条款强调个体人在行会中的联合状态。行会团体依据自身的需要接纳职业者，也根据团体的原则协调职业者之间的关系。个体职业经营的盲目和风险，不仅使稳定的团体管理机构成为必要，也使团体经营标准的实施成为必需。得力于此，个体职业者有服从行会管理、统一经营活动的基本义务，也有彼此负责、不得诈欺的责任。尽管行会的规范相对严苛，但行会所负担的职业导引以及共餐共饮的社会活动，为行会人参与公共生活提供了机会。可以说，行会在中世纪时期的稳定及团结，正是得益于授权性规范的存在。

第二，具体权利义务条款。

首先，诚实无欺与职业荣誉。行会生活仰仗成员之间的互相帮扶得以延续，大都强调"毫无欺骗的信任"（bona fide sine fraude）。诚实守信是行会的精神准则，失信与背弃带来的猜忌，只能使行会内部的关系紧张。偷工减料、以次充好的行为侵害主顾们的权益，造成行会经营环境的不稳定。行会法将诚信原则与团体的职业荣誉转为明确的制度文本，旨在遏制个体利己观念的膨胀，鼓励团结互助的热情，防止行业强制与诈欺所致的不稳定。[①]

其次，行会人员及组织结构。行会内部的人员关系包括新成员的接纳及费用，行会领袖的选举及产生，学徒的接受、培养及数量的限制，熟练工的资格授予以及行会师傅的经营权限等。行会的领袖一般从行会师傅中产生，以行会的名义实施章程并监管成员的行为。领袖的选举遵从固定的程序，职权的行使也服从特定的监督。为了限制成员的数量，行会提高新成员的准入费用或者技能要求，继而抬高了入会的门槛。此外，行会成员的三个基本类别——师傅、熟练工（熟练工也称"帮工"）和学徒之间的晋升机制、差别待遇以及依存关系是清晰的。不可否认，师傅、熟练工以及学徒是行会人中有差别的身份标签，同一等级的行会成员地位基本平等。但是，这看似等级分明的体系，也因学徒到熟练工、熟练工再到师傅的晋升机制而趋于平面化。新学徒的一般年龄为 6～12 岁，如果他可以勤勉地完成学业，则终止学徒的身份晋升为师傅候选者。行会师傅的权利与义务也十分明确。他们必须传授技艺并给予学徒生活上的照拂，不论学生健康还是生病。培训期结束后的学徒先成为熟练工，熟练工还要在师傅的作坊继续工作，积累财富之后即可独立经营店铺。女性行会人在特定情况下也可以独立经营并处分财产。

再次，经营活动。经营活动的条款包括工作时间、技能标准以及产品规格等，具体为原材料、质量、措施、价格或者利润的规定。行会师傅得以从事经营和占有财产，在内容、时间与地点等方面受到行会的管制。通常情况下，职业范围之外的活动受到禁止，比如，未经

---

① 〔法〕埃米尔·涂尔干：《社会分工论》，渠东译，生活·读书·新知三联书店，2013，第 22 页。

行会许可的商品买受以及未经行会批准的店面作坊等，都是不被允许的。不仅如此，行会师傅的经营场所及规模、可以购买的设备或者招收学徒的数量，也受行会法的严格限制。

复次，宗教活动与社会援助。中世纪的欧洲是一个宗教社会，行会投身宗教活动并承担特定的宗教职能。宗教节日是行会的法定节日，宗教礼仪和募捐都是行会集体生活固有的内容。在宗教活动的场合，职业的经营会做出妥协。也正是在宗教活动的影响之下，行会承担着吸纳并援助贫弱者的社会义务。它可以设立专项资金，照拂老弱、鳏寡或者孤儿，帮助生意上的失利者，也可以贷款给品行良好的年轻行会人，甚至为行会的少女筹备一定数额的嫁妆。①

最后，对外往来。行会法中的对外条款包括经营往来与政治往来。经营往来是指行会的域外经营权和域内垄断权。行会的业务扩大和财富增加并不局限于本地市场，域外经营是职业生计的重要部分。行会必须首先确保完整的本地垄断，限制外来商户的竞争，还必须开拓域外市场，增强产品域外生存的能力。另外，针对行会政治活动可能面临的干预力量，比如王权、市政、领主等，行会法将必要的妥协与对抗纳入其中。于是，产品的进出口、外商经营的条件、域外经营的权限与行会的申诉请愿等内容，无一例外地出现在了行会法的规制之中。

第三，罚则与诉则。

行会法为前述权利义务规定了罚则与诉讼程序。"权利—义务—责任"体系是存在的，在享有权利的同时，行会人遵守既定的规章制度，否则将面临各种处罚，直至开除会籍。对于拒绝行会公职、虐待学徒、违反职业道德、不参与行会集体活动、拒绝募捐等行为的行会

---

① Ernest Pooley, *The Guilds of the City of London*, London: William Collins of London, 1945, p. 12.

人，行会可以自行裁断，并处以罚款、禁闭或者开除会籍等。一般情况下，受到处分的行会人可就内部的裁决进行上诉。国王法庭、城市法庭或者一些地区的行会专门法庭，负责受理行会纠纷的申诉与请愿活动。因此，诉讼的类型主要分为三种：第一是可在行会内部顺利解决的纠纷；第二是行会未能独自解决的纠纷，亦即存在向外上诉的环节；第三是行会整体的请愿或者诉讼，此时的行会直接处于行外权威的定夺之下。值得注意的是，尽管三类诉讼在行会法律文件中的规定较为详尽，既存的判决书档案却以行会的对外申诉资料为主。

四　小结：身份羁束的弱化

职业的行会团体在古代希腊、罗马的贸易刺激之下已初露端倪，只是仍旧停留在模糊的团体认同感上，尚需依托客观的社会环境和国家管理。中世纪初期的战乱打破了古代社会和国家管理的稳定形态，反倒增强了人们对职业组织的依赖，行会团体在全欧洲的范围之内走向了繁荣。此后的行会成为以经济利益为导向的职业团体，它设计稳定可行的行会法，使职业团体的生活纳入法制化的轨道。

行会法是行会成员相互之间以及行会与相关政治权威之间的约定之法。与当时流行欧洲的封建法相比，行会法突破了不平等、不可变的身份制枷锁，在独立的自由职业人之间建立起一种新型的契约性法律关系。在此之前，人们生活在封建依附、血亲伦理、宗教戒律等多重身份关系的网络中，每个人出生伊始就锁定了自己的社会角色与地位。但在行会法下，不管是出身高贵还是低贱，是自由民还是逃亡农奴，是商人还是工匠，是基督信徒还是无神论者，都是追求人格平等的行会人，都必须遵守行会章程以及行会制定的其他法律。虽然在某种意义上行会人也是一种身份，但它不是命中注定的或自然生成的，而是个人选择的结果，是契约行为的产物。行会人摆脱了传统身份关系的束缚，只承认和接受约定之法的拘束。易言之，行会人的身份仅仅是一种职业标识，在一视同仁的行会法范围内，每一个人都可以相对平等地进行经济生产和社会生活乃至政治活动。

第三章 契约属性：行会的内部结构

"行会消灭了同伙之间的傲慢和嫉恨，巩固了整体性的荣誉感和认同。"

——〔德〕弗雷德里克·黑格尔

16 世纪的政治思想家加斯帕罗·孔塔里尼（Gasparo Contarini）盛赞行会有言："（中世纪）有多少种贸易或者职业，他们（手工业者）就分化成了多少个组织（companies）。每个组织都有特定的法律，指导工匠们的日常经营活动。他们自主选择的管理机构，不仅满足了成员们的利益诉求，还平息了成员之间的利益纠纷。"① 上述孔氏所言，一方面揭示了中世纪行会存在的普遍性，另一方面也指出了中世纪行会与古代行会的区别，但遗憾的是，后者并未切中肯綮。实际上，中世纪行会较之古代行会的根本不同在于其身份性的淡化和契约性主导地位的确立。行会法律规则中的人事安排、经营活动与慈善援助等内容，正体现了规范成员关系、调试整体秩序的具体权利义务内容。这些条款规定了行会组织的内部结构，其专业

① Gasparo Contarini, *De magistribus et republica Venetorum*, trans. by Lewes Lewkenor Esquire as *The Commonwealth and Government of Venice*, London: John Windet, 1599, pp. 141 – 142. 原文是 "They are deuided into so many companies as there are seuerall trades and occupations, and euery company hath certaine peculiar laws, vnder which they are in the exercise thereof directed and gouerned, ouer euery of these companies there are chosen by suffrage of the whole company, certaine, that they may well be called as it were maisters of that company: for by their commandement many things are prescribed, and many small controuersies by their arbitrement ended".

化、具体化的规定使中世纪的行会生活欣欣向荣。那么，职业的行会组织究竟在多大程度上具有自主性——行会组织如何称其为"组织"，成员个体又如何称其为"行会人"？在自主性活动的范围之内，行会又选择了怎样的关系模式保障利润和秩序？

一　人事关系

（一）组织结构

行会的组织结构在行会发展过程中逐步完善，大致包括全员集会（assembly/capitolium/capitolo generali）、行会会长（chief official/aldermen/warden/gastaldo）、理事会（court of assistants/committee/banca）和身为辅助官员的秘书官、信使等。① 全员集会是非常设机构，会长和理事会是常设的。理事会的组成各行会有别，一般包括会长助理、法官或听证官（notary/judex/giudici/judges）、主管（deans/decani）等。如果行会有其专属的会堂或者兄弟会组织（confraternity/scuola），也设副会长（warden/vice gastaldo）一职专门负责。行会的辅助机构协理会长和理事会的工作，通常包括指令员（director/comandador）、听证官（auditor/sindaci）、秘书官（secretar/scrivano）以及信使（messenger/nonzolo）等。现存的行会章程表明，会长掌握行会事务的最高执行权，理事会协助并监督会长的工作，全员集会是理论上的最高权威所在。会长负责主持行会活动，可在理事会的协助之下巡视行会作坊，处理违规的行为，还负责平息成员内部矛盾，处罚违纪的行会人。

---

① "Capitulare Artis Barbariorum", *I Capitolari delle Arti Veneziane: Sottoposte alla Giustizia e poi alla Giustizia Vecchia dalle Origini al 1330*, 3 vols, eds. by Giovanni Monticolo and Enrico Besta, Roma: Forzani, 1896 – 1914, Vol. I, Clause 3, p. 40; Ernest Pooley, *The Guilds of the City of London*, London: William Collins of London, 1945, p. 9.

1. 全员集会

全员集会是行会人直接参与行会管理的平台。理论上，全员集会是行会组织的至高权力机构，一切行会的重大事务都须经其讨论通过，如选举会长及其他管理人员、吸收新会员加盟、制定和修改规章制度、惩处严重违章者等。当然，这里的"全员"是指全部的"行会师傅"，即具有独立店面和技术水平的行会人。会长等管理者对全员集会负责，他们定期汇报工作并执行全员集会通过的决议。

全员集会于每年的特定时间和地点召开，行会成员都必须参加。各行会每年召开集会的次数不一，有的一年一次，有的一年数次。1334年，英格兰林利吉斯圣三一商人行会规章规定："每年应举行全体大会三次；一次在圣灵降临节星期之星期五，一次在圣十字架节后之星期五，一次在大斋节第一个星期之星期五。"① 威尼斯绸布商行会规定全员集会由行会会长主持进行，每年不得超过两次，否则会长须缴纳罚款。② 正因为集会的次数不多，行会章程对缺席、迟到的行会人严加惩处。在英格兰，会长可以对缺席或者迟到的行会人予以警告，或者处以12便士的罚款。③

就议程而言，全员集会通常包含诵读章程、选举官员和事务讨论的环节。为了强调章程的约束力、提醒行会人谨记章程的内容，诵读行会章程是各行会全员集会的必经程序。会长承担领读章程的义务，也对拒不参加的行会人处以罚款。④ 尽管会长和理事会有权提议章程

---

① 《林利吉斯圣三一商人行会规章》，转引自金志霖《英国行会史》，上海社会科学院出版社，1996，第65页。

② "Capitulare Artis Mercariorum", *I Capitolari delle Arti Veneziane*, Vol. II, Clause 36, Roma：Forzani, 1896 - 1914, p. 318.

③ 《林利吉斯圣三一商人行会规章》，转引自金志霖《英国行会史》，上海社会科学院出版社，1996，第63页。

④ "Ordinances of Worcester", *English Guilds*, ed. by Toulmin Smith, London：N. Trübner and Co., 1870, p. 376.

的修订，但非经全员集会的确认不得生效。大规模的条款增补只能在全员集会上进行，会长对行会的法令只能严格遵循，绝不可以独自增加或删除，否则须缴纳 12 索尔多（soldi）直至 30 里拉的罚款。① 章程规定了全员集会的文明举止——参与者不得打断正在进行的讨论，讨论者不得对他人恶语相向，否则同样受罚。②

行会的管理者由全员集会选举产生，成为候选人的必要前提条件是参与行会公共活动达到一定年限的行会师傅。在英格兰，会长的候选人必须是在当地居住 10~20 年的行会师傅，新入会的佃农（villani-am/feudal tenant）、品行不端者（dedecus/dishonest man）、疯愚之人（demencia/insanity）被严格排除在候选者之外。③ 大多数行会的章程专门规定，主要的行会职员必须由全员集会选出，会长更是只能从全员集会的师傅们中选出。并且，由于对行会职员任期的限制，集会的选举活动是常规性的重大事宜，无故缺席行会选举需缴纳 3~4 先令不等的罚金。④ 英格兰沃切斯特木匠行会章程规定（Guild of the Joiners and Carpenters，Worcester），"新任会长应当每年选出，且必须宣誓保障行会的利益"。⑤ 威尼斯理发师行会章程规定其会长的任期仅为一年，且将会长卸任的时间定为每年 9 月的圣米迦勒节（St. Michaelas）。卸任会长必须圆满完成他的最后一项工作，即组织全员集会完成继任会长和理事会的选任。

---

① "Capitulare Artis Barbariorum", *I Capitolari delle Arti Veneziane*, Vol. I, Clause 40, Roma: Forzani, 1896 – 1914, p. 48.

② Silvia Gramigna and Annalisa Perissa, "Le Scuole a Venezia", *Scuole di Arti Mestieri e Devozione a Venezia*, Venezia: Arsenale Cooperativa Editrice, 1981, p. 26.

③ "Capitulare Callegariorum", *I Capitolari delle Arti Veneziane*, Vol. I, Clause 13, Roma: Forzani, 1896 – 1914, p. 141.

④ "Ordinances of Guild of the Joiners and Carpenters, Worcester", *English Guilds*, ed. by Toulmin Smith, London: N. TrÜbner and Co., 1870, p. 208.

⑤ "Ordinances of Guild of the Joiners and Carpenters, Worcester", *English Guilds*, ed. by Toulmin Smith, London: N. TrÜbner and Co., 1870, p. 232.

行会规定了会长候选人的基本条件与产生程序。各行会的选举程序相对多样，从市政任命、简单投票到抓阄，各不相同。根据英格兰伊普斯维奇市1201年的特许状，该市行会领袖的产生受到上级领主的影响。市政会（Common Council）应在该市挑选一名忠诚守法之人主持行会工作；会长及其4名助手应宣誓维护行会以及属于行会的一切。[①] 同一天，市政会推选威廉·戈特司查客为商人行会会长，由商人行会的彼得·艾弗劳德、约翰·李·梅斯特里等4名助理协理工作。会长与助理一起，宣誓尽心管理伊普斯维奇的商人行会事务及财产，同时公允对待所有的行会成员。之后，这名会长及其助手还在全市居民面前宣布入会条件，并欢迎所有市民权持有者依照章程的规范加入行会。

"选举人选举"是最为复杂的行会选举程序，它在意大利地区颇为常见。"选举人选举"，即以随机产生的选举人组匿名选举会长。具体的步骤如下。第一，选举之日，20岁以上的行会师傅必须到场，且每人手持大小、重量等同的球，由会长和其他公务人员清点人数后，收取该球放入袋中。第二，会长等量置换9颗同等大小的金色球，再让每个师傅从袋中取出一球。得金球者即为选举人（elector），由9名师傅随机组成的"选举人组"（zonta）就产生了。第三，选举人组被移至封闭的房间，随即宣誓公正决定会长人选。选举人组的选举或者商议全部秘密进行，最终结果至少取得9位选举人中6人以上的同意才可通过。正式决议达成之前，选举人不得离开房间，只可在房间内食用面包和水，否则将面临100索尔多以上的重罚。"选举人选举"的行会程序在各行会大同小异，仅有选举人数量之别。如果一些行会的选举人团体要由12人组成，那么达成一致意见的人数就是其中的9

---

① "Capitulare Samitariorum", *I Capitolari delle Arti Veneziane*, Vol. I, Clause 9, Roma：Forzani, 1896 - 1914, p. 30.

人而不是 6 人。此外，为了保持公正，杜绝滥用权力以及贿选，候选人的亲属往往不得成为选举人。"会长身故时，任何属于彼之人，不论为其子抑或其他亲属，俱不得代理其职务，应由众兄弟按照己意另行推选一新会长。"[①] 不仅如此，选举人的亲属还不得担任监票员和服务人员，父子、岳婿以及同族兄弟都不得在同一时间担任选举人。[②]

2. 行会会长

会长是位居领袖地位的行会公职人员，负责管理行会日常事务，也受到任期、权限等方面的诸多限制。该职位每年或从表现出色的行会师傅中选举产生，或者在国王和市政的影响之下获得任命，任期为一到二年不等。行会会长的薪水数额不定，部分来自行会成员的罚金，部分来自所属会堂的捐助款。会长享有相当的尊严，也面临大量的个人牺牲，包括时间以及金钱的投入。针对会长一职并无固定薪资、劳务繁重的特点，所以时有当选者拒绝就任这一职位。为此，章程要求新晋会长必须接受职位，推诿者受罚。在英格兰，"拒绝会长职位者受罚 40 先令"。[③] 因任期较短，老会长还必须在几天之内完成职位的交接，否则将被罚款。根据威尼斯理发师行会的规定，老会长必须在 8 日内将权力移交给新会长，否则必须缴纳 3 里拉的罚款。老会长还可以将延迟和拒绝就任的新会长进行通告，后者面临 3 里拉的处罚。[④]

会长既是行会正义的象征，又是行会秩序的捍卫者。首先，会长主持全员集会，拒不出席的行会师傅必须接受会长的罚款处分。其次，

---

① 《林利吉斯圣三一商人行会规章》，转引自金志霖《英国行会史》，上海社会科学院出版社，1996，第 63 页。

② "Capitulare Artis Barbariorum", *I Capitolari delle Arti Veneziane*, Vol. I, Clause 65, Roma: Forzani, 1896 - 1914, p. 56.

③ "Ordinances of Guild of the Joiners and Carpenters, Worcester", *English Guilds*, ed. by Toulmin Smith, London: N. Trübner and Co. , 1870, p. 208.

④ "Capitulare Artis Barbariorum", *I Capitolari delle Arti Veneziane*, Vol. I, Clause 46, Roma: Forzani, 1896 - 1914, p. 50.

会长是行会章程的执行者与捍卫者，不仅可以裁判行会纠纷、处罚违规者，还可以提议增加或者删改行会章程的条款。一方面，对会长权威的不敬行为被明确禁止，会长有权强制冒犯者履行义务；另一方面，在行会管理和司法诉讼中产生的收入，会长必须向全员集会报告。与此同时，会长的言行处于行会人的监督之下——行为失格的会长将受到行会其他机构的处分。在威尼斯，会长私自占有或处理任何行会的收益，会招致数额不等的罚款。①

就日常事务而言，会长既要监督行会经营，也要照拂行会人的生活，且须毫无私心、不存欺诈。一旦获选，会长必须宣誓勤勉尽责，保障行会运转有序。② 以下为英格兰南安普敦商人行会规章：

> 公共钱箱应保管于首席会长或保管员家中，备钥匙 3 把，分别存放于 12 宣誓执事中 3 人或司事 3 人手中。彼等对公共印章、特许状、财库、旗帜，及其他属于本城公有之契据文件，俱应忠实保管。凡信件需盖用公共印章，或自钱箱中取出任何特许状或文件，俱应在会长或管理员以及至少执事 6 人前为之。任何人使用未盖用印章之量器与衡器出售物品时，亦须处罚金 2 先令。③

任职期间，会长定期走访行会的不同店面，检查行会作坊的生产工序和产品质量，也组织行会的活动，包括节日、会饮与葬礼等。会长对师傅以及熟练工的技能予以认可、监督生产工序并提出建议，还

---

① "Capitulare Artis Barbariorum", *I Capitolari delle Arti Veneziane*, Vol. I, Clause 26, Roma: Forzani, 1896 – 1914, p. 45.

② "Ordinances of Guild of the Joiners and Carpenters, Worcester", *English Guilds*, ed. by Toulmin Smith, London: N. Trübner and Co., 1870, p. 230.

③ 《南安普敦商人行会规章》，转引自金志霖《英国行会史》，上海社会科学院出版社，1996，第 68 页。

对行会标准的违反者加以惩戒。在威尼斯生丝商行会，会长的巡查工作至少每月一次。① 未经许可的擅自活动和违反标准的经营，都将面临会长的处罚。通常情况下，任期结束的会长必须上缴任内的私人账簿，方便年末听证官的核查。②

3. 理事会

理事会成员同样来自行会师傅，也履行与会长类似的就职宣誓义务。一般而言，理事会成员任期一年，少数情况下经由市长提名而任职，但更多是行会内部选举产生的有能力的、谨慎的和不偏不倚的人。理事会也是全员集会休会期间的常设委员会，有权维持行会经营并处理行会纠纷。它可以与行会会长召开联席会议、商讨行会事宜，因而是彼此协作又相互监督的关系。在英格兰，拒任理事会职务受罚 20 ~ 40 先令。③ 在威尼斯理发师行会，行会理事与会长的协作是强制性的——理事会不得缺席会长召集的联席会议，否则面临 5 索尔多的罚金；会长也必须准时参与理事会召集的联席会议，否则须缴纳罚款 8 索尔多。④

在特定情况下，理事会可直接分享行会会长的管理权限。理事会有义务协助会长处理日常事务，也可独立为行会人提供建议。伦敦行会的"财务理事"（Renter Warden）还负责管理行会的入会费用，并定期呈递账簿至全员集会以行监督。他们甚至可以纠正会长的不当行为，并在会

---

① "Capitulare Samitariorum", *I Capitolari delle Arti Veneziane*, Vol. I, Clause 25, Roma: Forzani, 1896 - 1914, p. 36.

② "Ordinances of Guild of the Joiners and Carpenters, Worcester", *English Guilds*, ed. by Toulmin Smith, London: N. Trübner and Co., 1870, p. 230; James E. Shaw, *The Justice of Venice: Authority and Liberties in the Urban Economy, 1550 - 1700*, Oxford: Oxford University Press, 2006, p. 119.

③ "Ordinances of Guild of the Joiners and Carpenters, Worcester", *English Guilds*, ed. by Toulmin Smith, London: N. Trübner and Co., 1870, p. 208.

④ "Capitulare Artis Barbariorum", *I Capitolari delle Arti Veneziane*, Vol. I, Clause 67, Roma: Forzani, 1896 - 1914, p. 55.

长一意孤行之时施以惩罚。根据威尼斯绸布商行会的具体章程，理事会3名理事可合意裁决行会内部纠纷，且新旧行会长之间的权力交接只能在全体理事会成员出席的情况下才会产生效力。在英格兰的行会，理事会设有一定数额的专员承担涉及章程的日常咨询任务，同时裁决并平息内部的纠纷，或者将行会内部的矛盾移送到国家或者城市。[1] 在伦敦地区，理事会中的司法专员有着"助理法庭"（court of assistants）的称号。这些助理法庭起初就是一个个不正式的、仅有日常咨询功能的机构。随着行会章程的实施，助理法庭日渐积极地处理行会内部的违规行为，成为调解成员间纠纷的专职机构。[2] 林利吉斯圣三一商人行会规章第十五款规定："任何不顾本行会之荣誉与利益而拒绝遵守会长与主任训诫之人，应处罚金12先令。"[3] 在佛罗伦萨的行会，通常有3名以上的理事会成员辅助会长履行职责。这些听证官和协理员以较为灵活的方式，根据行会的章程和自身的良知，配合会长的工作。[4]

4. 秘书官

行会的常设辅助事务官群体通称为秘书官。他们是会长和理事会最倚重的助手，负责行会日常事务中的会务筹备、财政管理、法律咨询以及信息传递等。根据细致具体的职能分工，行会秘书官主要有指令员（comandador）、书记官（scrivano）、信使（nonzolo）、会计（massaro/treasurer）和出纳员（esattori/tassatori）等。其中，指令员，根据会长的命令召集行会师傅、主持教会活动的进行；书记官，负责

---

① "Ordinances of the Carpenter's Gild, Norwich", *English Guilds*, ed. by Toulmin Smith, London: N. TrUbner and Co., 1870, p. 55.
② Ernest Pooley, *The Guilds of the City of London*, London: William Collins of London, 1945, p. 40.
③ 《林利吉斯圣三一商人行会规章》，转引自金志霖《英国行会史》，上海社会科学院出版社，1996，第62页。
④ *Statuto Dell'arte Della Lana di Firenze*（*1317 – 1319*），Cura di Anna Maria E. Agnoletti, Firenze: Felice le Monnier Editore, 1940 – 1948, p. 185.

参加行会的活动并记录基本的信息、掌管档案、保管行会公务的收支账簿以及现金票据，还负责安排行会活动的会场陈设和礼仪服饰等；信使，负责将行会章程的变动计划通知行会成员，也为全员集会收集提案。章程中有所提及的其他事务官员，比如会计、出纳员等，主要负责资金的收集与分配等。①

　　行会师傅与熟练工都有资格成为事务官职的担当者，任期由数月到数年不等。事务官也要进行就职宣誓，然后严格遵照行会章程行事。他们领取特定的薪俸，且能从其参与的判决中获取一定的酬劳。事务官的工作通常处于全员集会的监督之下，也受到会长和理事会的领导。事务官必须善始善终完成工作，不得拒任和推诿，否则将被罚款。为了避免事务官腐败和侵吞公款的行为，同一家庭的行会人不得掌管相近的事务。

（二）行会人

　　行会成员都是作为独立的个人，凭借自身的专业技能和资历自愿加入行会的，由此打破了古代依附性家族血缘关系和封建等级制度构成的职业门槛。根据专业技能和资历的差异，行会成员内部分为师傅、帮工和学徒三个层次。三个层次以契约为联系纽带，组成了一个新型的契约共同体。行会师傅在技艺传授和生活起居等方面承担照拂学徒的责任，学徒完成师傅交办的任务，谦谨习艺并完成升级测试，帮工则是完成升级测试、尚未独立开张的高级学徒。每一个层次的成员都严格遵循行会章程的约定开展学习、工作与生活。在遵守行会章程的前提下，师徒之间另外拟订专门的师徒契约。师徒契约的一方为学徒本人或者其父母，另一方为师傅，内容包括学徒年限、生活费用等涉

---

① Ning Kang, "The Mediating Justice: Statutes in Venetian Guilds (1300 – 1600)", unpublished Research Master Dissertation, University of Leeds, 2014, p. 37.

及双方的各项权利与义务。中世纪的人们愿意成为行会人，行会也通过申请、培训和晋升的机制，对不同的行会角色加以定位，不断创造成为行会师傅的机会。况且，同一级别之内的行会工作者有着近乎均等的权利和义务。13 世纪以后，由于行会占据了城市经济主体的多数，零售商贩、外籍商人也都要首先成为行会人或者准行会人，才可从事相应的经营活动。

1. 入会程序：宣誓与会员资格

与中世纪的封建宣誓不同，行会人的宣誓不意味着对某一身份性个体的效忠，而是对团体生活及其规范的服从。根据行会章程，新人加入行会必须进行宣誓，行会人因宣誓而取得身份。宣誓是神圣的，往往"以无上的主的名义"（in nomine Dei eterni；in the name of the everlasting God）置于章程的开篇部分，旨在提升行会章程的权威性。[①]之后，行会人与行会团体之间的权利义务关系在形式上确定下来。行会会员与非会员的差异，很大程度上只是宣誓与否的差异。

誓词之下，行会章程的约束力均等地及于每位行会人。宣誓的仪式由会长主持，意指代表团体将新的成员纳入伙伴关系，成为"兄弟"（brothers）、"姐妹"（sisters）或者"志同道合之人"（colleagues）。在意大利，新成员必须在加入行会的 15 天之内完成宣誓，否则将面临罚款。此后，行会人的子嗣同样服从章程，不可擅自转让。违反章程不仅是对誓词的背弃，还是对团体的背弃，因此不仅会受到行会的处罚，也为见证誓词的神明所不容。据此，违反章程的行为一旦出现，任何行会人都有义务进行控告。在英格兰斯坦福的圣凯瑟琳商会，会长引导的新成员宣誓所应遵循的形式如下（古英语文字）：

---

① "Capitulare Butiglariorum", *I Capitolari delle Arti Veneziane*, Roma：Forzani, 1896 – 1914, Vol. I, p. 397.

Sir, or Syre, be ye willyng to be among us in this Gilde, and will desire and axe it in the worshippe off Allmyghty god, in whoos name this Gilde is ffounded, and in the wey of Charyte?

Ye. ①

先生，是否愿意成为本行会的成员，崇拜本行会的庇佑者，并遵从本行会的章程？

是的。

宣誓之后，根据行会人所掌握的技术与资金的不同，他们在行会中的起点也各不相同——有的可以直接成为师傅，有的只能从学徒或者帮工做起，再最终成为师傅。但是，至少就形式而言，行会师傅的身份不是垄断性的，资格的取得也更多只是时间的问题。况且，行会师傅资格的取得至少有三种平行的路径。

第一，从学徒开始，名为"servitude"（直译为"劳役"），经过多年训练成为熟练工，然后再成为师傅。理论上，学徒还不能算作严格的行会人，也只有行会师傅才有资格享有权利并参加选举。行会学徒的最佳初始年龄是 13 岁和 14 岁，结束的年龄为 20 岁左右。在行会培训开始之前，学徒可能已经在教会兴办的初等学校（school above primary level）接受过基本的算学或文法训练。这些教育的背景在一些行会中受到重视，比如约克的泥瓦匠行会招收学徒，常以获得学前的文凭（prerequisite）为前提。另一些行会则延长学徒的期限，将两年左右的基础教育涵盖其中。在伦敦金匠 1491 年的行会章程中，长达 10 年的学徒期强制包括了一年半的文法学习课程，以及半年的写作培训。另外，成为学徒同时需要行会会长的确认。行会师傅不得保留未

---

① "Ordinances of the Gild of St. Katherine, Stamford", *English Guilds*, ed. by Toulmin Smith, London: N. Trübner and Co., 1870, p. 189.

经确认的学徒，保留一个月以上的师傅面临 20 索尔多的处罚。新的学徒也应当交纳一定数额的拜师费用，通常为几十索尔多。当然，这笔费用时常被师傅们用作限制学徒数量的手段，学费的提高会直接导致学徒申请数量的下降。

第二，支付入会费（entrance fee），名为"redemption"（直译为"赎买"），直接取得师傅身份，适用于已经掌握行会职业技能的富有帮工或者外籍商人。英格兰林利吉斯商会章程规定："凡外人志愿加入本行会者，除应将先令 100 枚存放于会长之手作为押金外……立即缴付价值 10 便士之酒 1 塞克斯特利。"① 入会费的支付实际是以金钱购买在行会正式开张的资格，因而要求申请人必须具备资金和技术两个方面的充分准备。

第三，子承父业，名为"patrimony"（直译为"祖产"），适用于行会内部人员的子女。同样是林利吉斯商会章程规定："若任何兄弟之子或诸子（嫡子）志愿加入本行会，每人应交纳入会费 4 先令，上述各项费用免缴。"② 继承关系的存在加大了新晋学徒成为师傅的难度。行会师傅的继承人可以获得父辈的作坊，先天上更加容易成为师傅。但是，行会子嗣也要以学徒的身份在行会中修习多年，初入行会的子弟受到父亲、伯父或者其他长辈亲人的教育。他们实际已经具备了成为熟练工和师傅的职业资格。针对这种情况，行会"时刻提防家族影响力演变成潜在的破坏力"，③ 且竭力避免同一姓氏的人共同担任行会公职。

与此同时，一些热门的行会对新任师傅的年龄、市民籍或者居住

---

① 《林利吉斯圣三一商人行会规章》，转引自金志霖《英国行会史》，上海社会科学院出版社，1996，第 61 页。
② 《林利吉斯圣三一商人行会规章》，转引自金志霖《英国行会史》，上海社会科学院出版社，1996，第 62 页。
③ 〔英〕M. M. 波斯坦等主编《剑桥欧洲经济史》第 3 卷《中世纪的经济组织和经济政策》，经济科学出版社，2002，第 203 页。

年限的要求较高。英格兰林利吉斯商会章程规定："任何年龄未达 21 岁，或缺乏诚实之声明与状况之人，俱不得被接受为本行会会员（师傅）。"① 威尼斯铁匠行会章程规定："以师傅身份入会必须年满 25 岁，并已在本地居住 10 年以上。"②

2. 职业培训：学徒、帮工与师傅

职业培训消灭了行会成员内部永久性的地位差别和从属关系。短期来看，行会师傅享有完全的行会人权利，学徒（apprentice）和帮工（journeyman）只能依附在行会师傅的作坊（workshop）之内，学徒的地位又低于帮工。但是，"从学徒到师傅的道路尽管受到规制，却又顺利平缓"。③ 根据一般的行会人晋升机制，学徒需在师傅的作坊内学习并做工，直到成为帮工。帮工又名熟练工，即已经具备了执业所需的全部技能，是行会师傅的后备人选。学徒成为帮工之后仍可继续为师傅工作，原因可能是财力尚不足以支撑独立开业，也可能是某一时期内作坊的数目受到行会的限制。学习的过程中，学徒不仅接受技能上的训练，承担保密的义务，还吃住在师傅的作坊，与师傅的关系形同家人，接受师傅的照拂与监护。根据行会法令，师傅对学徒的技能培训必须认真诚实，而学徒的工作也必须遵从师傅的监管。但是，学徒与师傅的身份差别毕竟是短时的，优秀的学徒大都获得顺利的晋升，而且有望与行会师傅的女儿结婚。④

学徒晋升必须满足最低的学习期限，这一学习期限通常为 7 年。7

---

① 《林利吉斯圣三一商人行会规章》，转引自金志霖《英国行会史》，上海社会科学院出版社，1996，第 64 页。

② Antonio Manno，*I Mestieri di Venezia：Storia, arte e Devozione delle Corporazioni dal XIII al XVIII*，Venice：Biblos，2010，p. 16.

③ Eugene F. Rice，*The Foundation of Early Modern Europe, 1460 – 1559*，New York：W. W. Norton and Company，1994，p. 55.

④ Ernest Pooley，*The Guilds of the City of London*，London：William Collins of London，1945，p. 14.

年间，学生跟随师傅学习技艺并严格遵守行会的规章。在威尼斯的玻璃匠行会，学徒（garzone）应首先完成 5~7 年的学习，之后再用 2~3 年的时间成为帮工（lavorante），最终晋升为师傅（maestro）。1345 年伦敦马刺业行会章程第四条规定："本行业任何会员所招收之学徒学习期俱不得少于 7 年，而此类学徒亦必须按照本城惯例进行登记。"[①] 1499 年赫尔手套匠行会章程认为："师傅招收的学徒，学徒期不得短于 7 年，师徒契约中必须予以明确的规定。"[②] 根据 17 世纪宾夕法尼亚织工行会的技能培训，不难推测学徒期内的技能训练均与本行的经营密切相关：

（1）以精准的触感、适当的密度、稳定的针线，节奏平稳、有效地纺织；（2）按照既有纺线的纹理穿针引线，并依不同的纺织技巧打出结扣；（3）了解如何制造和维修常备织机；（4）根据不同的线料使用不同的编织技巧；（5）可以操作纺织机，能够协调一手扔穿梭，一手操纵脚踏板并纺成无瑕疵图案；（6）平稳地缠绕纱绢和线轴，使其完好无损且平滑易整理；（7）能够对操作失误而导致的破损线卷进行修复。[③]

繁琐训练和技能考试旨在提升学徒的能力，并非刻意为之的限制性门槛。理论上讲，只要行会学徒不出现大的失误，即可按部就班成为帮工和师傅。他们是工匠和商人职业生涯的起点，行会的规章制度

---

① 《伦敦马刺业行会章程》，转引自金志霖《英国行会史》，上海社会科学院出版社，1996，第 99 页。

② 《赫尔手套匠行会章程》，转引自金志霖《英国行会史》，上海社会科学院出版社，1996，第 100 页。

③ Adrienne D. Hood, *The Weaver's Craft Cloth, Commerce and Industry in Early Pennsylvania*, Pennsylvania：University of Pennsylvania Press, 2005, p. 194.

对其具有同样的约束效力。实践中，学徒必须向师傅学习，并完成师傅分配的零散工作；帮工可以独立承揽并完成工作，只是不能独立经营门店，还需在师傅的门店进行资金与客户的积累。为了强调行会技艺的传承性，由学徒到帮工、由帮工再到师傅的晋升，往往面临严格的"出徒测试"（show ability before graduation）。考试内容是制作某件技能含量较高的行会产品，且必须在多名行会师傅列席的情况下独自完成。比如，雕塑工学徒必须完成一座阁楼的设计模型（base attica/attic base），画匠学徒必须提供一幅多彩、精美的绘画作品（ancona a piu colori/a refined work in multiple colours），建筑行会的学徒可以制作简单的拱顶、门廊，或者修复墙壁，等等。通过测试的学徒才能获准成为帮工，甚至获得独立开张的许可，最终招收自己的学徒。

　　正式的师徒关系是通过契约来确定的。拜师收徒代表契约关系正式确立，不少行会还规定了师徒双方的宣誓环节。① 英格兰莱斯特一份师徒契约规定，基本学习期限之内的学徒报酬是每周 8 便士，超期未毕业的学徒则降为每周 6 便士。学徒还将"得到肉、酒、紧身裤、鞋、麻织品、呢绒，以及应该获得的工艺，不得有所隐瞒"。诺福克的一份师徒契约这样写道："托马斯·利斯布鲁克同意向罗伯特·尼克传授粗石匠的技艺，供给其肉、酒等，并在学徒期满时付给他 3 镑足色的英国货币和两套合身的衣服等，此外还有斧、锤、鹤嘴锄和泥刀各一。"② 之后，新学徒向师傅交纳少额的入门费，再由师傅引至行会会长或理事会处备案。接收新学徒、教授技艺却不正式备案的师傅，须缴纳罚款 40 索尔多。③ 自备案之时起，师徒关系正式纳入行会组织

---

① F. B. Millett, *Craft-Guilds of the Thirteenth Century in Paris*, Kingston: The Jackson Press, 1915, pp. 4, 12.

② 金志霖:《英国行会史》，上海社会科学院出版社，1996，第 111 页。

③ "The Ordinances of Guild of the Joiners and Carpenters, Worcester", *English Guilds*, ed. by Toulmin Smith, London: N. Trübner and Co., 1870, p. 208.

的监督管理之下——行会师傅在技艺传授和生活起居等方面承担照拂学徒的责任，学徒则应勤勉完成师傅交办的任务，谦谨习艺并完成升级测试。

　　行会师傅对学徒的监督与照拂义务实为法定。即便没有在先的师徒契约，师傅也须声明法定的学习期限和薪水数额。不少行会的章程限定了学徒的日工作时长，教会节日是当然的公休假日。按照惯例，各行会师傅向学徒支付报酬的时间有所不同，或按年、按周，或学徒期满一并结算，支付的形式亦有所不同，或实物，或现金。在意大利的手工业行会，师傅不仅提供食宿，还发给每年不超过 10 里拉的学徒薪资。薪资采取分期支付的形式，每次领取 20 索尔多到 60 索尔多。学徒们在领取薪水的同时，还会收到师傅的布匹或鞋。① 1331 年，伦敦建筑行会学徒的收入为每日 2 德纳（denari），行会师傅的收入则为每周 6 先令。这些补助是学徒生活的基本保障，拒付薪资的师傅将受到罚款的处分。与此同时，师傅还必须诚实无欺地传授工艺，维持良好的师徒关系。并且，为了确保技艺传授的质量，每位师傅每次招收的学徒数量有限。② 师傅必须与学徒和帮工一起劳作，以便学徒轮流观摩。因学徒技艺的纰漏而导致的损失，同样由师傅承担。通常，师傅不得在学徒手头任务尚未完成的情况下布置新的任务，也不得强迫学徒从事有损其身体健康的工作。③ 虐待学徒的情形一经查实，轻者发出警告，重者将学徒转至他人处，或允许学徒另择师傅。除向行会缴纳罚款外，师傅还要向受害学徒支付医药费、伙食费和大量的赔偿金。恣意开除学徒的行为也是不被允许的，会长不仅可以对无故开除学徒的师傅处以罚款，还能帮助学徒重返行会生活，另外择师学艺。

---

①　Georges Renard, *Guilds in the Middle Ages*, London：G. Bell and Sons, 1919, pp. 16 – 17.

②　Georges Renard, *Guilds in the Middle Ages*, London：G. Bell and Sons, 1919, p. 80.

③　Georges Renard, *Guilds in the Middle Ages*, London：G. Bell and Sons, 1919, pp. 11 – 13.

如果遭遇师傅破产或者死亡的情形，行会也会为学徒另寻归所。在威尼斯的绸布商行会，有违师德的师傅将面临 100 索尔多左右的罚金。①

学徒必须勤勉谦谨地服从师傅，最终完成技艺修习的任务。从现有材料来看，学徒不仅要接触并学习本行业的必备技艺，还对这些技艺负有保密义务。根据约克地区建筑行会章程第五条的规定，学徒经手的产品收益统归师傅所有，学徒参与的生产和销售活动受到师傅的监督。学徒不得慵懒懈怠，娴熟的技艺和良好的操行，是继续留在某一行业的基本条件。佛罗伦萨羊毛行会 1317 年章程明文规定，不持有本行业认可资历的学徒，不得涉足羊毛生产和销售的营生。② 同样，师傅还要使学徒成为职业品德的合格者。学徒的日常行为受到许多的限制，比较常见的是忠于其师、不得未经许可转向其他的行会，不得偷盗、酗酒、嗜赌等；宗教节日是学徒的法定公休日，无视行会纪律、逃离习艺生活的学徒会受到处分，最为严重的处分即逐出行会。③ 为了保证上述条例的执行，许多行会的章程明确授权师傅对行为失格的学徒停止传艺，也可对不服管理的学徒施以惩戒。根据 13 世纪巴黎诸行会的规则，因学徒逃跑给师傅造成的损失，必须由学徒及时偿还，师傅也可就此决定是否正式开除学徒。④ 实际上，中世纪生存寿命普遍较短的现实，使行会学徒成为不可多得的廉价劳动力，因而维系师徒契约往往并不是一句空话，而是基于现实必要性的举措。

帮工是学徒和师傅之间的过渡阶段。一般而言，手工业行会的帮

---

① "Capitulare Artis Barbariorum", *I Capitolari delle Arti Veneziane*, Vol. I, Clause 20, Roma: Forzani, 1896 – 1914, p. 43.

② *Statuto Dell'arte Della Lana di Firenze (1317 – 1319)*, Cura di Anna Maria E. Agnoletti, Firenze: Felice le Monnier Editore, 1940 – 1948, p. 188.

③ "Capitulare Artis Mercariorum", *I Capitolari delle Arti Veneziane*, Vol. II, Clause 16, Roma: Forzani, 1896 – 1914, p. 313.

④ F. B. Millett, *Craft-Guilds of the Thirteenth Century in Paris*, Kingston: The Jackson Press, 1915, p. 6.

工必须来自学习年限结束的学徒。1389 年，伦敦铸匠行会的章程规定："不熟练的帮工假如不愿意去当学徒的话，将失去工作。"[①] 帮工同样遵循登记备案的制度，故而不得随意更换工作坊，或者擅离职守自寻雇主。根据中世纪的惯例，帮工与学徒共同食宿于师傅家中，由师傅提供工具，工资报酬统一遵循行会章程的规定。当然，帮工毕竟不同于学徒——只要具备了充分的资金和客源，帮工即可独自经营店铺并成为师傅。在伦敦的剪绒匠行会，圣诞节至复活节期间的帮工薪资为每天 3 便士，复活节至圣约翰节（6 月 24 日）期间为每天 4 便士，圣约翰节至圣巴塞罗缪节（8 月 24 日）期间为每天 3 便士，圣巴塞罗缪节至圣诞节（12 月 25 日）期间为每天 4 便士。14 世纪时，伦敦瓦匠师傅的日均收入约在 4.5 ~ 5.5 便士，其帮工则在 3 ~ 3.5 便士。可见，帮工与师傅在经济收入方面虽不持平，但也不存在十分悬殊的差距。[②] 这样经过二三年左右的时间，帮工大多能够自行筹措独立开业所需的费用。可以说，帮工具备准师傅的资格，是成为正式行会人的预备阶段。

　　3. 协作者：女性与外商

　　受到技能和资金限制的会员资格，并不具备彻底的垄断性与排他性。行会中女性和外籍商人也可以成为经营活动的协作者，行会活动也因此具有了一定程度的开放性和妥协性。尽管在大多数的行会章程中，外国人从事行会经营的权利受到限制，行会中女性的作用也很少提及，但现实的行会生活并非坚冰一块，富有师傅的女儿、妻子或者遗孀以及具有经营实力的外籍商人，都在实际的职业活动中占有一席之地。

　　女性可以在行会的营生中主持工作。13 ~ 14 世纪，当领主庄园中的贵族女性既无财产自由，又对人身权利多有依附之时，许多行会的

---

① 金志霖：《英国行会史》，上海社会科学院出版社，1996，第 107 页。
② 金志霖：《英国行会史》，上海社会科学院出版社，1996，第 107 页。

章程已经允许女性拥有财产并经营店面，或者以熟练工和师傅的身份订立契约。在纺织和服饰等行业中，女性还有成为领袖的可能。[①]当然，女性正式成为师傅和学徒的机遇受到限制，但是，行会人女儿、妻子、遗孀的职业行为却在行会的档案中频频出现。实际上，行会师傅的女眷已在多年的行会生活中获得了训练，超过80%的行会遗孀有着不低于一般学徒期限的工作经验。[②]她们为自己的丈夫从事辅助工作，如裁缝的遗孀可以是丝绸商，织工的妻子可以从事服装贸易，铁匠的妻子可能是木桶匠、泥瓦匠或者面具商，面包师的妻子可则充当食品销售商。这种工作有时甚至具有彻底的独立性，比如，服装零售商的妻子可以成为炊具贩或金属装饰工，香料商的遗孀也许是裁缝、画家和船匠，木匠的遗孀可能是铁匠、帽商、修鞋匠甚至公证员等，香料工的妻子可能是裁缝、画匠和船匠。这些女性有相当的经济实力，可以处分财产并在适当的时候继承丈夫的职业。她们是行会事业最为得力的协作者。

　　行会对外籍商人的规范是具体的。条款之中，总是不乏外籍商人从事本地行会事业的限定，其常用的表述模式如"si aliquis forinsecus venerit in …ad laborandum pro magistro, …"，[③]直译为"如果外来之人希望以行会师傅的身份在（某地）获得工作，（需要满足的条件是）……"。可见，只要满足了行会的限定条件，外商分享经营权限的路子是可行的。尽管由于行会专营权的存在，这些权限的实施可能颇为严苛，比如在1315年的威尼斯地区，从事造针、理发等行会事业的外商必须先通过当地的职业能力测试，再交纳相应的备案注册费用。测试

---

① 〔日〕河原温、堀越宏一：《图说中世纪生活史》，计丽屏译，天津人民出版社，2018，第175页。

② Stephan Epstein, "Craft Guilds in the Pre-modern Economy: A Discussion", *Economic History Review*, Vol. 61, No. 1 (2008), p. 162.

③ Michelangelo Muraro, "The Statutes of the Venetian Arti and the Mosaics of the Mascoli Chapel", *The Art Bulletin*, Vol. 43, No. 4 (1961), p. 270.

由行会理事会以及经验丰富的行会师傅组织。之后，行会依据申报经营时限的长短收取不同的注册费用，再登记备案。长期经营以一年为限，需在一个月之内缴纳 3 里拉；短期经营为一周或数日，应立即缴纳 10 ~ 20 索尔多。当然，备案之后的外商也必须宣誓遵守行会章程、履行诚实的经营义务等。行会组织结构与行会人职业发展详见图 3 - 1。

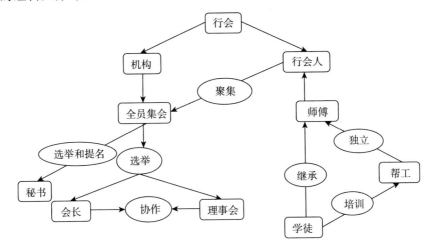

图 3 - 1　行会组织结构与行会人职业发展
资料来源：笔者据文中内容自行绘制。

二　行会经营

行会契约的平等性还体现在统一的生产经营权和质量标准要求上。从整体上看，行会对自身行业的经营权是垄断性的，只有行会成员才有权从事这一行业并获取利润，在经营时段与空间、原材料、工艺、价格、利润等方面，行会成员也享有行外人所不具备的权利。与此同时，行会严禁成员的欺诈行为，旨在维护行业的正常经营秩序和行会的社会信誉，所以"毫无欺骗的信任"（bona fide sine fraude）在行会章程中反复出现。为此，行会章程规定了行会成员的基本义务，主要包括：服从行会的基本经营权限；未经行会许可的私相交易和店面作坊都应杜绝；配合行会日常的监控与巡视，保障产品质量；统一度量和模具的基准；严禁以次充好、缺斤短两、哄抬物价等影响整体经营效益的行为。

（一）诚信无欺

"诚信无欺"是许多行会章程的开篇条款，旨在确立行会活动的最基本道德原则，从根本上解决行会内部冲突以及对外失和的问题。就内容而言，"诚信无欺"原则拒绝声名狼藉者加入行会，要求行会成员遵守章程纪律，又要求行会成员在生产经营的过程中保持信誉，不得欺诈。[①] 在大多数情况下，行会对申请入会者的品行进行追溯和调查，只有确定其足够诚信、值得托付，才准许其成为行会的会员。[②] 对于诚信的严格要求，威尼斯绸布商行会章程如是说：

> 我们所秉持的信念，伴随着自由而又审慎的命令，使这些条款得以确立，并得以避免低效和愚昧的行为；我们因此接受了真理以及与此相伴的权威，并将其呈现为文本（Volentes exequi igitur ut tenemur, ipsis ordinamentis inspectis et super hiis deliberatio habita animo diligenti, partem ex ipsis duximus approbandam et partem ipsorum cassavimus ipsam de cernentes irritam et inanem; ea vero queautoritate dicti nostri officii approbavimus, huic presenti pagine iussimus explicari）。[③]

---

① "Ordinances of Guild of Garlekhith, Worcester", *English Guilds*, ed. by Toulmin Smith, London: N. Trübner and Co., 1870, p. 4.

② 〔英〕M. M. 波斯坦等主编《剑桥欧洲经济史》第 3 卷《中世纪的经济组织和经济政策》，经济科学出版社，2002，第 223 页。

③ "Capitulare Artis Mercariorum", *I Capitolari Delle Arti Veneziane*, Vol. II, Roma: Forzani, 1896 – 1914, p. 307.

行会法的遵守应是"诚信无欺"的。宣誓强调了这一原则，再由定期进行的集会反复加以重申。行会人深知，他们对章程的熟悉程度直接决定着权利义务的实际效果，诵读章程的活动也因此成为集会场合的常设项目之一。[①] 日常生活中，行会师傅的表率作用受到提倡，他们应当与学徒、帮工共同遵章守纪，盗窃、欺诈以及泄密行为乃章程所不容，违规者应从速弥补损失或者归还欺诈所得。为了鼓励诚实，一些行会的章程对归还盗窃物品的违规者免于处罚。[②] 1280 年威尼斯服装行会法令规定，"诚信无欺"不仅指遵章守纪的良好品行，还指举报违规的会员义务。[③] 根据英格兰赫尔手套匠行会章程的规定，如果行会成员盗窃钱物的价值超过 7 便士，经会长训诫后仍不思悔改，那么该成员将永远被逐出本市的手套行业，本市的其他任何团体也将永远地拒绝接纳他。[④] 诚信义务的神圣性和法定性，体现着行会人一致的道德追求。规则适用的一致性多少意味着均等的衡量标准——誓词之下的约定，已经开始在精神层面对章程之下的行会人等价视之。

（二）质量监督

行会团体的内部可谓秩序井然。章程严格规范生产的工序，并在行会活动的质量与安全方面下功夫。各作坊的生产过程是分开的，但行内的技术规范和产业标准是通用的。此处的严苛，旨在调试行业内

---

①　"Ordinances of the Gild of the Resurrection, Lincoln", *English Guilds*, ed. by Toulmin Smith, London: N. Trübner and Co., 1870, p. 177.

②　"Capitulare Callegariorum", *I Capitolari Delle Arti Veneziane*, Vol. I, Clause 61, Roma: Forzani, 1896 - 1914, p. 152.

③　"Capitulare de Sartoribus", *I Capitolari Delle Arti Veneziane*, Vol. I, Clauses 1, Roma: Forzani, 1896 - 1914, pp. 9 - 15.

④　《赫尔手套匠行会章程》，转引自金志霖《英国行会史》，上海社会科学院出版社，1996，第 100 页。

部的质量体系，避免团体的经营风险，也在实际操作的层面推动了作坊之间的齐一化趋势。图3-2显示了铁匠行会的劳作场面。

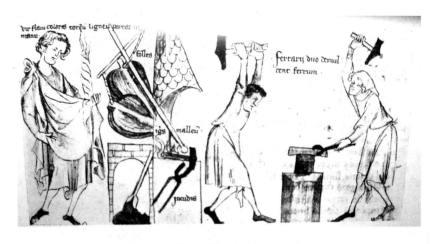

图3-2　劳作：铁匠行会（1300年）

资料来源：Edgcumbe Staley, *The Guild of Florence*, London: Methuen & Co., p. 306。

各个作坊的业务严格服从章程条文的规定。制度的内容因行而异，如果以手工业的技能为生，要看是羊毛、蚕丝、皮革、银器还是其他的产品。也有某种专业人士的聚合，比如法官、公证人或者医生等。1271年，威尼斯绸布商行会章程对经营范围的限定是周详的，即为当地或者国际市场制造丝线以及丝线制品，小到纽扣、钱袋、鞋带、金银丝带或金属配饰，大到镂雕珐琅、奢侈服装等。画匠行会将做工限定在钟器、碗盘、柜盒、盾牌、头盔以及马鞍等物品。服装行会有关质料和纺织密度的规则简直事无巨细——2臂（arms）宽的绸料成衣内含绸丝25捆以上，同宽麻料（açe）成衣则含麻20捆以上，3臂宽的亚麻（acis）或棉丝（chatasamiti）成衣至少使用原料30捆。与此同时，特定种类衣物的尺寸也有详细的规定。比如，紫色官袍（drapa purpure）和丝质斗篷（mecanelli diaspri）为5臂长和2臂宽，棉丝布袍（catasamiti）为4.5臂长和2臂宽。毛皮商行会关注本地原料的利用及保护，明文禁止在冬季狩猎或者使用本地狐狸皮毛缝制皮衣，鼓励使用来自弗留利和德意志地区的进口皮革。违禁物品和残次品由理事会负责销毁，违规成员亦被严惩。

行会以过程监督控制产品质量，严禁以次充好、缺斤短两、哄抬物价和走私物品等违规行为。度量衡和模具的标准由各行内部统一规定，各行会长定期巡视工匠作坊，师傅对作坊内部的日常活动进行监督。1264 年，莱斯特织匠行会的罗杰·阿尔比斯三次违反行会的规定，织造了一种质量低劣的朱红色呢绒，掺杂使用了质量较差的原料，为此受到了开除会籍的严厉惩罚。① 在威尼斯玻璃商行会的制造程序中，行会人只能使用特定的木质熔炉，只因这是影响玻璃质量的关键所在。鞋匠行会的章程明确了原料进口、皮革切割、零件缝制、成品售卖各个环节的分工。比如，行会将皮革抛光的步骤进行了统一，即首先将粗皮浸入水中打磨，然后使用阳光或者火把进行烘干处理。② 行会甚至限定了皮质靴子的款式，比如"应该能够同时包裹成人的小腿和脚"，"山羊皮制的靴子价格应为最高"等。③

为此，行会对符合标准的产品进行资质确认（certification）。行会会长和理事会负有定期巡视审查的义务。如发现产品存在"不可修复的瑕疵"（per fraudem et non poterit emendare），应立即没收并销毁，制造者须同时缴纳罚金。与此同时，各行会作坊开始在自己的产品上做标记（mark）。做标记的行为在沃切斯特（Worcester）和诺威茨（Norwich）等地区都是强制性的，在流通性较强的纺织、衣帽、金属

---

① 〔英〕M. M. 波斯坦编《剑桥欧洲经济史》第 2 卷《中世纪的贸易和工业》，钟和等译，经济科学出版社，2004，第 408 页。

② "Capitulare Callegariorum", *I Capitolari Delle Arti Veneziane*, Vol. I, Clause 60, Roma: Forzani, 1896 – 1914, p. 152.

③ "Capitulare Callegariorum", *I Capitolari Delle Arti Veneziane*, Vol. I, Clause 21, Roma: Forzani, 1896 – 1914, p. 142.

品、面包、木制品、瓷砖制品中同样必不可少。比如，成品鞋必须有行会师傅的标志性烙印，否则不得出售。成品的烙印为行会的审查提供了便利，可以及时追责劣质产品的生产者。根据 1283 年的威尼斯铁匠行会章程，符合质量标准的厨刀、剪刀和剃刀都必须烙印生产作坊的标记。这些烙印和标记是手工业者名望和信誉的象征，也就充当了简单而又朴素的"商标"。

服务型行会中的操作标准和监督方式较为复杂，尤其受到关注。理发师行会的学徒及帮工完成每项任务之后，必须与师傅进行如下的对话：

> 师傅："你是否比照本行会的工作标准完成了此次任务？"（Maestro："Fecisti racionem scole？"）
>
> 学徒："是的，我这么做了。"（Garzone："Sic feci."）①

师傅可以针对事后发现的学徒不实行为收取罚金。若是师傅没有尽到严格的监督责任，也要受罚 5 索尔多。仍旧是在理发师行会，除日常的毛发修剪业务之外，师傅们还承担特殊的医疗护理职能，如拔牙、伤口护理及抽血等，故得"理发医匠"（barbieri chirurghi）的称号。为防止疾病的传播，理发师应在医生的嘱咐之下，严格按照特定的时间、地点抽取血液，并使用统一的 1 英寸玻璃容器（bucam vitream signatam uncias）存储样血。理发、剃须的道具由行会统一购置，未经行会许可的私购器械不得使用。传染病患者用过的器械应予隔离，不得用于健康人群体。

行会一定程度上保留了内部经营个体的自主权限。在威尼斯锯木

---

① "Capitulare Artis Barbariorum", *I Capitolari Delle Arti Veneziane*, Vol. I, Clause 66, Roma：Forzani, 1896 - 1914, p. 56.

匠行会的章程中，有关木材品质、价格和利润的限定不胜枚举，但行会人价格自拟的权限并未完全丧失。一方面，根据木材的来源地和品种的差异，锯木匠行会制定了各种不同的标准。比如，产自卡多布里奥（Cadubrio）和苏格纳（Sugana）地区的标准杉木板材，长18~21足（foot）、宽1足4指（finger），每板售价24德纳；同一产地的标准松木板材，长18~21足、宽1足4指，售价36德纳；在标准长度的区间内，杉木板材宽度每增加1指，价格增长2德纳，松木板材宽度每增加1指，价格增长2.5德纳。另一方面，长度小于16足的杉木板、宽度大于1.8指的松木板，由行会师傅自主定价售卖，不受价格区间的限制（见表3-1）。

表3-1 威尼斯锯木匠行会章程中的价格标准与自主区间（1262年5月）

类型	长度（足）	宽度（足）	价格（德纳）
杉木板材	18~21（标准）	1.4	24
		+0.1	+2
	27~32		22
	16~18		22
	21（小型）	1	21
	<16		自定
松木板材	18~21（标准）	1.4	36
		+0.1~0.4	+2.5
	27~32		26
	18~19		30
		>1.8	自定

资料来源："Capitulare Seccatrum", *I Capitolari Delle Arti Veneziane*, Vol. I, Clause 4-8, Roma：Forzani, 1896-1914, pp. 4-5。

（三）利益均衡

职业伦理与行为规范的统一淡化了团体内部的差异。既然道德的义务和职业的权利已经是均等的，际遇和利润的分配也必须均等。一旦会员可以在相差无几的条件下工作，平等尊重与互助共赢将上升为持久的、共识性的交际准则。团队之中的个人，也将际遇和利润视作整体合作的副产品，收益同享、亏损共担也就顺理成章了。

出于对团体力量的笃信，合作与共赢的人际关系受到鼓励。日常生活中，行会禁止以粗暴态度对待行内伙伴，禁止用粗鄙之名加以称呼，违者罚金 4 便士。[1] 单就经营环节来看，个体行会人在市场交易中的竞争优势尚无用武之地——本会成员一旦加入正在进行的交易环节，即可成为共同的购买人，也就享有均等的赢利机会。根据南安普敦商人行会的章程，产品成交时的价格往往得力于在场会员共同的交涉。会员与非会员合伙的买卖严重违背了这一原则，也就导致逐出行会的绝罚。[2] 值得注意的是，长期稳定的销路使规范之下的行会经营并不闭塞。据 1432 年意大利铁匠行会的簿记，行会产品的去向都有明确的列举清单。可以看到，船舶制造行会和木工行会常年订购铁匠行会的舵销、铆钉、锚、链条刀、锯、短柄斧，砖匠行会和石匠行会则订购斧、凿、锥、锤，雕刻师行会购买石斧、石刀以及各种仪器仪表配件等。[3] 不难揣测，行会之间的交往缔结了长期的外销网络，不同行业之间基本可以做到互通有无。这样，成员谋生与赢利的际遇就有了可持续性。

帮工和学徒的工作时长、地点及薪资处于行会法的调试之下，而非各作坊师傅随心所欲的安排。行会劳作的具体时段属强制性的要求，根据季节的变换，还有夏时制、冬时制和春秋时制的差别。之所以划分细致，皆因行会将工时设为发放学徒薪资的统一标准。比如，每年 11 月到 2 月为冬时制，伦敦的铁匠行会从早 9 点工作至晚 8 点，学徒每日获

---

[1] 《林利吉斯圣三一商人行会规章》，转引自金志霖《英国行会史》，上海社会科学院出版社，1996，第 63 页。

[2] 《南安普敦商人行会规章》，转引自金志霖《英国行会史》，上海社会科学院出版社，1996，第 66 页。

[3] Antonio Manno, *I Mestieri di Venezia: Storia, arte e Devozione Delle Corporazioni dal XIII al XVIII*, Venice: Biblos, 2010, p. 193.

得 3 个德纳的薪资。如果是夏时制，则工作至晚上 9 点，薪资每日 5 德纳。从复活节到 9 月底为春秋时制，每日 4 德纳。具体到工作日的作息时间，章程规定午饭（noon-meat）1 小时，下午又有 10～20 分钟的茶歇。以约克地区建筑行会的冬时制作息为例，早餐为 9：00 至 9：30，午餐是 12：00 到 1：00，下午 3 点有一刻钟的茶歇。为了杜绝瑕疵产品甚至火灾的出现，夜间劳作也为大多数行会明令禁止。① 休假的日期统一根据宗教节日的安排，周六或者节日的前一天，各行会将提前收工。② 至于行会成员劳作地点的规定，则直接将个体作坊置于完全近似的市场之中。同一行会的作坊往往在某一地区聚集，如威尼斯皮毛商行会章程将他们的摊位集中分布于圣马可广场的钟塔边、圣热米尼亚诺教堂之外，各摊位的总长度以章程规定的 8 足为限。③ 此外，作坊内部的薪资区间受到行会的限制，超过最高薪资和最低薪资的收入都将招致罚款。因此，同等资历的行会师傅经营同类商品时的收入大致均等。

利润的分配同样力求均衡。每当行会人受到来自团体外部的指控，同会兄弟就有协助解决问题的义务，可以陪同出庭、出谋划策甚至提供资金等，且不得额外收受报酬。条件允许时，行会同僚还能援引本行条款，为远在异乡的本会事务进行直接的司法裁断。据南安普敦商人行会章程第十一条："如若某位成员在和平时期于英格兰的任何地方深陷囹圄，行会会长、执事及一名财产管理员应前去赎买该人的自由，所有费用由行会支付。"④ 若是发生在本地的内部纠纷，则应尽可

---

① "Capitulare Callegariorum", *I Capitolari Delle Arti Veneziane*, Vol. I, Clause 47, Roma：Forzani, 1896－1914, p. 148.

② John Harvey, *Medieval Craftsmen*, London：B. T. Batsford Ltd. London & Sydney, 1975, p. 60.

③ "Capitulare Artis Mercariorum", *I Capitolari Delle Arti Veneziane*, Vol. II, Clause 40, Roma：Forzani, 1896－1914, p. 320.

④ 《南安普敦商人行会规章》，转引自金志霖《英国行会史》，上海社会科学院出版社，1996，第 58 页。

能地避免激化。英格兰南安普敦商人行会章程第 12～16 条明令禁止行会成员间的辱骂、斗殴和毁谤。切斯特商人行会规定，行会的仲裁应当起到"化干戈为玉帛"的积极作用，绕过行会的暴力冲突只能导致开除当事人会籍的后果。① 会长或者理事会必须以行会法为依据，允许双方就自己的主张进行申辩，不因当事人财富的多寡而有所偏倚。根据 1526 年威尼斯铁匠行会的诉讼规范，即便纠纷当事人极其富有，依然处于行会正义的管辖之下——房产、资财以及事业不意味着行会争议中的特殊待遇。② 这当然维持了行会内部稳定的秩序，鼓励成员之间无差别的尊重与和善。毕竟，在际遇相近、合作共赢、收入水平齐一的团体氛围之内，行会人境遇及身份的悬殊受到了实际的抑制，平等性、契约性成为行会内部关系的主流特征。

三　慈善救济

在行会职业活动的范围之内，不仅有生产和贸易的共享网络，还有宗教和情感上的互助共济意识，二者共同构成了行会紧密团结的理由。在大多数的情况下，中世纪的行会是守护神支持下的"友爱会"，为此行会大都供养着为数不等的神职人员。他们在教堂为行会人主持日常的弥撒、婚礼的庆典，也为亡故的成员操办葬礼。南安普敦的商人行会在会长、执事、财产管理员和传达员之外另设一名专门的神职人员，专职婚丧仪礼等事。意大利的许多手工业行会拥有专属的教堂和神父，宗教司礼官员的用武之地更加毋庸置疑。一些行会还有世俗会长与宗教会长的分工，世俗会长不得对宗教会长的事务进行干预。

---

① 《南安普敦商人行会规章》，转引自金志霖《英国行会史》，上海社会科学院出版社，1996，第 58 页。

② ASV, Arti, busta 113, *Arte dei Fabbri: Processi Diversi*, 1526.

宗教活动是全体成员共同参与的重要场合，意味着行会成员整体的交流和聚集，也为慈善款的募集或救助寻得了道义上的载体。

行会内部的慈善募款就成为顺理成章之事。捐款和救助与日常的经营活动并驾齐驱，不过由行会的宗教职员专门负责。穷人和富人、女性和男性、学徒和师傅之间的差别虽未消失，但他们首先是职业生活中的协作者，也是宗教生活中的兄弟姐妹。这种共赢与协作的团体基础得到了信仰纽带的支持，推动了资金募捐的行会活动。况且，行会的宗教活动也并不局限于各种既有的礼拜和仪式。行会也可以是一种成员内部的社交俱乐部或者宴会场所，募集款项的情境可能是轻松愉快的。无论是行会师傅、帮工还是学徒，参加捐助是不得推辞的义务。在意大利，行会人在共度宗教节日的同时，必须捐出数德纳到数索尔多的资金进行赞助。缺席不到场者，须要事后补交更大的数额。初入行会的学徒，也要至少捐助 1 根蜡烛以助照明。[1] 这种内部的捐助积沙成塔，成为行会内部应对意外的"特殊预备金"[2]。

特殊预备金为行会人的疾病与意外"上了保险"。行会人认为，贫困和苦难的发生时而由于意外的因素，比如，设备改良所致的帮工失业，时疫疾病所致的劳动能力丧失等。尽管这种募捐的补给多数局限于基本的生活所需，没有起死回生的神奇功效，却可以帮助行会人体面地渡过难关，因而可以得到每名成员的理解。况且，行会制度之下的资金去向明确，可以用于支持行会的宗教活动，贷款给生意上的失败者和品行良好的年轻行会人，照拂衰老的手艺人、工匠遗孀以及孤儿，也为贫困行会成员的婚丧嫁娶提供基本的赞助金，资金充裕的情况下还可以买

---

[1]　"Capitulare Artis Barbariorum", *I Capitolari Delle Arti Veneziane*, Vol. I, Clause 62, Roma: Forzani, 1896 – 1914, p. 55.

[2]　〔英〕M. M. 波斯坦等主编《剑桥欧洲经济史》第 3 卷《中世纪的经济组织和经济政策》，经济科学出版社，2002，第 202 页。

地产、将资金捐赠给医院，等等。比如，针对行会人眼下的困难，约克木工行会的章程规定："如果任何行会成员因为身体疾病（如眼疾）无法工作，其他成员必须每周进行资助。"① 在许多地方，遭遇不幸且不能工作或养活自己者，也能从商人行会的公共资金中获得一笔固定的款项，以便重新获得继续工作的机会。捐助的数量不多，却实际有效地提高了行会成员对抗经营风险的能力。人们可以放手执业，因为遭到火灾、盗窃、海难、房屋倒塌或者其他灾难的行会成员，可以领取行会发放的基本补贴。② 在英格兰，伦敦圣凯瑟琳商会（Gild of St. Katherine, London）规定，行会成员因疾病或衰老而失去谋生能力，或者在水灾、火灾中遭受损失，每周可以领取 9 便士的行会补给款；遭受火灾的行会家庭，每人每日可领取 0.5 便士的补贴；因失窃而致财物损失的家庭，每人每日也可获得 0.5 便士的援助。③ 这种风险共担的后备保障，无疑是对行会生产和经营活动的最大支持（见图 3 - 3）。

　　行会的补贴又不限于补给款。除了采用货币补贴之外，实物的救济、护理服务等可谓急行会人之所急。南安普敦商人行会除了指派两名会员前去探视患病者，还要送去"两只面包、一加仑酒和一盘熟食"。④ 林利吉斯商人行会也规定，对于陷入困境的成员，行会负有提供建议和帮助的义务。贝里克商人行会允诺，每一个病中的行会人都将得到 2 ~ 3 名本会兄弟的看护和照顾，再由行会支付报酬。不仅如此，商人行会成员的婚丧嫁娶一般也都由行会统一操办。这些婚礼

①　*The Merchant Taylors of York: A History of the Craft and Company from the Fourteenth to the Twentieth Century*, eds. by R. B. Dobson and D. M. Smith on behalf of The Company of Merchant Taylors of the City of York, York：Borthwick Publications, 2006, p. 12.

②　"Ordinances of the Gild of the Palmers, Ludlow", *English Guilds*, ed. by Toulmin Smith, London：N. TrÜbner and Co. , 1870, p. 193.

③　"Ordinances of the Gild of the Tylers, Lincoln", *English Guilds*, ed. by Toulmin Smith, London：N. TrÜbner and Co. , 1870, p. 185.

④　金志霖：《英国行会史》，上海社会科学院出版社，1996，第 56 页。

图 3 - 3　佛罗伦萨行会浮雕：照拂伤病（1400 年）

资料来源：Edgcumbe Staley, *The Guild of Florence*, London：Methuen & Co. , p. 538。

或者葬礼会员都必须参加，推诿者仍旧受罚。英格兰诺威茨圣凯瑟琳兄弟会（Fraternitas Sancte Katerine, Norwic）要求，出门在外的行会人，只要死亡地点距离诺威茨 8 公里以内，就进城为其举行葬礼。[①] 南安普敦商人行会第七条规定，当某个成员去世时，所有在会成员皆应出席为死者举办的祝祷，具体包括死者遗体的守护，守灵的弥撒和祈福，直到遗体下葬。出嫁或者成为修女的少女还能得到行会筹备的嫁妆或者善款。[②] 此外，行会还为成员的子女们兴办学校、建设教堂并准备节日欢宴等。[③]

为了保证充裕的资金，行会把成员交纳的注册费或罚款中的特定数额设为"助贫特留份"，直接分配给成员中的境遇较差者。在意大利的行会，这种特留份比例能够达到三分之一或者至少四分之一。比如，威尼斯行会

---

① "Ordinances of Fraternitas Sancte Katerine, Norwic", *English Guilds*, ed. by Toulmin Smith, London：N. Trübner and Co. , 1870, p. 20.

② "Ordinances of the Gild of the Palmers, Ludlow", *English Guilds*, ed. by Toulmin Smith, London：N. Trübner and Co. , 1870, p. 194.

③ 〔美〕哈罗德·J. 伯尔曼：《法律与革命——西方法律传统的形成》，贺卫方、高鸿钧等译，中国大百科全书出版社，1993，第481页。

因巡视或者纠纷所收缴的罚款，经常被分割为三个部分：第一部分由理事会提留公用，第二部分发给告发人或胜诉者，第三部分接济行会贫困者。外籍商人的注册费用也至少分成两部分：半数收于行会的金库，半数均分给一定数量的贫困者。以威尼斯的理发师行会为例，60 索尔多的外商准入费中，有一半分给了行会中的 6 位贫困者。① 可以说，在几乎无社会保障可言的中世纪社会生活中，行会的救济与慈善活动增强了团体生活的吸引力，赋予了参加者心理上和事实上的归属感。

四　小结：内部结构的约定性

黑格尔认为："行会消灭了同伙之间的傲慢和嫉恨，巩固了整体性的荣誉感和认同。"② 除此之外，行会还为成员营造了有所松弛的身份环境。行会明确了学徒、帮工与师傅之间的晋升机制以及分工合作关系，限定了原材料购买、产品质量标准以及成品销售的职业活动，约定了组织机构和行会人的基本权利与义务——先天的身份悬殊被削弱，资格的取得与晋升转而参照个体技能的提升和职业活动的收益。行会人资格的取得意味着技能和保障之下的均等机会，行会的制度也就成为捍卫均等机会的团体之约。可见，行会有关内部管理和经营活动的约定，不仅助力于行会人的自我实现，也是行会人平等契约关系的理想状态之所在。

行会做出了维持成员之间平等机遇的努力。这种努力首先是教育层面的。行会章程中的成员定位，通过详细的技能训练及权利义务关

---

① "Capitulare Callegariorum", *I Capitolari Delle Arti Veneziane*, Vol. I, Clause 49, Roma: Forzani, 1896 – 1914, p. 149.

② Georg Wilhelm Friedrich Hegel, *Philosophy of Right*, trans. by Samuel Walters Dyde, London: George Bell and Sons, 1896, p. 237.

系渐次展开。行会人从学徒到独立店铺掌管者的过程，尽管体现了行会内部人员的地位差异，却也包含以教育为基础的社会晋升途径，这是身份差异的消化过程。它是一种潜移默化的教育途径，是在大众化的学校产生之前的教育和技能培训，包括面对面的交流和技能传播。设计精密的师徒权利义务在行会教育体系中运行良好，避免了行会内部的人员冲突。这种关系鼓励一种较强的确定性，不仅就行会本身而言，也是对行会所处的社会环境而言。另外，行会成员的资格具有一定的开放性，女性和外籍人士能够成为行会人。根据行会章程，秉持相应职业技能的外籍人士，只需交纳足额的注册费用即可成为行会人。女性也能够成为行会师傅的助理或者直接经营事业。

这种努力同样是伦理层面的。入会誓词强调了团体的利益如何建立在信赖、忠诚以及基督教兄弟情义的基础之上，这衍生出行会内部的帮扶义务。行会法的规定，实际使成员之间的同情之心具有确定性。日常生活中，行会每年的募捐和罚款是常规性的行会福利，其数量、去向都有明确的条款规定。就实际效果而言，行会募捐也在很大程度上缓解了内部成员的贫困、疾病或者突发的不幸。与此同时，行会所强调的"诚信无欺"原则，将行会的法律文件上升到了职业德性的层面。当然，行会人的业务到底在多大程度上真正受到伦理规范的影响，似乎不可能给出任何令人信服的答案，但行会德行的标准至少可以营造一种真实的氛围。这种氛围影响行会成员的观念和行为，引导他们在买卖活动、工资标准和质量评估等与他人交往的场合，不忽视职业伦理的重要性。这是与采邑制度之下封建效忠所不同的职业伦理。

际遇的平等还体现为成员对行会公共事务的平等参与。行会成员能够表达他们的观点，并通过选举决定行会的领导权限。通过全员集会，行会人不仅是简单的参与者，还至少在名义上扮演决策者的角色。选举产生的行会管理者，尤其是会长和理事会，都来自行会成员。他们将自己的职业技能带入行会的管理活动之中，对行会活动的管理更加尽责、专业，还以有限的任期避免了寡头和专断的可能性。秘书文案人员的职位又对学徒、帮工等开放。因此，在中世纪的城市中，尽管大多数人没有行政职权，但行会组织却创造了参与公共事务的捷径。

　　行会将平等的关照扩及整个社会的层面，推动了缩小身份差异、增强社会同情的思维方式与行为模式的形成。行会并非一方政治权威，却有着政治权威所不具备的包容能力，只要试图从事商业或者手工业的活动，都被不同程度地卷入复杂的行会管理之中。又因为行会是城市经济生活的最主要形式，故城市的职业营生诸事务悉数处于各行会的安排之下。如此，行会平等机遇基础上的经营模式与职业伦理因而具有了普遍性意义，"互利性所表现出的某种程度的团队合作，或者由官方的手工业控制来调试，或者以非官方的兄弟团体集会加以协调"。① 可以预见的是，行会生活的封闭性、行会收入的均等性等，必然在一定程度上导致排斥、压抑产品竞争的结果，但是在中世纪的社会背景下，"奉献—保障""权利—义务"的契约理念，也伴随行会结构的顺利运行处于缓慢形成的过程之中。

---

① Gervase Rosser, "Crafts, Guilds and the Negotiation of Work in the Medieval Town", *Past and Present*, 154 (1997), p. 20.

第四章　授权与协作：行会的外部结构

"分工使社会的各个部分功能彼此充分地联系在一起，倾向于形成一种平衡。"

——〔法〕埃米尔·涂尔干，《社会分工论》

行会不是孤岛，在应对和处理对外关系时，它同样遵循契约原则。

在强调职业分工、淡化身份差异的团体制度下，行会还需面对来自国王、领主或者城市的权威。中世纪行会的建立及其经营权，必须获得城市政府以及国王、教区或贵族领主等外部权贵的批准才具有合法性，而行会既无权又无势，更没有武装，只能通过协商和契约方式，以许诺纳税、承担城市公共义务等为条件，换取管辖主体对自身经营权的认可。如何在有所坚持的前提下与外部权威和睦相处，就成为行会难以绕过的现实问题。实际上，中世纪行会并不仅仅活跃于"局部的利益"，它们为法律和习俗的形成，以及维持市场主体交往秩序等事项，带来了更多正式的审议或管理。尊重国王权威、遵守当地法规习惯与规范之类的深层次考量，已经在行会法的具体规则中频频出现。这种授权的法律规则和协作的模式，主导着行会组织对外的妥协与周旋。

一　法规与授权

争取授权的过程，实际是行会完成自我定位并开展对外往来的过程。在内部结构逐步清晰的同时，行会组织面临亟待解决的问题是：应当以怎样的形态融入中世纪的社会秩序，才能确保团体内部结构运行无虞。

不少行会的创设基于授权。授权者可能是城市政府、教会、贵族领主甚至一方君王，授予的内容构成了行会生存的首要依据。12世纪之后，权力的授予在欧洲各行会的章程中随处可见。12世纪，英王亨利一世允准成立的织工行会，含有现今所知英格兰最完备的授权性规范。① 批准行会成立的权力，尤其属于商品贸易发达的自治城市。此类城市废除了隶属义务（villain services），进而与从事生产经营的行会具有同构性。尤其在南欧的佛罗伦萨、威尼斯、博洛尼亚等自治城市之中，授权大多是对行会参与城市生活的最直接认可；部分小型自治城市的市民资格甚至等同于各个行会会员资格，放弃加入行会就意味着放弃市民资格。当然，授权也意味着权威认可的多重可能，在欧洲西部的法兰西、西班牙和英格兰地区，行会可能不仅要面对城市的规制，还要获得国王、领主以及教宗的肯定。无论如何，授权表明行会的命运与中世纪多元化、碎片化的地方势力息息相关。

另有一些行会先于城市而存在。此时的授权，大多暗藏着行会与地方势力之间的较量。在中世纪各类地方势力的夹缝中，行会大都曾有短暂的自由定居阶段。随着行会的发展，诸种现实的冲突也不断出现。② 13世纪晚期，欧洲各地的行会势力与不少地方势力的矛盾一度十分激烈。只是，随着各地行政体制的完善和防御力量的增强，诸如领主、教会甚至国王的权威很快占了上风，行会组织要么妥协，要么

---

① Ernest Pooley, *The Guilds of the City of London*, London: William Collins of London, 1945, p. 14.

② George Unwin, *The Guilds and Companies of London*, London: Frank Cass and Company Ltd., 1963, pp. 42 – 43.

接受被取缔的罚单。12 世纪的英格兰卷筒卷宗（Pipe Roll）表明，1179～1180 年，未经许可而私自组成的行会组织遭到了罚款，罚款的数目从半马克（6 先令 8 便士）至 45 马克。[①] 类似情况同样发生在欧洲大陆。如此，授权性规范把行会真实地引入了外部环境之中。

为此，行会常驻地的法律体系是必须兼顾的，行会章程大都在当地的行政机构中登记备案，国王、领主或者市政机构可以不时提出建设性的修改意见。诸如英格兰、西班牙等地行会取得自治的前提，即"不得触犯国王的法律以及当地的习惯"，[②] 确保"遵守章程本身即维护国王和平"。[③] 与此同时，权力的授予和让渡衔接了外在于行会裁判的法律体系，结果形成了高低不同的制度位阶。位阶并不必然意味着权力的压制，"国王"和"市长"尽管是高于行会的授权主体，但商人约定仍旧是基础性的依据。[④] "国王的许可"、"市长的确认"与"行会的约束"并存，三者更是并行不悖、界限分明的领域。通过授权这种方式，"国王"毋宁是认可并增强了这种关系的客观性，行会与外部的法律秩序成为相互衔接的不同法律空间。

在此基础上，授权所形成的行会法律文件，本质就是一种半官半民的法律汇总。1272～1300 年，金匠（goldsmith）行会、陶壶匠（potter）行会的注册在约克档案中频频出现。[⑤] 1387 年，艾克赛特皮

① George Unwin, *The Guilds and Companies of London*, London: Frank Cass and Company Ltd., 1963, p. 61.

② "Ordinances of Worcester", *English Guilds*, ed. by Toulmin Smith, London: N. Trübner and Co., 1870, p. 381. 古英语的表述为 haue the punysshement of every defaute accordynge to the Statute, and to the lawe。

③ "Ordinances of Worcester", *English Guilds*, ed. by Toulmin Smith, London: N. Trübner and Co., 1870, p. 388. 古英语的表述为 serue the kynge in kepynge the pease。See also Robert Sidney Smith, *The Spanish Guild Merchant*, Durham: Duke University Press, 1940, p. 34.

④ *Ordinances of Fraternitas Sancte Katerine*, *Norwic*, *English Guilds*, ed. by Toulmin Smith London: N. Trübner and Co., 1870, p. 28.

⑤ John Harvey, *Medieval Craftsmen*, London: B. T. Batsford Ltd. London & Sydney, 1975, p. 25.

匠商会主动要求自己的章程必须在城市的记录中注册备案，副本还应在获得市长和市议会同意的情况下存放于市政府。存放的章程均标记具体的日期，以及当时的国王名号。[①] 1467 年的约克皮带匠行会的章程规定，约克市市长可以对违背城市宪章以及国王法律的相关条款进行修改。1515 年，考文垂地区的行会章程必须定期呈递市长阅览。同样的情况适用于意大利的行会。仅在 13 世纪末期的威尼斯一地，已有至少 56 个行会完成了在市政机构的注册登记。这种隔而未断的法律共生状态，使行会在多元并存的中世纪法律体系之中保留了自主性——行会与其外部的生存环境实现了形式上的一致与和谐。

授权明确告诉行会"可以做什么"。涂尔干说，"只有在与职业活动关系紧密的群体对其做出有效规定的情况下，职业活动才会认识到自己的功能，了解到自己所具有的需要和每一次的变化状况"。[②] 行会的授权性规范通常位于各类章程开篇的位置，强调对内的人身管辖和财产管理。其主要涉及的内容有：（1）会长必须宣誓，负责行会生活与贸易管理；（2）非行会成员不得从事与行会相关的制造或买卖活动；（3）学徒期限不低于 7 年；（4）唯行会师傅可以接收学徒；（5）行会可以自行或者配合市政机构检阅产品瑕疵；（6）非经行会同意，不得擅自制造或销售章程之外的产品；（7）不得擅自接纳他人的学徒，除非后者已被开除；（8）仍对现役师傅存有义务的学徒，不为任何人所接收；（9）与行会事务相关的城市零售不被允许。[③] 英格兰国王亨利二世在授予普雷斯

---

① "Gild of the Cordwainers, Exeter", *English guilds*, ed. by Toulmin Smith, London: N. Trübner and Co., 1870, p. 331.

② 〔法〕埃米尔·涂尔干:《社会分工论》，渠东译，生活·读书·新知三联书店，2013，第 17 页。

③ John Harvey, *Medieval Craftsmen*, London: B. T. Batsford Ltd. London & Sydney, 1975, p. 35.

顿的特许状中，宣布该市市民将享有建立"Gilda Mercatoria"（Gild Merchant），即商人行会的特许权，行会也以国王的侍者自居。[①] 1257年，西班牙国王以授权的形式，广泛地批准行会组织的经营权，以巴塞罗那为首的众多海港城市开始将行会的组织形态与经营范围固定下来。在欧洲南部的意大利半岛和欧洲中部，威尼斯、佛罗伦萨、博洛尼亚以及德意志地区的行会以自治城市为依托，享有更为宽松的权限。

授权试图提醒行会"不能做什么"。稳定持续的权力授予、认可及限制，是行会自治的边界线。一般而言，城市是中世纪行会必须面对的生存情境。如果是国王或者领主管辖范围之内的城市，行会还需尊重国王或领主的权威。亨利一世时期，伦敦织工行会与鞍马商行会规定，肆无忌惮的行会活动会受到处分。[②] 即便爱德华三世以后的王室授权相对频繁，限制行会的原则也未有根本的改变。到1500年止，伦敦地区的行会基本全部获得了授权，城市之内的行会经营和纠纷解决机制稳定下来了。其中的12个行会取得了较为宽泛的权限，遂以"大行会"（The Great Companies）自居。监管的权限无论强弱，仍然属于伦敦市议会和王室。并且，只有获得授权的行会章程，才可对既有的成员、财产、土地、房屋等进行约束。[③] 在英格兰的诺里奇（Norwic），皮革匠行会的授权性规范大致表述如下：

> 根据国王的许可，本章程由诺里奇市长予以确认并适用于本行会的全部管理者、成员、客户以及其他相关人员。章程以公开

---

① 金志霖：《英国行会史》，上海社会科学院出版社，1996，第28页。
② Ernest Pooley, *The Guilds of the City of London*, London: William Collins of London, 1945, p. 14.
③ "Ordinances of Guild of the Joiners and Carpenters, Worcester", *English Guilds*, ed. by Toulmin Smith, London: N. TrÜbner and Co., 1870, p. 231.

的书面形式，清晰地确认本行会的生活规范。它有持续的、权威的功能及形式，以聚合的、神圣的力量纯化行会的生活。它的效力及于行会既有的职能，包括但不限于行会人的经营自由、地位、贸易规范、技术经验，同样适用于行会的财产，包括土地、租地、所有物等。无论如何扩张或者变迁，本行会都应受到的具体约束性条款如下：……①

二　管理与协作

授权之下，外部力量对行会的监管并不轻松。行会之于各地方行政力量，既是管理的服从者，又是秩序的协作者。在意大利，大型行会可以直接影响城市的秩序，城市的决策也具有明显的行会倾向性。这些行会可能富裕而有力，时而影响地方并主动谋求利益，时而直接参与城市治理。② 在佛罗伦萨，商人行会一度控制政府、制定对外政策、掌管税收、操纵司法程序。③ 即便是英格兰、法兰西等王辖的地区，行会也对国王和城市的治理给予积极的呼应。

（一）城市管理

行会没有摆脱外部权威的监管或指导。行会法需在市政机构注册，违反行会法原则上纳入地方法院的管辖范围，行会经营收入、罚款等

---

① "Ordinances of Fraternitas Sancte Katerine, Norwic", *English Guilds*, ed. by Toulmin Smith, London: N. TrÜbner and Co., 1870, p. 28.

② Gene Brucker, *Florentine Politics and Society, 1343 – 1378*, Princeton: Princeton University Press, 1962, p. 46.

③ Swanson, "Crafts, Fraternities and Guilds in Late Medieval York," *The Merchant Taylors of York*, eds. by, R. B. Dobson & D. M Smith, York: Borthwick Texts and Studies, 2006, p. 8.

也有上缴地方的部分。11 世纪，兴起的伦敦行会已经印证了这一模式。新上任的会长须在宣誓保障行会利益的同时，承认对国王和城市的效忠。① 行会产品的质量接受城市权威的检验——为了向市长展示行会产品的质量，伦敦水果商行会每年呈递一篮水果，园艺师行会则每年送交一个花篮。② 城市机关也会派出"搜查者"（searcher）直接进行产品的检视。这种检视可以深入手工业者的市场摊位、劳动作坊，内容涉及产品工艺的细节。1348 年，约克织工行会在规定会长检查行会作坊的同时，写明了市长与市议员的巡视权力。爱德华三世时期，约克地区的两位城市搜查官还同时担任行会事务的咨询官，有责任指导行会工作的日常事宜，同时回答市政机构的相关提问。③ 各地特定的"集市日"（market day）为行会提供了各种可资利用的经营场所。摊位的面积、地址、租金虽说因会而异，却必须报送备案。"集市日"以外的时间，行会活动即在作坊中进行，也是配合地方巡查的需要。④

各地专门机构监督并巡视行会的工作。威尼斯的老法院初建于1171 年，原名为"Giustizia"，直译为"正义"或"法庭"，是威尼斯历史最为悠久的机构之一。它最初专职食品和零售业的行政监管，随后扩展到规范市场秩序、处理小型民事诉讼等。1261 年，法院被分解为"老法院"和"新法院"两个机构。老法院位于行会活动的中心地带里奥托市场，全力参与到行会的经营活动中去。它所留存和备案的行会章程，直接作为行政管理的参考依据。老法院内设法官受理行会

---

① George Unwin, *The Guilds and Companies of London*, London: Frank Cass and Company Ltd.,
1963, p. 61.

② Ernest Pooley, *The Guilds of the City of London*, London: William Collins of London, 1945,
p. 45.

③ Heather Swanson, "The Illusion of Economic Structure: Craft Guilds in Late Medieval English
Towns," *Past and Present*, No. 121 (1988), p. 43.

④ Antonio Manno, *I Mestieri di Venezia: Storia, arte e Devozione Delle Corporazioni dal XIII al XVI-
II*, Venice: Biblos, 2010, p. 145.

的争议问题，每位法官轮流担任执行官（cassier）打点法院日常，为期 4 个月。老法院秘书人员（clerk）掌管行会档案，20 名法院警察（fanti）可以与 1 名行会随行员共同巡视经营秩序，并获每年 12~20 杜卡特的薪资。值得注意的是，行会不排斥市政机构的监管行为。根据威尼斯铁匠行会（ironworkers）章程 1581 年的增补条款，该行会出色的运营机制受到了巡视机构的赞誉、肯定与褒奖，行会人员感到骄傲。[①]

行会还须履行税收和劳务的公共责任。赋税是国王和城市便利的敛财途径，也是行会自治以及专属经营的代价。根据国王、领主和城市的财政需求，行会每年承担一定数量的课税义务。这些长期的赋税首先用于城市公共设施的建设，填补市内维护、修路、修桥等项目的不菲开支。纳税以行会师傅正式身份的取得为基础，根据取得方式的不同，承担的税额又存在差异。比如，根据晋升师傅的三种情形，子承父业的行会人、晋升于学徒的师傅以及申请加入行会的外地人，所承担的税额是逐次递增的。不过，这种差别是一次性的。一旦取得了师傅的资格，赋税的个体义务也就是均等的了。如果考察行会整体的纳税情况，亨利二世时期的卷筒卷宗表明，1155 年之后的伦敦烘焙商每年上缴 6 英镑的产品税给国王的财税法院（Royal Exechequer），并且根据国王的财政需求适时调整。[②] 这对于烘焙商们来说是一笔不小的数额，因为在 1158 年的档案中，他们就已经欠款 4 镑 10 先令。之后的两年，烘焙商没有缴付任何的税款，欠费涨至 16 镑 10 先令，1165 年仍然欠款 6 英镑。爱德华三世时期，烘焙商需为每个市场的摊位支付每日半便士的税金，初入行会的人还要缴纳 2 先令的费用给

---

① ASV, Arti, busta 108, *Arte di Fabbri: Registered Capitoli*, 15 December 1581.

② George Unwin, *The Guilds and Companies of London*, London：Frank Cass and Company Ltd.，1963, p. 47.

郡长。

　　行会成员的无偿劳务奉献（labour contribution）可谓捐税义务的变形。1329 年，英格兰的行会已有每年数周或者数月服役国王的制度性规定，王室至多负责工作服的发放即可。自 1278 年始，威尼斯修船匠行会（Arte di Marangori de Nave）一面经营自己的船坞、修造私人船只，一面定期选拔木工加入威尼斯的国家船坞（Arsenal），参与大型船只的修葺工程。1407 年，修船匠行会专门确定了义工服务的具体时限。1268 年，威尼斯建筑工行会（Arti di Marangoni de Case）定期选择 15 个行会成员在总督宫从事维护与装修，工时长短不定，且只能得到相应的伙食津贴。同样，在总督宫义务劳作的还有铁匠行会，其间的开销以自理为主。可以说，诸如此类的义务劳作是各行会的常规性内容。

　　行会的专有经营权仍需仰仗城市的力量。尽管外籍人士缴纳的金钱可以赎买行会活动的参与资格，但行会对较大规模的外商活动仍然深有忌惮。外商团体容易游离于城市的赋税劳役体系之外，构成社会不稳定的最大诱因，也就更加不受行会的欢迎。于是，各地授权的经营活动一面为本埠行会提供支持，一面给外籍人士的团体设定了严格的限制。1170 年，驻扎在伦敦的荷兰籍、意大利籍商人试图从事定期的出口转运贸易，但最终没有获得城市政府的许可。汉萨同盟的前身"德国钢院"（German Steelyard）曾经在泰晤士河建立商埠，也遭到了伦敦行会的成功排挤。1335 年，约克城的行会压缩了陌生人（strangers）准入的空间。人们认为，这里的"陌生人"不仅指来自外国的人（foreigners），还指来自其他城市或者市镇的异乡人（aliens）。外商团体在意大利城市的跨地区活动倒还能够获得一些宽容，但也以完整缴纳赋税、不与本埠行会经营活动相重叠为前提。14 世纪，饱受黑死病困扰的各地统治者虑及劳动力锐减的社会危机，松动了针对外商贸易和定居生活的限制。不过，外籍人士的"同乡会"仍然需要承担高于本地商人的赋税义务，不得与本地行会相抵触的原则仍未变更。当然，法律的限制没有阻碍外乡人的脚步。阿尔巴尼亚人、希腊人、斯拉夫人、佛罗伦萨人、弗留里人的团体组织，在欧洲各处城市中仍然可见。15 世纪，经过批准的外商团体进驻各个地区的情形已为定制，不同城市之间也达成了彼此的默契。存在贸易往来的不同地区，通常对等地保有外商活动的条款。一般而言，外籍产品如果满足了特定的费用和标准，可以不再遭到本埠同行们的抵制。

（二）行会协作

行会覆盖了各地社会生活的大部分领域。无论确立稳定的经济秩序，还是维系市民的日常活动，行会都起到了地方领主、教会与王权机构难以取得的积极效用。况且，行会不仅是私人的赢利场或俱乐部，更是经营者表达意愿的组织，各地在管理约束行会事务的同时，更加需要行会的协作与支持。

行会首先是本地经济状况的"晴雨表"。手工业行会的会长或行会理事官通常每月一次或至少每年四次配合市政机构审核物价，查检质量并规范行会的收益活动。为了确保市场与物价的稳定，威尼斯绸布商行会规定其在境外的价格不得比境内低 1 德纳以上，否则行会将没收盈利所得，同时加罚 12 德纳。自 1227 年始，威尼斯的鱼贩商行会（Fishmonger's Guild）直接承担起确立零售商组织并监督其海鲜产品质量的责任，稳定了批发商及客户之间的关系。[①]

行会是当地居民沟通的有效媒介。它最大限度地吸收劳动力资源，能够以高效、频繁的聚会活动协调成员行动。行会必须经营生

---

① James E. Shaw, "Retail, Monopoly and Privilege: The Dissolution of the Fishmongers'Guild of Venice, 1599", *Journal of Early Modern History*, Vol. 6, No. 4 (2002), p. 398.

产买卖、实施雇佣条款，还要组织节日聚会的活动。家庭作坊不仅是行会的基本单位，也是各地制造业与服务业的主要经营模式。14世纪晚期，爱德华三世在英格兰确立了"一人一行会"的基本原则，"手工业者必属某个行会"。在行会活跃的城市地区，会员资格几乎等同于市民的身份，行会成员的资格意味着自由市民身份的取得，行会团体的活动意味着城市市民的全部。1301～1350年，未加入行会的约克人还占到自由人比例的25%，1451～1500年，仅有2%的自由人不是行会人。实际上，数百年来英格兰王室成员也乐意加入行会组织。作为伦敦绸布商行会成员的英王爱德华三世，是王室成员加入行会的最早记录。① 此外，行会救济鳏寡孤独的善举同样功不可没。须知，行会小范围之内亲密的照拂关系，既不可能以高高在上的王权为依托，也很难通过中世纪主流的封建隶属关系来实现。

行会做出了配合各地公共生活的调试。每逢重大的宗教节日，行会是承办庆典与宴席的主力。在中世纪特定的宗教节日里，比如圣诞节后两天，复活节、圣灵降临节以及8月15日的圣母升天节，行会人必须停止相应的生产经营和贸易活动，统一着装，参加本地的游行庆典。各自治城市的建城纪念日同样重要，在威尼斯4月25日的圣马可节，行会人不得在公共场所、街头甚至自己的作坊里工作，否则将面临罚款。1270年，威尼斯理发师行会章程禁止会员周日进行剃须和理发工作，否则罚款20索尔多。为了避免行会成员"开小差"，会长和理事会对各作坊进行巡视，拒绝接受检查的行会师傅同样面临罚款。1389年，林利吉斯商人行会还雇用了13名神职人员，专门主持行会公共礼拜日的弥撒。他们除为本行会的会长、成员祈福之外，也为国王安宁或城市和平祈福。在意大利，负责宗教事宜的正是行会的副会

---

① John Kennedy Melling, *Discovering London's Guilds and Liveries*, Oxford：Shire Publication Ltd.，1973，p. 16.

长，他们的宗教职能不受会长的干预。威尼斯修船匠行会共有行会会长两名，一名专职宗教，一名负责世俗。行会集体活动具有普遍的、强制性的力量，宗教仪式也成为行会协助城市优化环境的重要途径之一。

行会在各地方社会治理过程中占据一席之地。[①] 自 13 世纪始，行会成员的佼佼者就任各地行政主事的例子屡见不鲜。从国宰（chamberlain）到地方官（bailiff），从郡守（sheriff）到市长（mayor），都有成功行会代表担任的例证。行会组织的日臻完善，使得这种模式固定下来，从英格兰、意大利再到西班牙的城市，都有吸纳行会代表的定例。伦敦、巴黎和佛罗伦萨的城市议会将行会的代表包容在内。市政机关不得不仔细考虑行会的每一则请愿，并作出积极的回应，且就行会的经营事务加以周期性的咨询和建议。[②] 在英格兰，伦敦行会的会长一度成为城市议会的后备人选，伊普斯维奇的行会与城市议会之间甚至摩擦不断。尽管在多数的决策场合中，市议会中的行会代表只能被迫通过既有的决议，或者臣服于政治权力或者出于行政管理的考量，但是，行会代表的参与使职业个体人与城市的整体利益重叠一致，也将多元、广泛的职业利益内化为城市体系的部分。

三　小结：外部结构的限定性

行会法确立了行会外部结构的原则与界限。法规的授予、管理的协作，使行会与市政机构、国王、领主之间的关系不再局限于"主—臣"或者"分封—尽忠"的传统模式。行会团体的"地位"依据社会资源的实际确立，授权者的权利义务需求只是参考。当然，行会仍然

---

① Daniel Waley, *Italian City Republics*, London：Routledge, 2009, p. 17.

② Daniel Waley, *Siena and the Sienese in the Thirteenth Century*, Cambridge：Cambridge University Press, 1991, pp. 46 – 48.

保留着"索取—确认"的外观，即仍要通过捐税以及劳工服务履行对授权者的义务——行会的自主性是不无代价的。它既意味着履行对城市应尽的行政义务、宗教义务和赋税义务，又要求行会通过注册与备案获得相应的法律约束力。尽管如此，行会的自主经营与对外模式，同时获得了真实的许可与尊重。

行会与其所处地方上的权威实质是配合与协作的两极。由于经营活动的专职性，行会成为自营职业领域内的垄断者，垄断本身即意味着一定的控制力量。通过具体时间与地点的规制，行会搭建了社会成员沟通的平台，引导其参与城市的集体生活。[①] 在特定的宗教节日里，行会人只能停止相应的生产经营和贸易活动，齐整地加入公共列队游行的庆典。不过从实质上看，行会的服务对象是市政的议会，不是某位个体的官僚，这仍旧并非人身性的隶属附庸关系。不仅如此，行会吸纳了社会团体潜在的政治抱负，比如被排除在市政管理之外的手工业者与商人，依旧能够通过行会的平台参与城市立法和决策程序。实际上，行会与国王或者城市的关系十分的融洽，国王和王子可以成为行会的成员，王后或公主亦可加入行会。[②] 不难得知，中世纪行会的对外往来，实际是行会约定自治性与外部从属性之间的平衡。

---

① Hao Jia, "On Group Self-governance: Evidence from Craft Guilds in Late-medieval England", University of California, Irvine, Department of Economics, 2006, p. 2.

② Melling, *Discovering: London's Guilds and Liveries*, London: Bloomsbury Publishing PLC., p. 15.

第五章　意思自治与实用主义：行会诉讼

"任何共同利益之下的长期人类团体，鲜有不自行成立法庭者。"

——〔英〕弗雷德里克·梅特兰，

《爱德华一世之前的英国法律史》

　　组建行会是商人意志的选择，处理行会事务、解决实际纠纷是这种意志选择的延伸。根据中世纪封建制度的一般要求，个体出生后就是特定封建附庸关系的成员，裁决纠纷的主体当然也是这种依附关系中的强势者，这种情况在 11 世纪前后的商贸活动中有所松动。① 12 世纪的行会更是在封建社会中逐步"断根"，它们离开高度层级化的、根深蒂固的乡村和庄园，进入手工业与商业的社会网络。② 就内部来说，如何制裁违规的会员？从外部来讲，如何使外界承认行会的裁判？行会的裁判与外界更高级的司法力量之间是怎样的关系？无论如何，在彼时交通和信息并不发达的情况下，商事主体自行裁决纠纷，行会裁判在中世纪各层次司法力量中占有一席之地。

　　事实上，行会产品、价格以及服务的争议经常出现，行会成员之间，行会与其他组织、个体之间的冲突时有发生。于是，契约就是法律，行会章程以及由此衍生出来的各种行会规范便成为解决行会内外

---

① 〔美〕詹姆斯·W. 汤普逊：《中世纪晚期欧洲经济社会史》，徐家玲等译，商务印书馆，2015，第 10 页。汤普逊认为，早从 13 世纪开始，封建政府的形式受到地方分离主义和市民独立要求的冲击，尤其在各类自治城市林立的意大利地区，封建制度几乎是徒有其表的。

② Henri Pirenne, *Medieval Cities: Their Origins and the Revival of Trade*, trans. by Frank D. Halsey, Priceton：Priceton University Press, 1925, p. 157.

纠纷冲突的主要法律依据。行会可以援引并执行自己的章程，完成相对独立的裁判过程，并在复杂的社会关系中落地生效。行会的内部纠纷主要由行会成员违反行会章程的不法行为或经营活动中的违约失信行为所引起，多数涉及产品的质量、帮工的福利或者学徒的基本待遇问题；外部纠纷则涉及行会之间的贸易冲突或外商侵权行为，由此形成了内外两种不同层次的裁判类型。

一　一般的情形

与行会有关的纠纷导致行会诉讼（processi），具体分为对内和对外两种情形。档案材料显示，行会诉讼的文本记载类似当今的诉讼卷宗，涉及行会的案件名为"某某诉某某案"（someone versus/contra someone）。会长和理事会主持内部纠纷的裁断，可谓是行会事务的"初审级"。国王法院、市政机构以及市政机构中的监管委员会，为行会提供上诉审级的支持，同时处理行会之间、行会与外商之间的冲突。于是就产生了两种特定的行会诉讼模式。

首先是内部诉讼（internal processo），诉讼人以行会的成员为主，行会管理机构是管辖此类诉讼的司法主体。内部诉讼总是直接受到行会法令的规制，并处于行会管理者的监督之下。行会享有裁量内部纠纷的权限。它能够以行会法为依据处分内部的违法者，或者起诉外部的侵权者。违法或者侵权行为可能会破坏行会统一的产品标准、侵害会员的福利或者学徒的基本待遇，也可能涉及行会之间的贸易纠纷。①罚款是最为常见的处罚手段，主要针对行会成员中的失信违约行为，意在维持成员之间的合作关系。驱逐是行会的"极刑"，适用于严重

① George Unwin, *The Guilds and Companies of London*, London: Frank Cass and Company Ltd., 1963, p. 53.

违反行会章程的行为，有着较好的警示作用，但适用情形有限。罚款与驱逐的威慑力，敦促行会人遵守行会规则，举止得当。

此外还有外部诉讼（external processo），包括不服内部诉讼裁决结果的上诉和行会之间的诉讼。如果行会人对内部的裁判要求"上诉"，诉讼移至市政机构或者国王法院。后者毕竟处在高于行会组织的位阶，可以作为行会内部诉讼的上诉审级。况且，如果行会整体陷入争端，只能诉诸外部势力的裁判。实践中，内外两种诉讼路径是并存的。市政法院一面审理行会之间的冲突与矛盾，一面受理不服行会裁定的申诉。比如，威尼斯的最高民事法院"四十人司法委员会"（Quarantia Civil Nuova），既可以直接作出判决，又是理论上的最高上诉审级。①

二 内部诉讼

行会内部的诉讼"冰冷而又温和"，它由行会会长、理事会成员或者专门的行会裁判官主持审理。英格兰的行会建立了有专职裁判的助理法庭机构，法兰西和德意志的行会亦普遍如此。这些机构与地方法庭同时存在，能够在成员聚会的正式场合履行职权。它可以对行会的规定进行说明，为行会成员的权利提供咨询，同时完成审理和裁判。行会法庭的日常工作可以是"温和的"，主要处理行会内部的继承关系、遗嘱认定以及婚姻事务。比如，英格兰的行会法庭批准了行会成员赠予会员身份的契约，还确认过行会人保有继承资格的法律效力。② 与此同时，行会的裁判又是"冰冷的"。它可以根据

---

① James E. Shaw, *The Justice of Venice: Authority and Liberties in the Urban Economy, 1550 – 1700*, Oxford: Oxford University Press, 2006, pp. 216 – 217.

② Pollock and Maitland, *The History of English Law before the Time of Edward I*, New Jersey: Lawbook Exchange Ltd. , 1996, p. 668.

行会法的规定要求缴纳一定数额的罚款，有权在较为严重的情况下驱逐成员离开行会。受罚者多是不服规训的学徒、叛逆的帮工或者触犯章程的师傅。当然，行会法庭是行会内部纠纷的首选裁量机构。除非不满行会法庭的判决结果，行会成员不得求助地方的法庭。

内部诉讼的管辖范围可以随着经营活动的扩展超出行会所在的地界。伦敦行会的"助理法庭"（Court of Assistant）不仅对伦敦地界之内的相关事务行使管辖权，还对常年在外的伦敦金匠具有约束力。1327 年伦敦金匠行会的司法裁量权，包括了行会人客居外埠的行为规范、价格标准等。事实上，在受到异乡环境排挤的情况下，背井离乡的行会人每每穷尽一切可能获得本行会同事们的支持。针对外埠行会强行征收的经营税款，行会人只能诉诸团体的力量进行抵制。常见的做法是，受到排挤的行会人返乡求助，他们的行会法庭随即对来自对方的外商施以报复性的政策，意图将对方的行商置于同样不利的处境。当然，更为常见的情形，是不同地域的行会之间多少有着心照不宣的默契——除非再也不打算去某地行商，否则不会过分压制异乡的商旅，以此换得在外成员的权益保障。

（一）行会的庭审与裁判

内部诉讼的程序包括庭审与裁判。庭审在星期日的成员聚会中进行，形式以当事人的辩护和争论为主。为了节省时间成本，内部诉讼往往简易快速。为此，行会必须做足充分的庭审准备工作。许多城市国家的行会将预审设为必经的程序，以提高行会裁判的效率。根据威尼斯铁匠行会章程的记录，行会职员对预审程序的工作负担颇有微词，于是选出两名具有司法经验的助理官协助预审。

行会人自行担任裁判者，行会的内部裁判必须公正和审慎。在行会人的观念中，唯有参审官之间的合作与监督，才能"在最广的意义上对行会的利益加以保护"［difendere le nostre amplisime raggioni pero noi gasdo（gastaldo）e compag］。① 因此，行会的裁断必须是会长和理事会的合意。尽管会长是审判过程的主持人，但他受到理事会代表的辅佐和监督——他们形成了行会裁判中的"司法同僚"，如果发现会长的偏私行为，理事会代表则取而代之主持裁判。他们必须共同核查证据并作出判决，"让涉诉行会人享有法理，理解法理"（facite racionem homini isto et intelligite eum）。② 同样，行会法对成员的适用也是同等的，裁判重大事项还须报行会全员集会投票表决。③ 威尼斯铁匠行会1526 年的章程规定，即便存在贫富的悬殊，当事人也同等地处于行会正义的管辖之下——对行会而言，房舍、财产以及事业的差异不意味着特权与身份的悬殊。为了确保过程的公正性，当事人有出席诉讼的义务。否则，会长可以拒绝受理其诉讼申请，或者直接作出有利于原告的判决。如果行会人在诉讼审理期间撤回起诉，会长可以要求其支付已经开销的审理费用。在行会裁定的执行过程中，会长可视情形的不同收取一定的押金作为担保。

为了节省时间，商事裁判往往追求高效便宜。行会的裁判通常在"一天以内完结"，遇疑难情形可能适当延长至三个月，但是也须尽快完结裁判。为此，不少行会要求会长和理事会预先做好充分的准备工作，会长可以在裁判开始之前派出信使收集证据，然后就收集来的证据支持裁判。④ 行会裁判"应该按照良心和公平原则（ex aequo et bono）去处理"，"每个人都有机会陈述他的事实"并为自己辩护，但是裁判过程中

---

① ASV, Arti, busta 108, *Arte di Fabbri: Registered Capitoli*, 25 January 1594.

② "Capitulare Artis Barbariorum", *I Capitolari Delle Arti Veneziane*, Vol. I, Clause 24, Roma: Forzani, 1896 – 1914, p. 44.

③ "Capitulare Artis Barbariorum", *I Capitolari Delle Arti Veneziane*, Vol. I, Clause 24, Roma: Forzani, 1896 – 1914, p. 44.

④ ASV, Arti, busta 108, *Arte di Fabbri: Registered Capitoli*, 25 January 1594.

过多的法律争论也会引起反感，这有别于同期王室法院或者领主法院已经显现的形式主义程序。1306 年，教皇的一项训令也认可了行会裁判的简易程序，其具体内容为："在这样一个案件中不必要求书面的诉状；不应要求通常类型的答辩状；删除拖沓的各种例外，拒绝造成延误的不必要的上诉，拒绝辩护人、控告人、当事人和不必要的证人的喧嚷。"①不仅如此，原告还可以在裁判期间撤回自己的主张，只不过需要支付已经开销的费用，会长为此预先收取一定的押金作为担保。② 这种从速从简的裁判实践，无疑是适应快节奏商业生活的必需。早期行会"商人事件，商人意愿，商人决断"的同侪结构，也是行会约定性的重要体现。

（二）上诉与执行

行会内部裁判的效力得到了地方法院的支持。特定的情形之下，行会可以将内部纠纷的处理移交行外的审判。这又包括两种情形。一方面，行会可以将任期之内未结案的诉讼进行转移。行会官员的任期大都在一到两年之内，一旦诉讼案件在任期之内无法完成，行会参审官必须将其转至相应的行会外部的裁判机构。此时，转移案件的同时还须表明，尽管仍是悬而未决的案件，但行会已经做了充分的工作，以此减少地方法院的裁判成本。比如，根据威尼斯鞋匠行会的章程，如果会长不能在任期内完成审判，则应将已经完成的部分如实转交至老法院，由后者在此基础上完成审判。另一方面，在违法者不服内部判决结果、拒付罚款的情况下，行会也须将案件移交至市政机构，以便澄清判决事由，或者增强判决的权威。此时，行会必须对既定裁决

---

① 〔美〕哈罗德·J. 伯尔曼：《法律与革命——西方法律传统的形成》，贺卫方、高鸿钧等译，中国大百科全书出版社，1993，第 428 页。
② "Capitulare Callegariorum"，*I Capitolari Delle Arti Veneziane*，Clause 67，eds. by Giovanni Monticolo and Enrico Besta，p. 155.

的理由和细节加以备注。

行会人也可对判决的结果进行上诉。内部诉讼可以是行内纠纷的终局裁判，也可以是行会涉外案件的初审。在自治城市的行会，案件可以上诉至相应的行会监管机构，或者级别更高的行政机关。对普通行会人而言，尽管无法直接影响到裁判的结果，却享有上诉权利。一旦行会人感到判决结果不公，即可通过上诉表达不满情绪。上诉者可以是各种层次的行会人，如不满薪资的学徒或者熟练工，以及不满行会募捐份额的师傅等。上诉程序启动之后，行会参审官不仅不得干预上诉的程序，还不得再对行会人作出任何的裁断或者处罚。上诉裁判的结果是行会与行会人都必须接受的。只是，在行会人仍有不满的情况下，并不禁止行会人向更高层级的管理机构进行"二次上诉"。在自治城市中，行会人可以至城市的最高行政机构申请复议，而在国王的城市之中，行会人还可以向国王直接请愿。1344 年，英格兰刀匠行会（Cutlers' Guild）的章程规定，行会成员可以在不满会长裁断之时，将事由呈送市长或者市议员并再次接受裁判。[1] 二次上诉的裁决具有毋庸置疑的效力，曾经参与审理的市政官员、行会官员均不得参与其中。这种可以上诉的权利在章程中的表述大致为：

> 任何人都有向会长和行会法官请愿的权利，……也同时拥有向城市监管机构申诉的权利……（sic aliquis de dictam artem habuerit placitum coram dicto gastaldione vel iudices…, ille vel illos se apellaverit a curiam dominorum iusticiariorum…）。[2]

---

[1]　George Unwin, *The Guilds and Companies of London*, London: Frank Cass and Company Ltd., 1963, p. 63.

[2]　"Capitulare Callegariorum", *I Capitolari Delle Arti Veneziane*, Clause 69, eds. by Giovanni Monticolo and Enrico Besta, p. 156.

就裁判结果来看，行会的处罚手段包括罚款、禁闭或者开除会籍等，其中罚款最为常见，开除会籍是行会的"极刑"，适用的情形有限。在一般情况下，若行会的裁决获得支持，违法者必须支付欠款以及全部诉讼费用。如有拒不履行者，会长可以将其加以驱逐，直到欠款偿付方准回归。意大利行会将内部裁判官的裁判金额限制在一定的范围内，多为25里拉到40里拉。在整个诉讼过程中，参与者可以举报冒犯会长以及法官的行为，并领取奖赏，冒犯者将被市政机构课以罚金。根据冒犯者是否携带武器的不同情况，罚金的数额也存在差异。在威尼斯，市政老法院作为行会诉讼的监督和管理者，通常会对罚金的数额进行裁定，冒犯行为的性质与情节、是否初犯等都是裁定的参考要件。

行会诉讼也力禁"司法腐败"。档案记载较为常见的诉讼场景，是参与诉讼的行会官员必须宣誓，声明他们将要作出的判决应当与行会的产品一样，做到诚信无欺。这要求裁判官将行会的法典烂熟于心并公正实施。他们不能接受任何形式的礼物、贿赂，或者为亲友谋利，其私人财产甚至受到行会财务官的严密监督。① 参审官员不能参与涉及自身的诉讼，而只能提出合理的自我辩护。威尼斯的行会就专门禁止会长审理任何针对自身的诉讼，甚至不得参与此类案件的预审程序。

三 对外诉讼

一裁终局虽是行会裁判的常态，却非全景。事实上，行会诉诸更高层次司法救济的需求一直客观存在。在中世纪王室、领主、教会以及城市、庄园的环绕之中，行会裁判的自主性可能大打折扣，它无法

---

① "Capitulare Artis Barbariorum", *I Capitolari Delle Arti Veneziane*, Vol. I, Clause 27, Roma: Forzani, 1896 - 1914, p. 45.

摆脱地方性的法规和习惯。况且，不同行会涉及的交易领域具有分散性，内部裁判只能限于本行会的经营事项，与行会打交道的各类主体，并不知晓或者认可内部规则的约束力，出现矛盾自然无从解决。不少看似行会内部的问题，事实上卷入行会外部的组织或者个体，后者甚至不在行会能够管辖的范围之内。即便是纯粹内部的行会事务，裁判结果所导致的会员不满与争议，也需要更高层次的权威予以平息。况且，假如商业繁荣却纠纷不断，商人内部的裁判便成为相当沉重的负担。最为有利的途径，就是以申诉或者转移裁判权的方式减轻包袱，主动向外部的裁判力量靠拢。①

各类地方法院为中世纪行会裁判提供支持。在行会活跃的时期，国王、教会、城市或者领主的司法体系也已具有规模。尽管这些地方性的法庭欠缺行会的专业性，但是它们保有受理行会事务的可能，诸如意大利博洛尼亚的"行会雇佣救济委员会"（Assunteria al Sollievo delle Arti）专门负责处理行会经营活动中的纠纷，"平民救济署"（Magistrato dei Tribuni delle Plebe）和"行会联合会"（Collegi delle Arti）监督行会产品的质量与价格。威尼斯的"老法院"（Giustitiza Vecchia）、"行会委员会"（Collegio delle Arti）、"丝绸监管委员会"（Provveditori alla Seta）等机构，细化了行会监管的专业分工。

外部诉讼的第一种情形，即来自行会内部的上诉。上诉主体可以是任意的行会人，如不满薪资的学徒或者熟练工，以及不满日常经营的师傅等。② 为了配合上诉程序的进行，原行会裁判官不仅不得干预上诉的程序，还不得继续行会原有的裁断或者处罚。经过上诉之

---

①　"Ordinances of Guild of the Joiners and Carpenters, Worcester," *English Guilds*, ed. by Toulmin Smith, London: N. Trübner and Co., 1870, p. 231.

②　James E. Shaw, *The Justice of Venice: Authority and Liberties in the Urban Economy, 1550 – 1700*, Oxford: Oxford University Press, 2006, pp. 216 – 217.

后的行会人假如仍有不满，行会甚至不禁止向更高层级的机构"二次上诉"。① 二次上诉的裁决具有终极的效力，曾经参与审理的市政官员、行会管理者均须回避。这样一来，外部司法力量实际充当了行会裁判的复核机构，这种复核涉及实体问题和程序问题，行会裁判也转而成为诉讼程序之下的"第一审级"。② 13 世纪的欧洲，各级地方权威是经营行会的外行人，却能够通过行会章程的备案、注册与解纷过程，获得处理行会问题的经验。在英格兰，市政法院能够裁量行会的对外纠纷，还可对行会内部的诉讼程序提供指导和再审服务。当然，个别富有的行会人还可能牵入国王的干涉，而"一旦国王加以干涉，伦敦城亦好似束手就擒"。③ 通过罚款甚至监禁的处分，市法院保障了城市范围之内的社会秩序，又维护了"国王的安宁"。14 世纪，伦敦市长曾经成功化解了皮革匠（Skinners）和织工（Weavers）两大行会的矛盾，使双方在互相尊重的情况下共进晚餐。④ 由于伦敦市政出色地完成了与行会相关的诉讼业务，当地行会的内部法庭甚至以市政法庭的分支自居。西班牙的行会对内部的裁决颇不自信，往往将皇家法庭的裁决作为解决问题的最佳选择。

外部诉讼的另一种情形，是处理行会整体对外的纠纷，例如与其他行会的利益冲突。此时，由于市政机构大都保留各类行会的法律文件，市长或市议会享有翻阅各行会制度文件的便利，诉讼依据仍以行

---

① George Unwin, *The Guilds and Companies of London*, London: Frank Cass and Company Ltd. , 1963, p. 63.

② "Capitulare Callegariorum", eds. by Giovanni Monticolo and Enrico Besta, *I Capitolari Delle Arti Veneziane*, Clause 69, p. 156. 原文大致是 "sic aliquis de dictam artem habuerit placitum coram dicto gastaldione vel iudices…, ille vel illos se apellaverit a curiam dominorum iusticiariorum…"。

③ Pollock and Maitland, *The History of English Law before the Time of Edward I*, New Jersey: Lawbook Exchange Ltd. , 1996, p. 661.

④ Henri Pirenne, *Economic and Social History of Medieval Europe*, London: Kegan Paul, Trench, Trubner & Co. , 1936, pp. 51 – 53.

会的实际规定为主。为了在市民法庭之上取得优势，涉讼的行会大都凭借本行法律文件支持诉请，甚至可以购买对方行会的相关规定文件，以备应诉。① 在 1596 年威尼斯"绸布商行会诉二手商行会"（Arte di Marzeri contra il gastaldo di Strazzaroli）的案例中（档案资料见图 5 - 1），二手商行会与绸布商行会订立了进货契约，但后者对货物的数量与型号十分不满。绸布商行会派出名为波特罗（Bortolo）的辩护官表达了行会章程中有关产品质量的立场，并在起诉书中将对方形容为"失信与狡猾"（non sincero et furbo）。对簿公堂之时，两个行会各自搬出自己的章程并展开争论。二手商行会援引自己行会法令的具体规定，证明所谓的低劣产品情况不实，因为低劣产品同样也为他们本行会的章程所禁止，并使绸布商行会一度处于不利的境地。本案耗时一年之久，直到老法院认定二手商行会的货物对于两个行会的章程而言均不达标。于是，二手商行会的涉案人员被判处了人均 50 德纳的赔偿金。②

外部诉讼尤其适用于针对外籍商人的抵制活动。1320 年，威尼斯丝绸商行会主张获得在米兰、博洛尼亚以及英格兰、德意志之间的贸易权利。理由是域外的长距离贸易一直是行会章程规定的权利，但却受到了不合理的阻碍。丝绸商行会可以保证足够的产品供给与收益，只要市政机构能够对此予以保护。1449 年，木匠行会（Arte di Marangoni）请求老法院支持该行会章程中的质量限定条款。结果，老法院对此一质量规定的违反者处以每人 20 里拉的罚金。1570 年，

---

① James E. Shaw, "Liquidation or Certification? Small Claims Disputes and Retail Credit in Seventeenth-Century Venice", *Buyers and Sellers: Retail Circuits and Practices in Medieval and Early Modern Europe*, eds. by Bruno Blondé and Others, Turnhout, Belgium: Brepols, 2006, p. 279; James E. Shaw, "Justice in the Marketplace: Corruption at the Giustizia Vecchia in Early Modern Venice", *Institutional Culture in Early Modern Society*, eds. by Anne Goldgar and Robert I. Frost, Leiden: Brill, 2004, p. 282.

② ASV, Arti, busta 313, 25 November 1597.

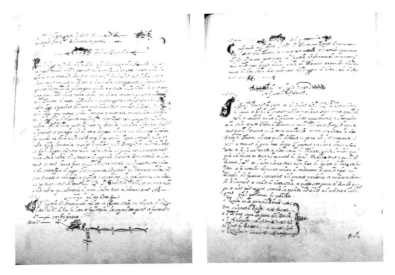

图5-1 档案资料：绸布商行会诉二手商行会案

资料来源：ASV，Arti，busta 313，25/Vovember 1597，"Arte di Marzeri contra il gastal-do di Strazzaroli"。

威尼斯绸布商行会引用946年的一则章程条款，指控行会受到几名外籍手工业者的干扰，并请求市政机构的保护。行会认为，外籍人士未经许可即在市内购买了作坊，占据了摊位，违反了行会"神圣的法律"（contro le nostro legge sante）。行会还认为，行会的章程为此一行径的卑劣性提供了"最有必要、最好的证明"（le necessario, et optima cosa）。外籍人士的冒犯威胁到本地手工业者的利益，势必导致行会作坊的破产。老法院的判决支持了行会的主张，确认了行会章程所要求的行会专权，对违规的外籍商人处以每人25里拉的赔偿。绸布商行会对此十分满意，并将所获赔偿的三分之一支付给老法院作为酬劳。①

外部诉讼协助行会对抗不利于自身的行政或宗教决议。1588年，画匠行会凭借行会章程中的规定打破了宗教势力的限制，重申了其在

---

① ASV，Arti，busta 313，anno 946，copia。

绘画和装裱方面的自由权利。在 1543 年威尼斯生丝行会（Arti della Seta）的案例中，行会人试图引入一种叫作"Mexican Cochineal"的新型印染技术，并试图将其使用规则写入行会法典，遂对行会章程的内容进行了增补。新增的技术条款遭到了生丝行会的顶头上司——生丝委员会（Provveditori alla Seta）的反对，后者认为新技术的引进势必影响市场秩序的稳定。行会人坚持数月的申诉后，终于获得了威尼斯最高民事司法机构四十人司法委员会的支持，生丝委员会不得已接受了这一申诉结果。①

外部诉讼还能让意存欺诈的行会人自食苦果。正是基于章程的实际权威和有效性——行会的客户群体可以据此表达不满并索取赔偿。1569 年，威尼斯圣赛沃罗教堂的一名修士丹尼尔·格雷索尼奥（Daniel Grisonio）在老法院陈述了对烘焙匠行会师傅塞巴斯蒂安（Sebastian）的不满。修士指出，根据他与行会师傅的协议，修士应支付 6 索尔多给塞巴斯蒂安，并提供烘焙的容器和灶具。他认为这一价格与该行会章程的价格标准相比，实际是偏高的（che sono eccessiue）。他认为塞巴斯蒂安可以不退款，但应该适当地提高工作效率，这种请求得到了老法院的支持。②

外部诉讼当然不是行会"免费的午餐"，地方管辖机构也能获得利益，最终实现与胜诉行会的共赢。英格兰西斯廷（Husting）地方法院甚至要求行会"每年缴纳 2 马克的税金给法庭的执行官（Bariliff）"，以保有行会对内部事务的审判权限，理由是"每位行会成员同时在西斯廷法庭的管辖范围内"。③ 英格兰约克地区的行会章程规

---

① Luca Mola, *The Silk Industry of Renaissance Venice*, Baltimore and London：The Johns Hopkins University Press, 2000, pp. 122 – 125.

② ASV, Arti, busta 152, 29 January 1569.

③ George Unwin, *The Guilds and Companies of London*, London：Frank Cass and Company Ltd., 1963, p. 45.

定，市政机构裁决的罚款所得所用有二，其一归于做出裁判的约克市议会，其二归于胜诉的行会。同样的规定适用于 1511 年的威尼斯。绸布商行会强调他们的产品标准受到了木匠行会做工的影响——后者提供的木材和铁钉不符合绸布商行会的基本规范，阻碍到正常的生产流程。这份罚金又被分割成了三部分，一部分给予了市政机构，一部分分给了行会公职人员，最后一部分作为行会慈善款予以留存。

与此同时，内部裁判也开始模仿城市和封建主的司法程序，越发规范且正式起来。原本从简从速的行会裁判经常陷入两难——如果秉持简易程序毫不改变，则不能匹配复杂化的商业实践和稳定化的商人诉求；做出改变，则导致裁判时限延长、灵活性程度降低、裁断优势被削弱的风险。为了不损害行会解决纠纷的特点和优势，有限度地效仿地方法院，推动程序化进程成为必然选择。13 世纪末至 14 世纪，越来越多的地方领主记录了司法程序的习惯做法，各地"法院判决簿""法院志""陪审志"成为行会裁判直接仿效的对象。中世纪后期，基督教审理调停各国争端的程序也越发"成文化"，其中不少的内容汇入了德国、英国、法国和意大利的行会裁判程序。[①] 同时根据不少自治城市法院的司法流程，审判程序精细分为发起指控、出庭准备、陈述案由、定罪量刑、执行处罚几个环节，直接为行会提供了成熟有效的程序指南。[②] 根据可以查到的档案记载，行会裁判机构几乎

---

① 〔美〕哈罗德·J·伯尔曼：《法律与革命——西方法律传统的形成》，贺卫方、高鸿钧等译，中国大百科全书出版社，1993，第 251、427 页。与中世纪王室法、领主法和城市法等其他世俗法律渊源相比，商法和教会法、行会裁判和教会裁判的关系相对特殊。实际的情况是，商人行会并不争夺教会在道德问题上所拥有的至上地位，但是商人行会坚持自己在商法问题上的有关自主权；而教会至少在理论上也没有否认享有这种自主权。当然，商人是教会的成员，因而要服从教会法，但是他们也是商人共同体的成员，因而也要服从商法，当两种法律体系发生冲突时，则交由具体的裁判。

② Guido Ruggiero, "Law and Punishment in Early Renaissance Venice", *The Journal of Criminal Law and Criminology*, Vol. 69, No. 2 (1978), Printed in USA, p. 245.

主动学习地方诉讼程序，做好庭审记录以及整理卷宗，更加尊重当事人的诉讼请求，不断完善辩论和对抗的庭审模式，增加辩护人和代理人使其参与诉讼。① 这样一来，内部裁判的效率也有所提升，内外两个层次的裁判程序围绕行会的现实利益，实现彼此互动与衔接的良好效果。

四　小结：行会诉讼的实用主义选择

行会内外两种诉讼的实践，是不断重申和确认行会规则的过程，也是在行会成员之间、行会之间、行会与国家之间不断协调权利义务的过程。这里进一步看到，内部诉讼是商人行会内在的需求，这使商人行会从拖沓的外部纠葛之中抽身出来，在一定程度上引入外部司法干预的力量，但这也是商人实用主义的选择。

首先，行会内部的诉讼将经营活动的主体置于司法的平面上，维持了行会所要求的底层社会正义。内部的裁判机制将不同身份的行会人转化为法律上的当事人，进而统一受到章程文本与诉讼程序的保护与处罚。这类诉讼由行会会长、理事会成员，或者由专门的行会法官主持审理，然后根据行会章程的规定加以定夺。行会师傅、帮工、学徒的身份差别终究是存在的，但是，他们在主张权利、参与诉讼的过程中，先是生产者与消费者——法律规则层面上的平等趋势已经出现。这种平等的趋势增强了行会团体在职业领域中的能动性，也提升了个体成员的荣誉感与自我认同。诉讼程序的档案资料证明，行会章程是处理争议时所应考虑的第一规则。即使当事人不能完全得到他们所希望的判决结果，尊重章程也意味着判决的公正。况且，与市政法庭或

---

① ASV, Arti, busta 313, 25 November 1597.

者国王法庭相比，行会的裁判官更具专业性和同情心，所作判决也更具说服力。可以说，内部诉讼既是行会人权利的表征，又是平等市民意识萌生的准备。当行会将矛盾和问题均衡化解于内部的诉讼程序，行会正义的实施也就意味着社会稳定的逐步实现。

其次，行会对外部的诉讼并不排斥——外部诉讼毋宁是在行会裁判鞭长莫及的情况下，迫切需要的配合或支持。中世纪的王国、教会、庄园或者城市是市场秩序的监督主体，它们为行会提供稳定的经营场所，不同行会的摊位面积、地址、租金虽说因实际情况而各具差异，但是均须接受日常的管理和巡查。[①] 不仅如此，一旦行会以整体的形式陷入纠纷，则初审裁判权便会落入王国、领主或者市政法庭的手中。[②] 在法学教育刚刚兴起的博洛尼亚地区，法律精英人士直接参与当地的行会诉讼活动，催生了专业的市政法务代理与咨询人员组织，越来越多的行会间纠纷走上条理化、规范化的行外法庭辩论场，行会裁判对此只能做出退让。[③] 的确，仅就职业归属性而言，行会人是属于某种经营团体的分子；但行会毕竟归属中世纪地方治理的范围，行会的管辖权是有限的——不仅内部裁判的效力有赖外部的支持，对行会整体利益的捍卫也更加无力。另外，外部的监管也并非无限展开，它止于"行会有利"的功能向度，这是维系行会裁判的底线。这里行会的裁判权虽没有登场，但是通过行会章程的解释、认可与实施，行会的权益反而在事实上得到了强化。可见，外部的监管和介入，更多时候是行会强调自治权限的"迂回战术"。尽管这些裁判通过外部监

① Antonio Manno, *I Mestieri di Venezia: Storia，arte e Devozione Delle Corporazioni dal XIII al XVIII*, Venice：Biblos, 2010, p. 145.

② Pollock and Maitland, *The History of English Law before the Time of Edward I*, New Jersey：Lawbook Exchange Ltd. , 1996, p. 661.

③ Carlo Poni, "Norms and Disputes：The Shoemakers' Guild in Eighteenth Century Bologna", *Past and Present*, No. 123, Oxford：Oxford University Press, 1989, p. 84.

管或判决的手段展开，但行会意志毕竟是行会意志——裁判可以根据需要适当展开，但契约毕竟还是基础，这是解决行会纠纷的逻辑起点。

最后，尤其应当看到，上诉程序不等于行会裁判的失灵，行会仍旧是商人事务的首要裁判者，其结果是实现了行会与外部司法体制之间彼此认可的默契。尽管由于上诉机制的存在，行外司法机构可以对裁判结果进行调整，但行会捍卫基础社会秩序的功能节约了大量的诉讼成本，其效果也得到普遍的认可，行会裁判的主动性和权威性是受到尊重的。毕竟，涉及行会的纠纷具有非常细致复杂的专业性，在商人自己的法院尚且得不到支持的当事人，真能通过上诉外行的领主法院获得利好吗？并不尽然。更为现实的情况是，王室法院、领主法院或者城市法院本身已应接不暇，即便行会主动交出裁判权，外部司法力量也未必愿意接受——尽管按照惯例，行会可以主动将积压的疑难案件转至相应的领主或者市政法院，但这种转移面临着严格的制度限制。不少行会的章程规定，只有行会会长证明自己勤勉地做足了裁判工作，且在行会支付相应审理开支的前提下，领主法院和市政法院才会受理行会裁判的转移。这种限制同样适用于协助执行行会裁判的场合，即在当事人不服裁决结果的情况下，行会应当备注案件事实和判决理由请求外部司法权威协助执行裁判，只是这种协助同样不能少了相应的费用，尽管是由违法者予以支付。这样看来，行会人与其自找麻烦、自掏腰包地去上诉，不如迅速完成内部的裁判了事。就效果而言，行会诉讼客观上成为中世纪不同社会力量碰撞、汇聚、融合的"调节阀"，而行会实体制度与程序的变奏，也为后世商业领域司法裁判的探索做出了先导。

第六章 拓展的实践：行会视域下的英格兰法律会馆

"一个工匠、医生、律师或者艺术家的独立'经营'，是自主性的职业专门化。"

——马克斯·韦伯，《经济与社会》（卷一）

行会是中世纪社会生活的基础，它的有效组织形式不仅及于经营性的手工业和商业领域，还催生了作为技能传授重要载体的中世纪大学。后者被称为"知识的行会"，[①] 是追求知识的人们仿照工商业行会的做法争取特许状，再以行会的方式团结起来的学习组织，与中世纪的行会一样，大学中的人们也期望获得合理、有利、稳定的生存权利。[②] "大学"的拉丁文"universtas"最初就是指从事教学活动的行会团体，是为成员提供保护和培训的互助性同业公会。它们活跃在中世纪法学教育领域，11 世纪前后欧洲南部的博洛尼亚大学、欧洲中部的巴黎大学开始讲授罗马法，这得益于优士丁尼《国法大全》文本的发现和研究。这一进程在英格兰同样存在，亨利一世执政的 12 世纪，牛津大学聘请著名罗马法学家瓦卡里乌斯讲授法律，并形成了专门的学院。13 世纪中叶，牛津大学的部分教师出走剑桥，后者的法学教育也

---

① 〔英〕塞西尔·黑德勒姆：《律师会馆》，张芝梅译，上海三联书店，2013，第 17 页。

② Olaf Pedersen, *The First Universities: Studium Generale and the Origin of University Education in Europe*, Cambridge：Cambridge University Press，1997，pp. 144 – 145，转引自张磊《欧洲中世纪大学》，商务印书馆，2010，第 12 页；另见宋文红《欧洲中世纪大学的演进》，商务印书馆，2010，第 42 页。

得以成型。但是，这并不代表大学承担英格兰法学教育的主责，事实上，英格兰大学中的法学教育长期停留在罗马法和教会法的学术研究，主要研习文本是优士丁尼《国法大全》和《教会法大全》（Corpus Juris Canonici），其并未承担英国普通法职业教育的重要任务。① 英格兰的大学正式承担法律教育的任务，时间已经到了 17 世纪左右——中世纪英格兰的法律教育则由专门的法律行会（guild of law）完成。

　　法律行会又名法律会馆（Inns of Court），它的演进、结构与运作体现为行会的契约化进程。梅特兰有言："手工业行会规范学徒行为、排除不称职者并反对不正当竞争，律师们也是如此。"② 法律会馆采用中世纪传统行会的经营模式，同时开创了以知识技能而非经营利润为基础的行会组织的先河。会馆自称法律的行会，与传统中世纪手工业、商业行会相比，法律行会对业务资质、技能培训和人员管理的强调并无突出的差异。在法律会馆的早期资料中，可以明显看到中世纪行会的一般特征，诸如约定明确的自治权限，独立有效的管理体制，特定的会员培养程序、业务水准认定机制，等等。这些会馆也十分团结，"有'羊和旗帜'或'飞马'作为它们的标志，其生活的自由与惬意对人们颇有吸引力"。但是，法律会馆转向了教育、培训等非营利的专门活动——与中世纪一般经营性行会的不同在于，法律会馆不仅无法创造直接的经营生计，反而完全依仗会员的资金交纳维持运营。据福特斯丘的研究，法律会馆要求会员有着相对殷实的家境，具备学习条件的各地领主管家、富裕乡绅子女以及颇有积累的商人后代，才有条件成为最初的"法律学徒"。于

---

① Lord Upjohn, "Evolution of the English Legal System", *American Bar Association Journal*, Vol. 51, No. 10 (October, 1965), pp. 918 – 919.

② Charles M. Hepburn, "The Inns of Court and Certain Conditions in American Legal Education", *Virginia Law Review*, Vol. 8, No. 2 (December, 1921), p. 98.

是，一方面，法律会馆的运行无虞，更多凭借法律知识技能的垄断和诉讼活动的基本社会需求，而非直接经济利益的诱惑；另一方面，行会知识技能本身具有实用性和可延展性，比经营型行会具有更为持久的生命力和稳定性。

英格兰有四大法律会馆最为著名，至今犹存。它们分别是始于1350年的林肯会馆（The Honorable Society of Lincoln's Inn），兴于1370年的格雷会馆（The Honorable Society of Gray's Inn），立于1360年的圣殿会馆（The Temple），此馆15世纪以后又分成中殿会馆（The Honorable Society of the Middle Temple）和内殿会馆（The Honorable Society of the Innner Temple）（四座会馆徽章见图6-1）。它们迄今仍旧位于伦敦市区的威斯敏斯特（Westminster）地段，与皇家法院（The Royal Court）仅有咫尺之遥。即便在学院教育强势围攻之下的今天，法律会馆仍旧保留职业联络与技能培训的作用。今日英国的法律执业人员仍需注册加入其中的一所会馆，会馆仍旧堪称英国法律职业者的摇篮。不仅如此，法律会馆的基本经验还在美国、加拿大等国家得到仿效。纵览会馆数百年的发展历程，其生成机理的契约属性以及运行模式的程序化标准，使法律会馆的生命力不断延续，成为有着数百年历史的中世纪行会"活化石"。

一　普通法的技艺理性：行会与法律学习

为什么英格兰形成了法律的行会？这源于英格兰普通法突出的实践理性特征。普通法的产生来自实践，学习普通法也必须在实践中才能完成，行会式的学徒式教育就成为最佳的选择。众所周知，英格兰的法律起源于诺曼征服之后的地方性习惯，时间起点大致为1189年。英格兰法律习惯的特征，就在于庞杂性、弱体系性和强实践性，是故普通法职业实践本身具有"技艺理性"的特征。技艺理性不同于普通

图 6 - 1   法律会馆徽章（顺时针方向：林肯会馆、中殿会馆、格雷会馆、内殿会馆）
资料来源：Lee G. Holmes，"A Visit to the Inns of Court"，*American Bar Association Journal*，Vol. 55，No. 1（January，1969），pp. 51 - 56。

人与生俱来的那种自然理性，它是依靠长时期的专业学习、实践训练和经验积累而获得的一种特殊理性，也是中古中期英国特有的法律环境与法律实践活动的产物。按照柯克的解释，技艺理性"需要通过长期的学习、观摩和实践经历才能获得，它并非每个人都拥有的自然理性，因为没有人天生就是技艺理性者。这种司法理性是最高的理性。因而，即使将所有分散在众多人头脑中的理性汇集到一个人的头脑中，他仍然不能制定出像英格兰这样的法律来，因为在一代又一代人连续继承的漫长岁月中，英格兰法得到了无数严肃认真、博学之士的反复锤炼，通过长期的实践才获得了这种完美，用于治理这个王国"。① 因此，即便是国王，没有经过这种技艺理性的训练，也不具备从事裁判的能力。技艺理性是反复实践积累的知识，这在牛津大学、剑桥大学的课堂上当然无法学到。由此产生的问题是，普通法究竟可以在哪里学到？

---

① Steve Sheppard，*The Selected Writings and Speches of Sir Edward Coke*，Vol. II，Liberty Fund，2003，p. 710. 转引自李栋《英国普通法的"技艺理性"》，《环球法律评论》2009 年第 2 期，第 37 页。

普通法技艺理性的特征，与行会式的师徒技艺传授十分契合。普通法裁判不是一般性的法律适用，而是具体问题的分析，也就是结合情境灵活运用"法律的技艺"。参考早期王座法院法官格兰维尔对英格兰法律与习惯的揣摩，普通法"如同一项技能的训练，是依靠长时期的专业学习、实践训练和经验积累而获得的特殊理性"，且"对于未经专门法律培养的人们来说，此种技艺的语言太难懂了"。[①] 在普通法的语境下，道德哲学家会通过抽象层面进行沟通交流，一旦进入个案讨论，就很容易产生分歧，这种分歧必须在实务工作者的手中得以化解。当技艺理性运用比较娴熟时，在处理个案的时候，会为个案找到合适的规则，形成合适的规则，因此在普通法的体系中，无论是法官还是律师，都是在"寻找规则"，而并非直接"适用规则"。由于寻找规则的时候案件已经发生，是故普通法永远溯及既往，杰瑞米·边沁也因此将普通法称为"狗法"。如此一来，普通法的学习只能依靠旁听审判，最佳的旁听地点当然是威斯敏斯特中央法院。此处将法官如何裁判、律师如何辩护进行了集中，中央法院也看到了这个现实的需要，有意促使旁听者的聚集，"亨利二世的法院每天都像是学校"。[②] 就这样，以普通法技艺理性为基础的行会式法律教育顺势发展起来。

---

① 〔美〕本杰明·卡多佐：《司法过程的性质》，苏力译，商务印书馆，2010，第 1 页。格兰维尔法官对普通法初期的探索与总结，见〔英〕拉努尔夫·德·格兰维尔《论英格兰王国的法律和习惯》，吴训祥译，中国政法大学出版社，2015。本书问世后不断被传抄、再版、注解，并被翻译成多种文字。主要版本有 Ranulfo de Glanvilla, *Tractatus de Legibus et Consuetudinibus regni Angliæ*, Londini, 1780；John Beames, *A Translation of Glanville: To Which Are Added Notes*, London：A. J. Valpy, 1812；G. D. G. Hall ed., *The Treatise on the Laws and Customs of the Realm of England*, Commonly Called Glanvill, London：Nelson, Selden Society, 1965；Ranulfo de Glanville, John Beames & Joseph H. Beale, *A Translation of Glanville*, Washington, D. C.：John Byrne & Co., 1900。

② 〔英〕约翰·哈德森：《英国普通法的形成——从诺曼征服到大宪章时期英格兰的法律与社会》，刘四新译，商务印书馆，2006，第 167 页。

二　生成机理契约化：法律会馆的自发性及其羁束

法律会馆是法律工作者的自发聚集地。11 世纪晚期，英格兰征服者威廉建立了王国的法院。鉴于神职人员是受过教育的唯一群体，法官和辩护者主要自神职人员中产生，可谓"无神职，无诉讼"（Nullus clericus nisi causidicus）。① 后来，初始的英格兰中央法院被一分为三，形成王座法庭（King's Bench）、皇家民诉法庭（Common Pleas）和财务署（Exchequer）。诺曼王朝时期，国王巡回处理各种事务，法庭伴随国王的行程受理诉讼，起诉者也必须追随并寻找国王。从亨利二世统治开始到爱德华一世统治结束，以令状等诉讼程式不断复杂化、技术化的法律实务，"创设了一种对律师的需求"②。后来，根据 1215 年《大宪章》第二十三条，国王的法院开始固定于威斯敏斯特受理诉讼。13 世纪，司法事务的知识水平和应对能力有所提升，法律业务的社会需求也同时增长，法务工作者开始结成行会一般的组织，凭借出庭的经验招收学徒，讲解、传授法律知识。

这种自发性的聚集与英格兰王国的法律需求不谋而合，进而得到了王室的允准和授权。法律行会成立不久，英王亨利三世就颁布授权令状予以认可和保护，有着"英国优士丁尼"之称的爱德华一世对法律人行会也颇为肯定。③ 他指令皇家民诉法庭法官帮助法律人行会完善律师培训计划，认为法律会馆对大量的新颁布法律有着很好的理解。④ 神职

① Frances Anne Keay, "Student Days at the Inns of Court", *University of Pennsylvania Law Review and American Law Register*, Vol. 75, No. 1 (November, 1926), p. 52.

② 〔英〕保罗·布兰德：《英格兰律师职业的起源》，李红海译，北京大学出版社，2009，第 57～70 页。

③ Robert R. Pearce, *A History of the Inns of Court*, London: Richard Bentley, 1848, p. 19.

④ Phyllis Allen Richmond, "Early English Law Schools: The Inns of Court", *American Bar Association Journal*, Vol. 48, No. 3 (March, 1962), p. 254.

人员逐渐被排除在司法工作之外，皇家民诉法庭的法官"要从各郡那些有最好的知识和技能的法律事务代理人（Attorney）和法律人（lawyer）中任命，以使他们很好地为法庭和民众服务"①。在亨利三世统治晚期的1272年，王室已经正式从那些优秀的法律人团体中选择法官和出庭律师了。随着法庭工作者讲解传授法律的规模越来越大，有志从事法律事务的人们在法庭附近的小客栈（hostel）或者小旅馆（inn）里聚集起来，同吃同住，观摩王室法院的庭审过程并研习法律。彼时，他们已经有了共同的名称即"法律学徒"（apprenticiis de legem）。②

关于自发聚集的最早记载，即1344年王室法院的近邻克利福德女士（Lady Clifford）将一处房产赠给当时的法律学徒，成为后来的克利福德会馆（Clifford Inn）。同时期的萨维会馆（Thavie Inn）则是1348年去世的富有市民萨维的旧产，承租人多是资深的法务人员和他们身边的学生，每人每年交纳10英镑的租金。③亨利四世时期，四座规模较大的法律会馆已经形成，在馆法律师生各有200余人，其余的小客栈退化为预备会馆，每所维持在100人左右。预备会馆为附属于法律会馆的预科学习场所，因早期获得大法官的出资得以设立，又名"大法官会馆"（Inns of Chancery），分别是附属于内殿会馆的克利福德会馆、克莱门特会馆（Clement's Inn）和里昂会馆（Lyon's Inn）；附属于中殿会馆的新会馆（New Inn）和斯特兰德会馆（Strand's Inn）；附属于林肯会馆的弗尼瓦尔会馆（Furnival's Inn）和萨维会馆；还有属于

①　V. S. Bland, ed., *A Bibliography of the Inns of Court and Chancery*, London: Selden Society, 1966, pp. 35 – 37.

②　Phyllis Allen Richmond, "Early English Law Schools: The Inns of Court Source", *American Bar Association Journal*, Vol. 48, No. 3 (March, 1962), p. 255.

③　A Calendar of Inner Temple Records [hereinafter referred to as I. T. R. J xii (Inderwick, ed. 1986)]; Edward I. Dugdale, *Origines Juridicales or Historical Memorials of the English Law, Courts of Justice, Forms of Trial, Inns of Court and Chancery*, pp. 141 – 142, https://quod. lib. umich. edu/e/eebo/A36799. 0001. 001/1: 63. 27? rgn = div2; view = fulltext.

格雷会馆的斯台普尔会馆（Staple Inn）和伯纳德会馆（Barnard's Inn）。上述预备会馆与四座法律会馆一并位于伦敦威斯敏斯特的周边，有志学习普通法的年轻人自发汇集至此。

聚集之后的法律人合作维持会馆的经营，成员之间形成业务上的"伙伴关系"（fellows，socii）。宣誓仍旧是加入行会的必经环节，意味着会员彼此的权利与责任初步确立。[①] 此后集体生活对会员的管理和拘束具有了合理性，个体成员服从行会的承诺则意味着对整体秩序的遵守。根据林肯会馆誓词（sacramentum sociorum de Lyncollysyn）的内容，会员应做宣誓内容如下：

> 你宣誓：你将遵守、协助且联合会馆选出主事们，在其任职时间内，无论何时何地，服从行会主事们的监督……（Tu iurabis quod sis obediens, assistens et consortens gubernatoribus euisdem hospicii elegendis et pro tempore ibidem existensibus, in omnibus gubernacione eiusdem concerncentibus et concernendis…）

如果就任会馆的主事，那么就任誓词将是：

> 你宣誓：意愿所见和所为皆符合社团杰出的荣耀，且对社团有益……（Tu iurabis quod pro vicibus tuis videas et facias observari bonum regimen honorem et proficium eiusdem societatis…）[②]

---

① 各会馆宣誓仪式的主要场所是在各自所有的礼拜堂内部。资料显示，四大法律会馆各有私用的基督礼拜堂，地址位于各会馆附近。见 Rev. Reginald J. Fletcher, *The Reformation and the Inns of Court*, London: Harrison and Sons, 1903, p. 5。

② A. W. B. Simpson, "The Early Constitution of the Inns of Court", *The Cambridge Law Journal*, Vol. 28, No. 2（November., 1970）, p. 246。

会馆的各项制度规范，依靠会馆日常管理的习惯积累和共同认可（common concent）。以 15 世纪的林肯会馆为例，可见会馆制度经过了会馆成员的认可（by the governors, with the consent of the society…），更多则是由"会长和他的同僚们"予以讨论并通过（Memorandum that it is ordeyned by Richard Drax and his felas…），颁布之后的文本附有会员宣誓的内容。1428 年，林肯会馆通过一则规范公共事务、强调会员接受同伴制约的法令，直接命名"行会法令"（ordinatum est per societatem）。1439 年，林肯会馆就缴费的问题增补前述法令，开头是："法令规定（Ordinatum facet）……"1447 年，林肯会馆明文强调行会管理人员的主要责任，同时列举了违反此类规定的不端行迹，增强管理细节上的可操作性。[①]

三　运行机制：法律学徒的技能养成

（一）法律人的新身份

入会誓词与规章制度将法律技能训练中的新身份赋予背景各异的行会成员。法律会馆确立了正式入会的三种途径：一是从预备会馆中取得毕业资格之后加入；二是大学毕业以后加入；三是直接申请加入，此种方式往往附带优秀学员的推荐。无论怎样的路径都要求一定的入会费用，新会员需交纳 3 镑[②] 6 先令 8 便士，会馆学员的后代可以取得一定的豁免，预备会馆的毕业生则只要缴纳 20 先令即可入会。预备会馆提供最为基本的法律训练，多是法律令状等文件

---

① "Records of the Honorable Society of Lincoln's Inn", *The Black Books*, Vol. I, ed. by J. Douglas Walker, London：1897, p. 9.

② 中世纪英镑的实际购买力见文后附录。

的书写和基本诉讼程序等，也参照法律会馆设置初等的讨论课程。学生们在此常规性地学习两年，之后可以进入法律会馆继续深造。当然，少数预备会馆的毕业生直接成为王室的秘书官或者公证官，负责准备令状、起草合同等基础的行政文书工作。几大会馆常年维持在1000余人的规模，从十几岁的少年到70多岁的古稀老人全都包括在内——他们或是乳臭未干的青年学徒，或是法律经验丰富的行会师傅。①

　　法律会馆凭借业务技能的水准区分师傅、熟练工和学徒。与中世纪经营性行会的差异在于，会馆效仿王座法院的真实情景布置模拟法庭（moots），安排法律师傅就坐的"长凳"（Bench），以及将初级学生和高级学生区分开来的一条横木，叫作"围栏"（Bar）。根据模拟法庭中的席位，法律行会将师傅称为"坐凳人"（ad bancam/bench-er），法律高级学徒在围栏外就坐而得名"栏外人"（extra barram，Utter/Outer Barrister），还有作为初级学徒的"栏内人"（inn-bar）。根据林肯会馆"黑皮书"（Black Book）的记载，"坐凳人"就坐于模拟法庭的法官长凳上，他们是行业的前辈，是资深的法官或者辩护律师，负有培训学徒的义务，同时掌握管理行会的权力。"栏外人"又名外席律师，他们是优秀的"法律帮工"（servientes ad legem），已然在会馆获得了一定的声望，有能力独立承揽业务，在会馆中的地位仅次于"师傅"。经过一定的考验期之后，他们被"叫至长凳"（call to the bench）成为"坐凳师傅"，直接参加模拟审判和法律观点的评论。"栏内人"又名内席律师（Inner Barristers），他们是最初级的法律学生，围栏四面分隔出的专门区域类似于儿童用的童床（The Crib），所以学徒在法庭上又被人们称作"童床中人"。入会6～8年

---

① Ian D. Aikenhead, "Students of the Common Law 1590－1615：Lives and Ideas at the Inns of Court", *The University of Toronto Law Journal*, Vol. 27, No. 3（Summer, 1977）, p. 244.

的内席律师经过考验即被"叫至围栏"（call to the bar），此后进入
"栏外人"序列即晋升为外席律师。不少会馆成员同时在法律实务界
承担正式的工作，会馆成员的至高荣誉就是被国王选为御用律师
（serjeant）或者王座法院法官，通常从担任多年"坐凳人"的资深
师傅中产生。从就任外席律师开始，会员就具有了独立执业的资格，
频繁的法务实践活动为会馆的法学授课提供了丰富素材。[1] 这些具有
社会兼职的会馆成员仍旧承担会馆教学任务，最终保证了会馆法律培
训的实践性和延续性。

会馆日常的运行需要大量辅助人员的协助，比如起草文案、管理档
案的秘书官，以及仓库保管员、礼拜堂管理员、书籍管理员、节庆日专
员等，其他还有重要节日专属的典仪官、总管，园丁、厨师、浣洗员
等，学生也可获准携带 1~2 名随员。会馆财务官（treasurer）受到理事
会的委托，可以根据会馆财务的基本情况核算会馆收支，决定新入学员
的数额，收取住宿费、罚款和学费以及会馆租金和修缮费用，为会馆辅
助办公人员支付薪水等。为了避免贪腐问题的出现，会馆委员会每年选
举更换新的财务官，前任财务官必须完成账簿核对才可卸任。[2]

（二）会馆事务的管理

法律行会如同中世纪的手工业、商业行会一样，对学徒实施教育
管理，同时保障对外法律服务的质量水平。会馆的誓词和章程将管理
权限授予法律行会的师傅们。他们维持会馆的基本秩序，每年选举成
立核心的主事团体（gubernatores），该团体规模保持在 7 人左右，在

---

[1] C. E. A. Bedwell, *A Brief History of the Middle Temple*, Boston: Butterworth & Company, 1909, p. 10.

[2] Phyllis Allen Richmond, "Early English Law Schools: The Inns of Court Source", *American Bar Association Journal*, Vol. 48, No. 3（March, 1962）, p. 256.

内殿和中殿会馆叫作"委员会"（parliament），在林肯会馆叫作"议事会"（council），在格雷会馆叫作"理事会"（pension），于每年常规选举之后宣誓就任。15 世纪时期，会馆资深成员于每年万圣节前后（约为每年 11 月上旬）选举产生一名最主要的行会领袖，即会长（gubernator）。会长不享有专制的权力，凡遇会馆重大事项，会长与主事们共同作出决定，并需要获得坐凳师傅们的支持，后者的影响力形同行会中的"智囊团体"（Sage Company）。外席律师可以列席理事会的讨论（Ordained by the governors of the Inn for the time being and other the worships of the bench...）。1494 年林肯法律会馆对此有着明确的记录："国王代理人、会长以及现任坐凳尊者共计 14 人齐聚会馆礼拜堂增补规则，使林肯会馆获得利益、提高效率，并使之得以永续。"① 1502 年和 1551 年中殿会馆还有外席律师因为缺席会馆理事会而遭到罚款的记录。此外，会馆选择专职诵讲官（reader）组织招录和学习生活。每位诵讲官配有两名外席律师（已经被召至围栏的学生）组成招生委员会，有权对每年申请入馆的会员进行筛选。诵讲官本身也来自坐凳师傅或者至少是资深外席律师，就任期间的地位高于坐凳师傅。外席律师不能成为诵讲官，除非他已经在会馆中待满 15 年。这意味着他必须以内席学徒的身份待满 7 年并获得晋升，再以外席律师的身份待满 8 年。诵讲官任期一般为一年，完成任期之后，可以将自己的职位让给坐凳师傅中的杰出者。颇具声望的诵讲官可以担任一次、两次以及多次。如果有人被会馆指定为诵讲官却拒绝就任，将承担一定罚款并失去坐凳师傅的资格。②

---

① A. W. B. Simpson, "The Early Constitution of the Inns of Court", *The Cambridge Law Journal*, Vol. 28, No. 2 (November., 1970), p. 248.

② Dugdale William, *Origines Juridicales or Historical Memorials of the English Law, Courts of Justice, Forms of Trial, Inns of Court and Chancery*, p. 161, https://quod. lib. umich. edu/e/eebo/A36799.0001.001/1：63. 27? rgn = div2；view = fulltext.

在社会节奏缓慢的中世纪，会馆为了保障学徒旁听庭审并获得指导的机会，使基本学制与威斯敏斯特三大中央法院的开庭期（Law Terms）保持一致。为此，应当先对中央法院的开庭期进行初步的梳理。根据约翰·贝克的研究，中世纪威斯敏斯特中央司法活动于每年四个阶段的开庭期进行，唯在开庭期，高水准的法官和律师才会齐集威斯敏斯特。[①] 1190 年在王座法院建立初期正式确立了这一制度，不同的开庭期由重要的法定假期分隔开来。这些假日包括宗教节日和国王的大法官巡回地方导致的威斯敏斯特假期，后者一般集中在每年暑期。此外依据普通法，星期日和圣徒纪念日都是"非诉日"（dies non juridici），不得从事审判工作。隔离这些期间的三组重大宗教节日，详见如下。

一是圣诞节［Christmas，含降临节（Advent）和主显节（Epiphany）］，假期从 12 月上旬持续至 1 月上旬的圣希勒里节后，这也是中世纪英格兰的"冬假"；

二是大斋节与复活节（Lent/Easter），假期从 2 月初"圣灰星期三"（Ash Wednesday，大斋节首日假）直至 4 月上旬复活节后一周；

三是圣三一节［Trinity，含圣灵节（Whitsun）和圣体节（Corpus Christi）］，假期从复活节后第 50 日起算，至一周后结束。

除了上述宗教节日以外，暑期的长假也从事审判工作，时间从 7 月起一直到 10 月初的圣米迦勒节。此一阶段中央法院的法官要赴各地巡回审判，解决炎热天气导致的社会治安问题。

据此，威斯敏斯特中央法庭的开庭期以假期结束为标志，主要时间

---

① 据约翰·贝克的考证，开庭期起源于 12 世纪，彼时的英格兰中央财务署在复活节（Easter）和圣米迦勒节（Michaelmas）假期来临之前，召开专门的结算会议，以宗教节日为节点的期间制度也就成型了。依据宗教节日划分节假日与工作日的传统至今仍然适用于英国，尤其英国教育行业的假期更是保持了较大的一致性。

节点大致是：圣希勒里开庭期（Hilary，1 月下旬至 2 月上旬），复活节开庭期（4 月中旬至 5 月上旬）和圣三一开庭期（5 月下旬至 6 月下旬），圣米迦勒开庭期（Michaelmas，10 月初至 11 月底）。四个开庭期明显时间较短。据约翰·贝克的统计，直至伊丽莎白一世时期，中央法院法官们每年坐镇威斯敏斯特的实际总工作日不足百天，这样的天数在之后的改革中又减少了十天左右。学者们认为，这种慢节奏的生活方式对农耕经济主宰的中世纪社会其实颇为合理，彼时人们对工作效率没有太多的苛求，也不太有能力在开庭天数上提出过高要求。① 实际上，在一年四分之三的时间内，根本没有中央普通法法院开张营业。②

针对如此短暂的开庭期，法律会馆做了怎样的努力呢？为了保证会馆享有聘请实务人员从事教学的便利，同时保障坐凳师傅和外席律师们及时参与实务工作，会馆根据开庭期创立了"学术学期"（Learning Terms）和"学术假期"（Learning Vocations）。前者是与开庭期一致的正式学期，后者是将不同学期间隔开来的会馆假期。学术学期是正式的学习期间，法律学徒从各地聚至会馆寄宿学习，严格考勤。学术假期的时段则作两用，其中部分的时间全馆放假休整，其他时间仍有初级学徒留宿学习法律知识。法律会馆的开庭期与学术学期、学术假期的对照见表 6 - 1。

表 6 - 1　法律会馆的开庭期与学术学期、学术假期

开庭期（Law Terms）	学术学期（Learning Terms）	学术假期（Learning Vacations）
起点：圣希勒里节 时间：1 月下旬至 2 月上旬	名称：圣希勒里学季 时间：1 月 20 日至 2 月上旬	名称：大斋节假（含复活节） 时间：约 40 天

① 〔法〕雅克·勒高夫：《试谈另一个中世纪——西方的时间、劳动和文化》，商务印书馆，2014，第 79 页。

② John Baker, *An Introduction to English Legal History*, Oxford：Oxford University Press, 2019, pp. 72 - 73.

续表

开庭期（Law Terms）	学术学期（Learning Terms）	学术假期（Learning Vacations）
起点：复活节后 时间：4 月中旬至 5 月上旬	名称：复活节学季 时间：复活节之后八日至复活节后的第五个礼拜天	名称：圣三一假 时间：2 周以内
起点：圣三一节后 时间：5 月下旬至 6 月下旬	名称：圣三一学季 时间：复活节后第七个礼拜日之后第八天至 7 月 8 日	名称：暑假 时间：7 月上旬至 10 月初
起点：圣米迦勒节后 时间：10 月初至 11 月底	名称：圣米迦勒学季 时间：10 月 6 日至 11 月 25 日	名称：圣冬假（含圣诞节） 时间：11 月 25 日至 1 月 20 日

资料来源：Phyllis Allen Richmond，"Early English Law Schools：The Inns of Court"，*American Bar Association Journal*，Vol. 48，No. 3（March，1962），p. 257。

充足的学习时间是法律技能训练的保障。根据惯例，从学徒到外席律师平均耗时 8 年之久，其间只有保持良好的出勤和学业记录，才能"授予律师资格"（call to the bar）。直到 1596 年，学生从法律会馆毕业的平均年限仍为 7 年以上，这实际与中世纪一般手工业行会的学徒训练期保持了一致。1617 年，内殿法律会馆颁布了规定，"任何人在会馆的时间不满 8 年，不得授予律师资格"，明确只有"经常参加预备法律会馆举办的大、小规模的模拟审判，并且在会馆中参加普通案件讨论"的"勤勉的、做了充分准备的学生"才能被授予律师资格。为了对抗外部势力对会馆教育的干预，会馆附加了一道禁令："任何人若想仅凭某位显贵人士的推荐信争取晋升资格，将永远丧失在本会馆获得资格的可能性。"

（三）实务技能的打磨

法律会馆的主要活动即对法庭诉讼实务能力的培养，法律学徒在旁听庭审、诵讲学习、案例讨论、会餐制度以及处罚训诫的教育过程中获得训练。

一是旁听。会馆首先对诉讼技能进行训练，学生们要在威斯敏斯特普通法法庭（common bench）旁听真实的诉讼审判，这种培训方式可谓直观且实用。会馆初创的时代没有任何的教学辅导类教材，学生们旁听庭审的笔记就成为珍贵的学习资料。年复一年的会馆学生整理笔记最终形成了年鉴（The Year Book），里面包括真实判例的记载，也包括学生们诠释与论证的研修成果。这里应当注意到，年鉴所运用的语言非常奇怪。因为彼时，英格兰中央法院的法官说的是法语，但又不是一种正宗的法语，而是一种方言式的法语，这些术语又穿插了不同数量的拉丁语，而学习听课的法律学徒都是英国人，日常说的是英语。这样导致的结果是，学生们听到了法语和拉丁语的混合语，然后穿插二者进行记录，不少地方再用英语进行补充和解释，年鉴成为各种语言的杂糅——它看上去奇怪而又繁杂，整理、使用的难度也可想而知。直到今天，年鉴的整理工作仍旧进度缓慢。无论如何，旁听庭审并做记录，是法律会馆至关重要的学习方式，这种方式一直持续到 18 世纪。近代以来，在布莱克斯通、边沁等学者的努力下，执业律师开始去大学讲解英国法并确定了普通法教学资料，继而有了英国法的考试和学位。① 但与中世纪的法律行会相比，这些是非常晚近的事情。

二是诵讲，也就是朗诵和讲解。诵讲既包括制定法的学习，又包含法律应用技能的训练，会馆每周有三日以上的时间专门诵讲。② 前已述及，诵讲官来自会馆资深的师傅，他们负有讲解诵读内容、帮助学生记忆的责任。中世纪英格兰法以王座与各地不同的习惯为内容，知识体量之大导致常规诵讲需要耗时数个学期。③ 资料显示，法律会

---

① 李红海：《英国普通法概论》，北京大学出版社，2018，第 183 页。
② Ian D. Aikenhead, "Students of the Common Law 1590－1615: Lives and Ideas at the Inns of Court", *The University of Toronto Law Journal*, Vol. 27, No. 3 (Summer, 1977), p. 249.
③ J. H. Baker, *Readers and Readings in the Inns of Court and Chancery*, London: Seldon Society, 2001, pp. 189－190.

馆诵讲的内容主要是适用中的英格兰法令和重要实务技巧，诵讲内容包含但不限于："森林法案集成"（Treheme on the Forest Law）、"用益法案集成"（Bacon on the Statute of Uses）以及"英格兰反虐待法案"（Jardine on the use of torture in England）等重要法律文本。由于中世纪书籍复制的成本昂贵，学徒们靠手抄完成阅读材料的积累并及时进行温习。对学徒而言，参加诵讲既是一天学习生活的开始，又是一天学习生活的结束。早上 8 点，学生已经开始在会馆大厅中温习朗读内容，同时整理形成诵讲笔记；傍晚的讲读，往往由下班之后的高级法院法官和御用律师进行领读和辅导。① 内殿会馆的重要诵讲官托马斯·利特尔顿（Thomas Littleton）曾经负责领读爱德华一世期间的"附条件赠予法令"（the statute of de donis conditionalibus）（见图 6 - 2），这为其之后翔实的英国土地法巨著《论保有》奠定了基础。②

　　三是模拟法庭。法律会馆中的模拟法庭，是通过案情分析、法律文书准备、预演、正式开庭等环节模拟审判的过程，会馆的师傅与学徒扮演不同的法庭角色并参与其中。一般的场景通常是，两位学徒分别扮演假想中的"原告律师"和"被告律师"。"原告律师"以法律法语（law French）进行陈述，"被告律师"则代表假想中的被告进行应答。其间，坐在"法官席"上的栏外律师或师傅给出相关意见，没有参与扮演的学徒可以进行讨论或记录。如果赶上威斯敏斯特中央法院法官或者御用律师在场的时候，学生还能得到更为专业的评论。这样的机会，使学徒有机会模仿实务中的法庭辩论，又能得到及时、针对性的纠正，资格较老的栏外律师还能体验"法官"角色并审理案

---

① W. S. Holdsworth, *A History of English Law*, Vol. 2, London: Methuen & Co., 1923, p. 426.

② Lee G. Holmes, "A Visit to the Inns of Court", *American Bar Association Journal*, Vol. 55, No. 1 (January, 1969), p. 54.

图 6 - 2　利特尔顿诵讲画像

资料来源：Samuel Ireland, *Picturesque Views with an Historical Account of the Inns of Court In London Westminster*, London：C. Clarke, 1800, p. 72。

件。实务导向型的角色体验和最终适应的过程，将学生带上了不断磨炼法律技能的道路。[①] 会馆还参照普通法审判的实务制作模拟法庭报告，协助模拟法庭梳理法律难点并提升培训效率。

　　四是案例讨论，讨论伴随诵讲与模拟法庭同步展开，也有会馆会有独立专门的会餐讨论。一般情况下，伴随诵讲和模拟法庭的专业性讨论每日持续数小时以上，尤其在诵讲的环节，诵讲官、坐凳师傅或者外席律师可以讲解内席学徒提出的问题，师徒当场就合法

---

① Wilfrid Prest, "Legal Education of the Gentry at the Inns of Court, 1560 - 1640", *Past & Present*, No. 38（Dec., 1967）, p. 30.

性和违法性问题进行分析并讨论。与此同时，法律会馆十分著名的"餐会"（the commons）制度，则属于专门性的学术讨论。诵读结束之后，诵讲官负责与坐凳师傅一起，召集大伙开始用餐并同时讨论法律问题。为了讨论的便利，餐台上往往放置即将讨论的案例。"午餐会"开始于上午的诵讲之后，就餐成员在诵读官的引导下吃饭讨论。"晚餐会"则大致于6点钟开始，也是会馆成员聚集在一起，共同用餐并讨论案件。餐会制度可以对每日的学习效果进行监督，也是行会内部日常交流的重要方式。16世纪的餐会已经不限于专业性法律问题的讨论，还包括重要事件、人物的多种话题。[①] 直到今天，诸如牛津、剑桥等英国知名高等学府对会餐讨论的督学形式仍旧有所保留。

五是处罚和训诫。这是技艺养成的重要保障，即通过罚金和逐出餐会的方式维持学习秩序。法律行会的坐凳师傅保有国王授予的行内惩戒权，对于行为不端、屡教不改等不守规章的会馆学徒，可直接由会馆领袖施以惩戒，主要方式即罚款直至逐出行会。[②] 实际上，会馆的生活本身丰富多彩，学生不仅可以学到法律知识，还可以参与全部种类的音乐、舞蹈等各类娱乐活动。[③] 与此同时，学习本身就是学生的义务，他们的日常言行也受到严格的管束。一般情况下，学生"应当按照古代的法律会馆的绅士那样穿着长袍"，进入会馆厅堂（the hall）和教堂，必须穿长袍、戴圆帽，禁止穿马靴进入厅堂；除短剑之外的任何武器不能带进会馆厅堂，否则将面临罚款；上课期间不允许交头接耳，

---

① Lee G. Holmes, "A Visit to the Inns of Court", *American Bar Association Journal*, Vol. 55, No. 1 (January, 1969), p. 55.

② Lee G. Holmes, "A Visit to the Inns of Court", *American Bar Association Journal*, Vol. 55, No. 1 (January, 1969), p. 54.

③ Fortescue, *De Laudibus Legum Angliae*, Chapter 49, cited from J. C. T. Rains, "Aristotle at the Inns of Court", *Blackfriars*, Vol. 18, No. 206 (May, 1937), pp. 383 – 384.

课余时间不允许虐待管家和随侍，也不可赌博；如果胡子超过 3 个星期不刮，要被课以 20 先令的罚款。到了伊丽莎白统治时期，四大法律会馆普遍禁止下列行为：学员佩剑或者小圆盾、胡子超过 14 天不刮、裹腿过长、衣领过高、穿着丝质或者毛皮的衣物等。违反这些禁令将被逐出餐会反省改过。菲利普国王和玛丽女王时期，会馆允许学生穿颜色偏暗的长袍，但是仍旧禁止留长发或者卷曲的头发，不能蓄须，也不能穿白色的紧身上衣和天鹅绒、绸缎的外套。为了维持基本的课堂秩序，会馆确立了严格的缺课罚金制度，学生错过 1 次模拟法庭罚款 1 便士，错过一次讲座或者报告罚款半便士或者 1 法寻（1/4 便士）。如果学生故意错过多次讲座、报告或者模拟法庭，将被处以更多的罚款直至开除。①总之，法律会馆通过学识和品行的规制，"精雕细琢"地打造了中世纪的法律人群体。

四　小结：中世纪行会的普通法因应

法律会馆在数百年内为英国司法界培养了大批法律实务人才，它们的基本结构形式与中世纪的行会保持了一致。由于普通法技艺理性的特征，学习普通法只能看师傅如何去做才能够实现。这个技艺必须通过行会性质的组织来学习，普通法技艺理性与行会技能培训实际具有同构性。尽管早在 11 世纪，英格兰的行会已经受制于王权和渐成体系的普通法实践，行会法也很难以重要法律渊源的形式直接作用于英格兰，但是，行会对于普通法的影响力仍旧是结构性与功能性两个层面的，它坚持技能主义、实践主义的路径，垄断法律教育和从业资格认定数个世纪之久，在法律教育和传承的领域取

---

① Ian D. Aikenhead, "Students of the Common Law 1590 - 1615: Lives and Ideas at the Inns of Court", *The University of Toronto Law Journal*, Vol. 27, No. 3 (Summer, 1977), p. 251.

得较大的成功。

当然，这种以行会为基础的会馆制教育在近代陷入重重危机，到英格兰近代复辟王朝时期已经行将崩溃。其主要原因有三：一是印刷书籍的普及程度大大提高，二是学生学习兴趣的丧失，三是教师教学积极性的下降。印刷术的普及，法律著作、文献资料、案例汇编等不再由会馆垄断，而在市场之中可以轻易购得，各式辅导用书也唾手可得。与会馆严苛、繁杂的教育模式相比，大量学员愿意并且能够通过自我阅读学习法律。学生们对听讲座、参加模拟法庭和案例讨论失去了兴趣，不少人还雇用替身以逃避上述义务。[①] 另外，担负教学任务的主管、出庭律师和法官陷入了近代社会高强度、高收益的繁忙实务工作，再也没有闲暇开设收入微薄的讲座，诵讲官一职备受冷落，会馆教学质量无法得到保障。[②] 这三个因素形成恶性循环，把英国的行会式法律教育推向了历史的尽头。1677 年，林肯会馆作了最后一期法律讲座，其他会馆的讲座也于此前后宣告停止。[③] 培养法律人才的主阵地向高等院校法学院转移。

无论如何，法律会馆以其独有的方式活跃在英格兰法律的舞台。虽然大学法学院教育成为培养法律人的主阵地，但法律会馆长期保有的技能打磨和实务训练仍旧是法学教育中不可忽视的环节。法学院毕业生意图进入律师行业，必须从基层雇员做起，跟随并旁听法官或者出庭律师学习法律。这些学生一边收集、摘录、阅读判决意见书、案例汇编，一边依靠雇主言传身教、耳濡目染学习法律。这种方式和当时手工作坊中徒弟跟随师傅学手艺几乎一模一样，学习效果完全决定

---

① Wilfrid Prest, "Legal Education of the Gentry at the Inns of Court, 1560 – 1640", *Past & Present*, No. 38 (December, 1967), p. 25.

② David Lemmings, *Gentlemen and Barriste Bar: The Inns of Court and the English Bar*, *1680 – 1730*, Oxford: Clarendon Press, 1990, pp. 289 – 290.

③ 程汉大、李培锋：《英国司法制度史》，清华大学出版社，2007，第219页。

于个人的天分与勤奋程度以及雇主的责任心。从初级雇员到资深律师的时限同样需要数年之久，从实质意义上延续了会馆实务训练的基本模式。

近代以来，古老的法律会馆再次焕发青春，成为衔接法学院和普通法职业实践的关键桥梁。18世纪以后的法律会馆仍旧作为出庭律师的职业组织，拥有出庭律师资格授予权和职业管理权。1908年，包含牛津、剑桥、伦敦大学等设有法学院的八所大学联合成立了"公共法律教育者协会"（The Society of Public Teachers of Law），统一协调各大学的法学教学、考试、学位授予等事宜。四大法律会馆审时度势，对上述方案做出了积极响应。1847年，内殿会馆重新开办英国法讲座，主要讲授普通法、衡平法和不动产法，并建立了考试和奖学金制度。随后，中殿会馆、格雷会馆、林肯会馆也相继开办讲座和建立考试制度，格雷会馆还恢复了模拟法庭教学模式。1852年，在总检察长比塞尔（Bethell）的提议下，四大会馆的主管委员们联合组建了"法律教育理事会"（The Council of Legal Education），以加强各会馆间的交流与合作。1854年，根据皇家委员会的建议，"法律教育理事会"规定：凡未取得大学学位者，必须通过入学考试，才能进入法律会馆学习；毕业时要进行毕业考试；前者以考查法理、法史等基础知识为主，后者以考查普通法、衡平法等实用法律知识为主。1871年，四大法律会馆联合决定，实行出庭律师资格强制性考试制度，并授权"法律教育理事会"负责选任教师和考官。① 此后至今，各大法学院侧重于初学者基本知识和基础理论方面的素质教育，法律会馆负责高级阶段的职业技能训练。并且，随着英国海外殖民地的拓展，行会学徒制成为美

---

① 据考证，美国第一任总统华盛顿的舅父约翰·鲍尔（John Ball）曾任格雷会馆坐凳师傅，我国近代外交家、法学家伍庭芳也曾以学徒身份求学林肯法律会馆并取得律师资格。

国、加拿大等普通法法系学术研讨和人才培养的基础路径。① 20 世纪以来，随着世界全球化进程的加快，四大法律会馆的受训学徒有着遍布五大洲的不同国家和民族背景。② 可以说，行会学徒制虽然已经衰落，却在实质上真正影响着普通法法系法律人的成才之路。

---

① 法律行会对美国、加拿大等国家法律教育的后续影响，详见 Cecil Headlam & Gordon Home, *The Inns of Court*, London: Adam and Charles Black, 1909, pp. 79 – 80; "Salute to the Bar of England", *American Bar Association Journal*, ed. by American Bar Association, Vol. 26, No. 10 (October 1940), pp. 772 – 773; Charles M. Hepburn, "The Inns of Court and Certain Conditions in American Legal Education", *Virginia Law Review*, Vol. 8, No. 2 (December, 1921), pp. 93 – 102。

② Lee G. Holmes, "A Visit to the Inns of Court", *American Bar Association Journal*, Vol. 55, No. 1 (January, 1969), p. 56.

第七章　消解与遗产：中世纪行会的近代命运

"行会中的生产资料还没有独立化为资本而同工人相对立。"

——〔德〕卡尔·马克思，《资本论》

行会法律规制之下的中世纪行会似乎令人期许——行会对抗着普遍的身份差异，它使成员均等地分享手工业生产和产品销售的路径，还以强制募捐的形式扶贫济弱、保障安全。为了不断延续团体的生活，行会接纳并提升新晋会员的技能，且以司法诉讼的途径解决可能产生的矛盾纠纷。不难想象，典型的中世纪行会人可以自行购买原材料，以自有的工具在作坊中从事生产和销售。除了缴纳募捐的款项和特定的赋税，他基本是独立的经营者。他还能不时享有同行兄姊聚会的欢愉，病有所养、老有所终。假如这样理想的行会生活得以保持，是否自由忠爱的近代西方世界应当产生于情理之中？

一　行会的消解：专营权、私权与国家主权

（一）行会专营的保守性

答案当然是否定的。

行会并不是中世纪的乌托邦。事实上，自行会产生以来，关于专营性和垄断性的讨论就不绝于耳，这似乎成为一个悖论：中世纪行会

以专营权参与维系中世纪基本的社会经济秩序，却又不可避免地促成了垄断继而危及秩序本身——这使行会的现实面向呈现复杂性。为此，我们至少应当从四个方面进行把握。

第一，法定的特许经营权是行会全部生活的起点，但特许并不是行会"免费的午餐"，而是付出了一定的经济或者政治成本。在中世纪，"行会"不仅是一种行之有效的生活方式，还是一种立足实际的思维方式、经营方式。资料显示，离开特许权的中世纪经营者，除了要承担常规封建义务、王室税收之外，其他可能就地缴费的杂项包括但不限于："通行费"（passage），即各路口、关卡征取的过路费；"过桥费"（pontage），即经过桥梁需要缴纳的费用；"摊位费"（stall-age），即摆摊贩售的场地费；"仓储费"（lastage），即未出售产品临时存储的费用；"检查费"（alnage），即货物随时准备接受检查需要支付的费用……此外还有诸如港口泊船的税费、穿行森林的税费、修缮城市基础设施的税费，甚至购买生活用品也要缴纳税费，名目可谓林林总总。① 如何享有税收的豁免和行动的自由？组成行会并争取豁免，无疑是最佳的选择。一般情况下，行会多数通过一次性或周期性的赎买，或者经过烦琐的政治斡旋，最终获得各种形式的豁免条款——这是行会约定的根本动因，也是人们选择行会的理由。

第二，从效果上看，行会的特许权实际带来了共赢的利好。假如行会彻底抛弃公共责任，仅仅拘泥于局部的特权和财产，那么维系行会的内部纽带也时常无法存续。行会人看到，特许权的行会专属性，创造了可持续且大致均衡的行内收入，行会的产业、技术和效率也得以维系；从维持行会声誉和效益的整体立场出发，行会也有能力主持法庭，确定行业标准并最终主持公道。这样一来，行会的实际社会功

①　Edwin R. A. Seligman, *Two Chapters on the Medieval Guilds of England*, American Econmic Association, 1887, p. 26.

能已经超出纯粹经营的层面，一定地域范围内的行会专营，意味着在产品价格、质量标准方面做出了制度性的规定，这本身也是一种社会性的检查和自省力量。也唯有行会的特许和专营，才能维持诸如师傅、帮工、学徒等中世纪主要劳动力之间的稳定联系，才能实现有效的组织合作，最终保障生存环境的安全和稳定。于是，政治权贵及社会公众眼中的行会"危险但有用"，对待行会的态度也充满矛盾。王室、领主等政治势力时而支持某一行会的专营，时而又根据需要促进竞争、打击行会。大多数情况下，整合居民进入行会并获得有效税收几乎成为各地统治者的理想蓝图，而行会在日常公共生活中提供的治安、庆典等服务也受到公众的认可。正因如此，中世纪社会对于行会专营的反对，经常是"雷声大、雨点小"。[①] 与此同时，行会仍旧是最为直接的受益者，基于特许经营权的取得，行会产品收入仅是行会整体的经营销售收入，产品成本则包括行会标准之下的税收赎买本金、原材料制备、行会管理费、入会费以及各作坊内薪酬等，这已经最大限度地排除了非行会经营者可能承担的其他课税成本。在坚持行会特许的前提下，单位时间内的经营成本是有所降低的，而产品收入则会因销路的保障有所增加。在行会运营理想的状态下，经营利润率自然而然会有所提升。

行会利润率↑ =（行会产品收入↑ －总成本↓）／总成本 ＊ 100%

第三，对行会而言，特许专营衍生出来的垄断权具有必然性，且具有"合法律性"，这为中世纪后期行会的转型埋下了伏笔。鉴于争取特许的先期投入，行外同类产品的竞争遭到行会团体的打击，即行会成员以外的任何人不可以在城市及其近郊甚至行会商路开展贸易。

---

① 〔英〕M. M. 波斯坦等主编《剑桥欧洲经济史》第3卷《中世纪的经济组织和经济政策》，经济科学出版社，2002，第 207 页。根据本书第五章的内容，中世纪大多数地区除了食品业、纺织业、醋和油脂业等关键民生领域，大多数的贸易活动还是存在充分的竞争的。

这种以"行会托拉斯"打击竞争者的情况，在特许状的条款中频频出现，诸如非行会人不得买进或者出售商品，不得从事零售业，甚至不得进行产品的运输等。依据行会章程的内容，行外人士只能开展少量的批发生意（wholesale trade），除非加入行会。这类专营权甚至不限于行会所在的地域，比如在伦敦，不少行会与其他城市的行会保有协议，使不同城市的行会成员共享特许权。行会不可避免地垄断了中世纪的劳动力，继而垄断了中世纪的资本市场。无论行会是否有能力优化收益和分配，歧视并扼杀竞争毕竟是维持特许权的需要，结果就是强势把握了操纵市场与维持社会秩序的便利。尽管这在本质上符合行会的利益诉求，但如果严格按照行会的限制，行外个体经营是难以维系的，消费者的交易权和选择权形同虚设。就此而言，行会法逐步成为垄断专营的"保护伞"，行会本身也发展为禁锢资源有效配置的"铁笼"，它需要近代自由资本主义新势力的突破。

第四，行会法立足行会的整体利益，这就当然地忽视了个体的法律地位，尤其形成了对个体智识贡献的抹杀。尽管已经有了制度性权利义务规定，但行会仍旧对"个体"与"整体"有机关联性的认识不足，结果停留在简单粗糙的机械协作。涂尔干将这类协作定性为"无机的团结"，这种团结之所以能够存在，是因为集体人格客观上完全吸纳了个人人格，参与这种团结的个体人，几乎不能够"自臻其境"地保有自己的人格。[1]　在中世纪行会的制度设计中，自然人个体开始成为法律意义上的主体，但是，个体的价值仍旧没有得到充分的认可。在中世纪，商人、手工业者保障生计的有效方法，是最好能够加入一个行会，然后遵守行会的规则，按照行会的标准来从事生产。于是，根据行会的制度设计，行会整体的利益是解决一切问题的前提，这在

---

① 〔法〕埃米尔·涂尔干：《社会分工论》，渠东译，生活·读书·新知三联书店，2013，第91页。

多数时候要求个体付出、服从甚至不计得失。这样导致的结果包括两个方面：一是当行会中的个体经营者发展出高效的生产技能，可以在获得行会认可的情况下得以适用；二是一旦行会拒绝予以认可，个体的智识成果就不得推广。其实，即便是已经得到行会认可的技术创见，首创者的获益也十分有限，新的技术在行会内部没有排他性使用权，它等于是对行会整体的贡献——这无疑是对个体的极大不认可甚至打击。这种情况普遍存在于手工业行会，尤其存在于冶金、设计等技术见长的行会。在行会整体主义的逻辑中，亟待实现技术创新的是行会，亟待提高竞争力的也是行会。悖论就在于，如果个体的贡献仅仅作为行会的孳息产品而存在，那么会不利于行会整体进一步获得创造力。应当看到，传统中世纪行会使个体人从人身依附的封建罗网中解脱出来，但又产生了"整体主义至上"的新束缚。行会一面在生存环境、物资援助和经营秩序方面保障个体并形成"向心力"，一面又由于个体地位的不充分而产生了"离心力"。个体的消极性和保守性，在近代空前激烈的经济竞争和自由思潮中日益凸显，是行会最终走向衰落的内在根源。

无论如何，对于行会专营的分析，应当避免某种概念化、模式化的逻辑，即行会专营导致垄断，凡垄断即教条的集体主义，是对资本与个体利益的打击。从整体上看，中世纪行会并未走如此极端的保守主义路线，特定时空条件下的专营权具有社会价值，而垄断导致的实际效果则是复杂的。正因如此，中世纪行会本身酝酿着新的变革，它对技术和贸易的长期专注，支持着近代资本新贵更加有效的经营方式与法律规约。

（二）行会与近代私权的萌生

中世纪后期，学徒、帮工与师傅的行内结构悄然生变。曾经最为普遍的行会与作坊经营，从 15 世纪开始受到挑战。根据马克思的研究，中世纪行会的规章曾经阻止了行会师傅转化为资本家。由行会师傅在自己的作坊中培训学徒，同时保留或者另行收编技艺已成的帮工，学徒也可以通过学习成为帮工，然后再逐步成为师傅。行会会员与其生产资料的结合，"就像蜗牛和它的甲壳互相结合一样，因而工场手工业的起码基础还不具备"。① 自 15 世纪起，越发昂贵的作坊经营成本客观上限制了普通学徒正常的晋升路径。随着设备的改进和精细化程度的提高，独立开张所需的投入成本也在一路攀升。行会章程中限制生产规模、平均销售机会的条款仍然存在，但实际情况表明，作坊主为了追求高额的利润，往往置这些条文于不顾，只在体积上扩大生产规模。以各地纺织行会为例，随着机械设备的不断升级，除了织机操作者外，行会还必须雇用一些必要的勤杂人员，用于原材料和成品的搬运及打包拆包等工作。如果没有数十个劳动力一起，有些设备甚至是无法开动的（见图 7-1）。于是，曾经几年之内即可完成的开张积累，往往数十年也未必能完成。尤其在一些设备造价昂贵的作坊里，行会师傅不愿将自己的投入送进外来学徒和帮工的手中，一味扶植自己的子女继承作坊，同时试图将帮工和学徒的劳动束缚在作坊内部。这样，训练有素的学徒和帮工人数越积越多，却不见掌管作坊、开张经营的机会。如汤普逊所言，近代行会成为剥削性的团体，行会的学徒和帮工逐渐由期待成为师傅的手艺人，转变为依附于行会作坊、领取固定薪水的长期雇员。② 行会师傅则凭借其对设备和技术的控制，从领头手艺人转变为分配利润的资产者——新的雇佣身份关系已然在酝酿的过程之中了。

面对冰冷的机械生产，行会退去了协作和温情的面纱。这种稍显

---

① 《马克思恩格斯文集》（第 5 卷），人民出版社，2009，第 415 页。
② 〔美〕詹姆斯·W. 汤普逊：《中世纪欧洲晚期经济社会史》，徐家玲译，商务印书馆，1996，第 544 页。

隐蔽的新型身份关系，自始就遭遇了行会下层人士的抵抗。"阶级团结正在代替原来老板与工人的行会式团结，工厂竞争正在代替行会内部的合作实践。"① 大多数的帮工和学徒当然不会任由行会法定的权利形同具文。16 世纪后半叶，帮工和学徒开始进行抵制，他们要求遵从章程的规定，遵从旧有的师徒契约，同时拒绝接受权利被剥夺。这些帮工出于对行会"兄弟之爱"的眷恋，复又组成了松散的劳动者团体（rudimentary labor union）。在 16 世纪的德国城市中，许多行会中的帮工和学徒自行组成了"兄弟会"（Brüderschaften），并保持了彼此之间的配合与联系。1500 年，纽伦堡（Nuremberg）铁匠行会的帮工认为遭受了行会师傅的不公对待，他们举行罢工并离开了城市，还力图阻止其他任何人顶替行会的空缺。1503 年，韦赛尔（Wesel）裁缝行会的帮工索要逐渐丧失的开张权利，要求"多劳者多得"（Those who work the most should get the most）。与此同时，行会中的师傅们也采取了行动。他们相互合作，将参与罢工的帮工和学徒清理出行会。1505 年美因茨（Mainz）地区的罢工学徒与帮工被各行会的师傅们集体解雇。同年，莱茵兰（Rhineland）地区 20 余座城市的裁缝匠行会师傅齐聚一堂，应对罢工问题。他们达成一致，约定参与罢工者在任何行会均不受接纳。同样的约定出现在 1536 年的里昂和巴黎地区。欧洲各地的皇家权威和市政力量也参与进来，他们软硬兼施，将帮工和学徒们的抵制瓦解于无形之中。② 至此，行会手工业者走上了机械化的生产之路，完整的技能修习似乎没有必要了。局部的、专门的、高效率的计件工作取代了传统行会的全技能劳作，逐渐成为最为主要的生产方式。

---

① 〔美〕步济时：《北京的行会》，赵晓阳译，清华大学出版社，2011，第 208 页。
② Eugene F. Rice, *The Foundation of Early Modern Europe, 1460 - 1559*, New York: W. W. Norton and Company, 1994, p. 56.

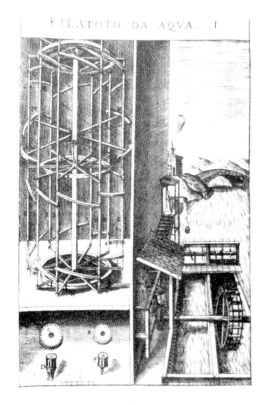

图 7 – 1 文艺复兴时期的水力纺织机 (a water—powered throwing mill)

注：将生丝加工成可以纺织的强韧线缆。作坊师傅是此类机械的拥有者，通常必须雇用 8 ~ 9 名帮工完成每个环节的工作。

资料来源：*Vittorio Zonca*，1607，转引自 Eugene F. Rice，*The Foundation of Early Modern Europe, 1460 – 1559*，New York：W. W. Norton and Company，1994，p. 57。

与此同时，近代工业生产和区际贸易的浪潮，使行会团体在特定地域范围之内的专有权限再难维系。传统行会的市场是地方性的，而非跨地域的。行会特许经营权的基础，在于工匠和商人或多或少地面临交通的障碍，有着接受临近生产地的必然和必要。或者说，只要市场本身还具有地方性的色彩，传统行会就具备执行行会法律的真实空间，道德的原则、质量的标准与价格的体系可以应付某一地域之内的基本需要。但是，一旦近代的工业开始发展起来，这种情况就不合时宜了。工业生产争取最大限度的资本流通，势必突破中世纪行会的地域性和专属性。方兴未艾的机械产业不再局限于某一城镇，反而是哪里供应最充足，哪里最可能拓展业务，就会义无反顾选择哪里——劳动者、商品和主顾完全可以来自四面八方。比如，在意大利的丝绸产业中，旧有的行会领导者看准了商机，购买黎凡特（Levant）地区的生丝原料转由行会工匠进行加工，再将成品卖到伦敦、巴黎或安特卫普（Antwerp）等地区。① 在这一过程中，手工业者的参与打破了地域的限制，传统行会的成员准入、特许经营活动等再也无法适用。

伴随着行会的衰落，社会经济关系进行了进一步的"去身份化"改造。昔日行会中特定的师徒关系不复存在了，契约的逻辑与精神却能量不减，它体现为劳动力雇佣的新型社会关系。与传统行会师徒关系的差异在于，经营参与者中的缔约双方不复具有长期的固定性，劳动力的出卖和收买形成了"选择型"缔约关系，赋予缔约主体更多的意志自由，劳动契约在参与经济活动的主体之间蔓延。缔约的行为已经挣脱了身份，抽离了团体，成为个体意思自治的举动——这是前所未有的改变。与此同时，雇主不单纯是利益的垄断者，还是风险的承担者，同时又必须面对雇工的不满及挑战。雇工必须完成特定的生产份额，但也并非被完全阻塞了仕进的道路。重要的是，有产者的优越地位并非一成不变，雇主可能倾家荡产，勤奋的劳动者多有发迹的可能。从 15 世纪晚期商人日记的内容可以看出，追求利润、聚敛财富的精神气质已经风靡开来。比如，意大利商人利奥·巴蒂斯塔·阿尔伯提（Leon Battista Alerti）认为，好的商人不允许自己懒惰。他精确地计划每天的生活，力图避免哪怕一个钟头的空闲，或者一项工作的拖延。他在日记中写道：

---

① Eugene F. Rice, *The Foundation of Early Modern Europe, 1460 - 1559*, New York: W. W. Norton and Company, 1994, p. 56.

　　早晨醒来的第一件事，就是自己的静思："今天必须完成的
事情有哪些？"我当然会想到不少的事情，并将其逐一纳入行程
之中：这一件早晨，这一件下午，那一件傍晚……早上我计划一
整天的事宜，日间我严格遵循自己的计划，到了晚上，我结束一
天的日程，反思自己当天所完成的事。此时，如果我有疏于完成
的工作，且这项工作能够立即去弥补，我就毫不犹豫去做；我宁
可牺牲睡眠，也不愿牺牲时间，因为后者即意味着工作上的光阴
流逝。睡眠、食物以及诸如此类的物品，我明日尚可补给，但本
应用于必要工作的光阴，却是一去不复返的了。①

（三）近代国家主权的"反行会"倾向

　　近代国家的司法、行政和税收体系，全面接管了行会在区域管理和
法律规范中的权限。这种取代当然是一个长期的过程——行会毕竟久远
地提供了稳定社会管理和税收的渠道，欧洲国家的君主并不愿立即承担
失去行会的风险。直到17世纪晚期，佛罗伦萨的行会依旧保有相当的
政治影响力，德意志地区的自治城市仍然从行会中坐享其成。无论如
何，借助宗教改革的余温，民族国家成功地将经济生活全面纳入当地的
行政机构（local magistrates）或者国家政府（state bureaucrats）之中。
博洛尼亚、威尼斯的行会失去了自主权，转而臣服于城市中的资本新
贵。② 17世纪的荷兰与18世纪的英国确立了强势行政管理和税收的体
系，推动了欧洲范围之内的"行会弱化政策"（guild-weakening poli-

---

① Eugene F. Rice, *The Foundation of Early Modern Europe, 1460 - 1559*, New York：W. W. Norton and Company, 1994, p. 63.
② Carlo Poni, "Norms and Disputes：The Shoemakers' Guild in Eighteenth Century Bologna", *Past and Present*, No. 123, Oxford：Oxford University Press, 1989, p. 83.

cies）甚至"反行会"（anti-guild）政策。① 其他国家如尼德兰、丹麦和法国纷纷采纳了英格兰的模式。于是，18 世纪的法国、19 世纪的奥地利和普鲁士、20 世纪的西班牙与南意大利地区，行会大都已经销声匿迹。最终，近代的行会成为包含于"主权"内部的概念，而"主权"又是统一和不可分割的，职业行会的退场成为再自然不过的事情。

一时间，行会被推至时代发展的对立面。古典自由主义方兴未艾的英法等国排斥行会，意大利频频遭遇外敌入侵的厄运，昔日行会的盛景亦不复见。新兴的投资者和冒险家无不认为，"一切社会权利甚至国家的力量，首先是个人的意志或者权利的集合"。② 拖着封建主义尾巴的行会成为自由市场发展的障碍，行会的章程不过属于一段"并不光彩的历史"。③ 1804 年，《法国民法典》从国家制度层面确立了个人主义、自由主义和法律地位平等的私法原则，回避了法人和团体的相关规定，也就间接否认了传统行会及其章程的正当性。《法国民法典》第一编所规定的"人"，仅指作为个体的法国人，不包括法人或团体。直到 1807 年的《法国商法典》，才对团体的法律地位做出了补充。即便如此，法典的起草者不过将团体当作许多自然人个体（multitudo signulorum）的组合而已。"在近代民法中，只有象（像）细胞一样分别存在的单个自然人，没有多数细胞聚合而成的组织器官。单个自然人是唯一的权利主体，一切民事关系不外是单个自然人之间权利和义务的牵涉。自然人的集合体（如公司或劳工团

---

① Charles R. Hickson and Earl A. Thompson, "Essays in Exploration: A New Theory of Guilds and European Economic Development", *Exploration in Economic History*, Vol. 28, New York: Academic Press Inc., 1991, pp. 127–168.

② Otto von Gierk, *Das Deutsche Genossenschaftsrecht*, trans. by Bernard Freyd as *The Development of Political Theory*, New York: W. W. Norton & Company, 1939, p. 105.

③ 叶林：《私法权利的转型——一个团体法视角的观察》，《法学家》2010 年第 4 期，第 139 页。

体）不能成为民事关系的主体。"① 就这样，传统行会在近代社会经济领域逐步淡出。

二　行会的遗产：近代跨国公司与商事裁判

（一）近代跨国公司的诞生：从行会到规约公司

在消失或改变的过程中，行会的逻辑与价值被运用并适应到新式的工业和商业活动中。中世纪行会法诉诸非地域、非官方的规范性材料，形成了超越领地和族群的行业性准则。随着近代民族国家的兴起，存在于中世纪的等级、行会、社团等都为民族国家所吸收。16 世纪地理大发现后，西班牙、葡萄牙、荷兰、英国、法国等新兴资本主义国家相继崛起，新兴的海外冒险公司在改造中世纪行会组织的基础上迅速发展。

行会在德意志地区的影响力是有所保留的。在围绕民法典制定所展开的论战之中，有关行会和团体的命题始终占据着分量。从蒂堡、艾希霍恩到基尔克一脉的日耳曼法学者对传统的行会进行了反思与挖掘，他们将行会的法律制度视作传统法的基本要素和德意志民族精神的一部分。其中的集大成者基尔克，将私法分为个人法和团体法，认为个人法是从主体的自由出发，规范个人相互平等关系的法律，团体法将人视为社会组织中的一分子，是规范有组织的全体成员的法律。在此基础上，1900 年《德国民法典》的起草者融合了日耳曼团体主义的概念以及个体基本权利的要素——法人的概念正式诞生。此后，曾经以行会形式存在的经营团体，转入"法人"的概念之下重新引起了

---

① 方流芳：《近代民法的个人权利本位思想及其文化背景》，《法律学习与研究》1988 年第 6 期，第 46 页。

各国的注意。

近代早期的各国冒险商人团体，多数是按照中世纪行会的形式联合起来的特许公司，这些公司有着浓厚的中世纪行会的特征。16~18世纪荷兰、法国、英国的特许公司经历了规约公司（The Regulated Company）和合股公司（The Joint-stock Company）两个主要的发展阶段。规约公司亦称规章公司，是一种受共同规章约束的准行会组织，成员在恪守共同规章的基础上，以自己的资金投入从事经营活动，而非有组织的合伙经营。公司规章维护商人整体利益，并在交通运输、国家政策、水电资源、财政事务等方面给予成员强大的支持。[①] 总的来说，规约公司形成了规范性的商人联合，公司对成员行为的约束力类似于中世纪的行会。此类性质的公司主要有英国的羊毛出口贸易商公司（The Company of the Staplers，1319）、商人冒险家公司（The Company of Merchant Adventurers，1407），甚至后来盛极一时的东印度公司（The East India Company）。此时，中世纪的行会已经化作制度上的记忆，在现代团体与个人权利义务的考量中长存。

近代跨国公司经由"特许状"获得确立，但商业组织的经营实践却难为"特许状"所限。早在中世纪时期，一方面，行会通过经营税款换取领主"特许状"（charter）厘定了贸易经营的权限，保障了行业整体的经营秩序；另一方面，行会探索出更细致、复杂化的实践经验，特许文书不过为具体经营活动的展开提供了框架性的指引。尤其在远距离、长时段、高风险的海商贸易中，基于双方合作意志的合同具有更为实际的约束力。诸如地中海沿岸的"康曼达"（Commenda）商业合伙形式，利用契约逐次规范单次海外经营活动

---

① E. Lipson, *The Economic History of England: The Age of Mercantilism*, London: A. and C. Black, 1948, pp. 277 - 278；赵秀荣：《16—17 世纪英国商人与政权》，《世界历史》2001 年第 2 期，第 66 ~ 67 页。

的实际效益，其多样性和适应性为特许状文书所不能及。[①] 因此，官方的规制特定性与行会经营的弹性，是跨国公司生成伊始业已存在的一对张力。以近代海外冒险公司为线索，此一进程集中体现为三个主要的阶段。

首先是彼此契合的初始阶段，商业组织的海外经营与民族国家争夺霸权的需求不谋而合。这一时期包括了中世纪晚期的地中海贸易和15世纪新航路开辟初期的商业活动，商业组织的载体为中世纪的传统行会。此时的海外经营具有极强的投机性和冒险性，跨国商业只能依托有实力的商业团体展开，而崛起之中的西欧民族国家同样卷入了剧烈的国际冲突与竞争，巨额货币资本的取得更加依靠商业冒险活动才能实现。于是，商人组织需要民族国家的授权和支持，国家也需要商人组织增强政治实力。尤其这一时期的英国，仍是农业为主、商路欠缺和海军薄弱的国家，尽管新航路的开辟整体拓展了欧洲国家海外市场，单一国家的商人却无法获得海外贸易的压倒性优势。随着西班牙、葡萄牙等国海外掠夺的不断加剧，英国、荷兰等国政府直接保护本国政治经济利益的能力受到限制，只能经由"特许状"（letters patents）授权并鼓励优势商团自行参与海外竞争，并从中渔利。职是之故，这一时期的各国海外商团基本延续了中世纪行会的组织形态，即以个体作坊中的师徒关系为基础。一面相对机械聚集颇有实力的单个经营者，通过限定地点、交易种类、交易方式来实现收益的获取；一面照旧争取本国特许状，再根据特许状的权限实施自我保卫甚至外交联络等活动。[②] 在冒险商业实力所及的范围之内，行会团体的活动空间约等于各国国家的利益空间，行会

---

① 〔德〕马克斯·韦伯：《中世纪商业合伙史》，陶永新译，东方出版中心，2010，第73～75页。
② 这一时期，英国大量活跃的海外特许公司采用了这种形式，主要有：土耳其公司（1581）、威尼斯公司（1583）、摩洛哥公司（1585）、几内亚公司（1588年成立，又叫非洲公司）、利凡特公司（1592年由威尼斯公司、土耳其公司合并而成）。

商人与国家的政治势力达成自然的默契。

其次是有限分化的阶段，这一阶段跨国商业组织的特定结构开始形成，但仍旧充当国家经济和政治体的延长线，最典型的商业组织是由行会变体而来的"规约公司"，葡属、西属东印度公司是其中的典型。此外也有英国的羊毛出口贸易商公司和商人冒险家公司。16世纪以后，随着海外经营规模的膨胀，冒险商团的架构突破了传统行会的机械联合模式。与传统行会组织的投机性冒险活动相比，规约公司的海外经营不仅启动了对零散资金的整合与利用，成员的权利与义务在具体事务中也进一步明晰。经营活动的整体立场还导致行会师傅依附关系的不断弱化，公司与成员之间的雇佣关系不断强化，传统行会惯用的单次性合伙与委托向公司多次稳定性的投资收益行为转变。当然，为了保持经营者加入规约的灵活性，公司不分享收益的所有权，不合并个别化的经营主体，整体性决策的有效机制尚未明确建立，规约公司的实质仍旧在于商人冒险的联合，公司对成员行为的约束也不具体。并且，与传统行会的海外投机性活动类似，规约公司帮助国家实现了对早期海外贸易的有效控制——规约公司的依据仍旧是发出特许状的国王意志，公司也仍旧是国家经济和政治体制的"延伸形态"。

最后是独立运转的阶段，即跨国公司治理体系的确立时期。完整、独立的公司结构体系终于生成，最典型者即为荷属东印度公司和英属东印度公司，尤其后者存续近300年之久。16世纪末叶，冒险商人逐渐突出的海上优势暴露出规约公司的问题——海外资本投入与产出的速度加快了，松散的规约公司却反应迟缓；融资能力有限，贸易规模的扩大使规约团体内部的个体经营者应接不暇；规约公司效率低下，整体性决策机制的出台迫在眉睫。在这种情况下，合股公司登上历史舞台，"正如今天一样，它的全部股份划分成若干部分，而利润则以股息的形式，按照每人拥有股份的多少来分配"①——实际是以整体性的组织管理框架最大限度地联合投资人，用股票买售的形式将商人、乡绅、高官和其他社会资本进行最大限度的整合，确保利润丰厚稳定，继而逐步取代规约公司。值得注意的是，第一，合股公司的存在基础与中世纪行会"特许权"式的机械投资联合体完全不同，合股公司尤其注重单位投资数额的市场收益能力和分红数额大小，投资者是要求共赢的合伙人，也是主要的公司成员。② 第二，合股公司的参与者持有股份，而股份与学徒、帮工和师傅的身份资格不同，它更为彻底地破除了封建性、整体性的束缚，赋予了投资人强大的意思自治，它可以自由买卖和支配，除了自身的收益和分红之外，股东并不过多介意公司的其他事项，对股东而言，"合伙整体不过是一个笑话"（partner-ship is only a joke）。第三，在资本的驱使下，合股公司参与人的身份不再具有封闭性，而成为开放性的资格，经营领域也从实体贸易生产向货币、有价证券转变，这使合股公司的收益面临更大的机遇和风险，从而具有了更大的不确定性；合股公司也因此实现了传统行会所不能实现的规模，成立80余年的伦敦东印度公司资本控制能力可以达到1704322英镑，且已经拥有多达467位的投资股东。③ 第四，合股公司成为股东利益的委托人，不再是组织生产、保障收益并且维持福利的社会经济协作体，而发展出了具体的、不同职权的管理机构，比如针对投资管理的股东大会和董事会、应对公司管理职权的经理层、针对财产和后勤管理等发展出的各类专职秘书机构等。以上特征性描述至

---

① 〔美〕詹姆斯·W.汤普逊：《中世纪欧洲晚期经济社会史》，徐家玲译，商务印书馆，1996，第601页。

② Kirti N. Chaudhuri, *The English East India Company: The Study of an Early Joint-stock Company: 1600 - 1640*, London：Frank Class & Co. Ltd. , 1991, pp. 90 - 92.

③ 〔日〕浅田实：《东印度公司：巨额商业资本之兴衰》，顾姗姗译，社会科学文献出版社，2016，第63、66页。

少表明，在"整体"与"个人"的关系上，合股公司倾向于投资者"个体"，作为"整体"的合股公司应当以个体的收益为职责，失去这个前提，合股公司就不再具有存在的意义而宣告破产。

从 16 世纪中叶开始，合股公司这种新的经营组织形式不断获得复制。1553 年，皇家莫斯科公司的成立标志着英国贸易组织从规约公司到合股公司的转型；1602 年荷兰联合东印度公司公开募集股票。1600 年英属东印度公司募集股票并申得特许状，理由是"东印度的贸易遥远，只能用联合的、组织性的股份公司形式才有效率"。根据特许状，英属东印度公司是"一个实质和名义上的联合体"[1]（One Body Corporate and Politick, in Deed and in Name），总部位于伦敦"东印度馆"（The East India House）。此后，英属东印度公司成为"从事东印度贸易的、伦敦与东印度的商人合伙和管理者"[2]（The Name of the Governor and Company of Merchants of London, Trading to the East-Indies），旨在从事东印度地区贸易活动、增添国家荣誉和财富、保障股东权益并增进国民福祉，赢利与否成为公司运行的核心命题。与传统规约公司相比，此类新兴的公司专注于资本经营的高收益，公司结构已经完全自成体系，是经营性、结构性和整体性并存的独立法律人格。到 18 世纪中叶，产品质量和价格的主要载体几乎完全交入公司手中，跨地区的经营事务多由以国家和社会资本为后盾的合股公司所主导。传统中

---

[1]　Charter granted by Queen Elizabeth to the East India Company, dated the 31st December, in the 43rd year of Her Reign, Anno Domini, 1600.

[2]　汪熙：《约翰公司：东印度公司》，上海人民出版社，2007，第 25 页。英国人又被称为约翰牛"John Bull"，因此，英国东印度公司（British East Indian Company, 1600 - 1858），又称"约翰公司"（John Company），以区别于其他国家的东印度公司。欧洲许多国家这个时期都有自己的东印度公司，如荷兰东印度公司（1602 - 1798）、丹麦东印度公司（1616 - 1846），葡萄牙东印度公司（1628 - 1633），法国东印度公司（1664 - 1769），瑞典东印度公司（1731 - 1813）。这些东印度公司采取海外特许经营之下的合股公司形式。另见，耿兆锐《文明的悖论：约翰·密尔与印度》，浙江大学出版社，2014，第 85 页。

世纪行会的规则已经不再适用，手工业工匠的权益，从行会转入了贸易公司资本家们的手中。

（二）商事裁判：行会契约属性的近代司法面向

行会解决贸易纠纷的自发性探索，成为近代商事裁判的起源。在欧洲中世纪时期，法律秩序呈现出地域分散、主体多元的状态，王室法院、教会法院、领主法院、城市法院与行会的裁判机构同时存在，尚未形成绝对单一的法律制度体系，这种整体社会治理能力的孱弱恰好为商业经营者的自治创造了条件。行会法是成文或不成文的、记载贸易习惯的规则，它明显不同于地方性的法律，实施与裁判也不归属于任何地方性的法庭。"商事主体裁判商事主体"的模式受到商业纠纷当事人的青睐，裁判主体多由商人组成，他们活跃在市场和集市、自治城市以及商人的行会之中，其中的行会拥有相对专门化的常设机构。[①] 行会裁判中诸如规则依据、管辖范围、运行模式等探索，既是商人意思自治不断强化的进程，又包含司法程序和外部监管的要素。再加上商业流通先天的灵活性，行会裁判的主体和内容已经超越了地域性的限制，几乎扮演着国际商事纠纷仲裁者的角色。如此一来，近代商事裁判自始具有意思自治的契约属性，它与各地方司法力量并存。

传统欧洲的行会保有同侪裁决纠纷的便捷方式。它一方面突出商人自治的约定性，一定程度上保有程序简化的去形式主义特征，另一方面充分应对职业生活的复杂性，在模仿其他司法程序、接受司法审查的过程中获得改善。中世纪的裁判实践有着大致三个鲜明的特点。首先是以同侪约定为基础的裁判结构。为了实现商业同侪自治，商人

---

① 〔美〕哈罗德·J·伯尔曼：《法律与革命——西方法律传统的形成》，贺卫方、高鸿钧等译，中国大百科全书出版社，1993，第427页。

主体组成行会并约定章程，他们实际上服从了自己制定的规则，同时服从自己信赖的同行裁判者。其次是实用主义导向的司法化态势。行会裁判程序灵活且富于个性，裁判者可以根据需求适当进行程序上的填补，行会裁判的司法化成为实用主义的考量；裁判的范围、效力和模式都具有弹性，行会可以参考封建主、教会或者城市的司法程序，最终换取裁判效力的稳定性和权威性。最后是裁判需要获得充分的外部支持。行会裁判处于权力分散、机构林立的中世纪社会环境之中，行会裁判最为活跃的时期，也是中世纪国王、教会、城市或者庄园领主的多元司法体系各具规模的时期，正因如此，行会的裁判存在上诉的可能性，行会裁判实质上具有相对低等的位阶，一定情况下需要获得外部环境的认可与支持。对此应当看到，行会裁判位阶上的劣势不等于受到权力的压制，相反，行会各自的裁判仍旧是自治性的法律空间，行会与外部环境之间的界限体现出法律意义上的、客观的规定性。总之，行会裁判的取舍其实止步于"有利与否"的功能向度，并维持在不损害职业共识的范围之内。

近代民族国家接管了中世纪分散化的司法、行政权限，传统商人的行会裁判难逃解体的命运。16世纪以后，借力社会改革的思想整合，民族国家成功地将政治、经济和法律生活全面纳入国家政府及其地方的治理机构，传统行会当然成为这一过程中的障碍。17世纪的欧洲各国确立了强势行政管理和司法体系，使传统行会裁判的分化在多个方面展开。

第一，商人同侪的新载体自行会中分出，裁判者由"商人意志的选择"转向"企业意志的选择"。行会裁判的职权一部分转入了近代国家的专门司法机关，另一部分仍旧保留在私人契约关系的领域，这里的私人不仅仅指个体自然人，还有衍生出来的企业组织，二者是近代以后商业活动的最主要载体。行会裁判的结构已经解体，新的商事同侪者——企业正式登场。近代企业的组织结构脱胎出来，它主张权益的能力大大强过行会中的个体劳动者，也强过作为个人意志共同体的行会本身。[①] 一旦企业成为新的商事关系主体，传统行会人的合意就转而存在于企业之间，原本的行会裁判者也由兼职行会领袖向企业共同认可的、全职的仲裁机构发展。相比之下，传统行会裁判者本身也是商人中的一员，只需要熟悉交易的规则，业余时间即可做出裁判。企业主体提高了商业仲裁者的专业性要求，曾经单薄的行会兼职裁判人难以在权利范围、责任承担等方面做出界定，商业的纠纷只有依托专门的仲裁机构才能较好地发挥作用，裁判者也脱胎为同质的职业仲裁机构。新兴企业和专职仲裁机构奠定了近代商业裁判的专业化要素，它们是传统行会裁判演化的第一个结果。

第二，意思自治的契约精神受到尊重，甚至有所强化。英法等国排斥传统的商人组织，却不排斥行会保障之下的个体意愿和契约自由。尽管昔日行会中特定的师徒关系不复存在了，商人合意的契约逻辑却能量不减。当缔约双方最终摆脱了行会的组织和规制，契约自由犹如挣脱牢笼的飞鸟，自由翱翔于参与经济活动的企业与个体之间。缔结契约的行为几乎成为纯粹意思自治的举动——这是前所未有的改变。新兴投资者和冒险家无不认为，"一切社会权利甚至国家的力量，首先是个人的意志或者权利的集合"[②]。作为契约自治的合理延伸，商事仲裁的意思自治不仅体现为民商事实体权利的支配，也体现为规则适用的选择，更体现为裁判程序的约定性。这种对于意思自治的强化，悄然形成与民族国家司法权威并驾齐驱的态势。

---

① Eugene F. Rice, *The Foundation of Early Modern Europe, 1460 - 1559*, New York：W. W. Norton and Company, 1994, p. 56.

② Otto von Gierk, *Das Deutsche Genossenschaftsrecht*, trans. by Bernard Freyd as *The Development of Political Theory*, New York：W. W. Norton & Company, 1939, p. 105.

　　第三，近代商事主体更为广阔的跨地域性使商业纠纷正式成为"国际的"纠纷，解决纠纷的主体也无疑成为国际性的商事仲裁机构。行会是中世纪商业资本流动的载体，它本身具有一定的超地域性，近代工业的发展在此基础上实现了进一步突破。著名的荷属东印度公司、英属东印度公司就是传统行会的"国际化"体现，它们的初始形态都是行会式的商人联合，后来随着经营空间的全球扩展，它们完成了跨国股份制企业的改组，涉及的纠纷大都属于国际性的问题。[①] 这些早期跨国公司间的纠纷不少通过暴力解决，却也不乏和平的手段——它们向新兴的民族国家或者国家间组织申请裁断，这种申请大多基于双方的约定。职是之故，近代形成的国际商事仲裁机制主要有六种：一是重要国际条约规定的裁判机制，[②] 二是国家间非政府组织的裁判机制，[③] 三是各国专门商业委员会（Chambers of Commerce）实施的仲裁，[④] 四是跨国行业组织的裁判，[⑤] 五是商业主体以章程条文形式选择

[①]　Amar Farooqui, "Governance, Corporate Interest and Colonialism: The Case of the East India Company," *Social Scientist*, Vol. 35, No. 9/10（September. -October. , 2007）, pp. 44 – 51.

[②]　19 世纪以来此类国际协定大致有《法国—比利时协定》（1899 年 7 月 8 日）（The Franco-Belgian Convention of July 8, 1899），《奥地利—意大利协定》（1922 年 4 月 6 日）（The Austro-Italian Convention of April 6, 1922），《意大利—南斯拉夫—捷克斯洛伐克协定》（1922 年 4 月 26 日）（The Italo-Yugoslavo-Czechoslovakia Convention of April 26, 1922），《捷克斯洛伐克—南斯拉夫协定》（1928 年 3 月 17 日）（The Convention of March 17, 1928, between Czechoslovakia and Yugoslavia），《土耳其及其盟国洛桑条约》（1928 年 7 月 24 日）（The Treaty of Lausanne between Turkey and the Allied Powers of July 24, 1928），《日内瓦议定书》（1928 年 9 月 24 日）（Geneva Protocol of September 24, 1928），《德俄条约》（1925 年 10 月 25 日）（The German-Russian Treaty of October 12, 1925），《比利时—荷兰协定》（1925 年 3 月 28 日）（The Belgian-Dutch Convention of March 28, 1925）。

[③]　如美国与拉丁美洲国家联合成立的泛美商业仲裁委员会（The Inter-American Commercial Arbitration Commission）。

[④]　如英格兰约克郡布拉德福德商会（The Bradford Chamber of Commerce in Yorkshire, England）在欧洲制造业、羊毛纺织行业的影响力。

[⑤]　如伦敦玉米贸易联合会（The London Corn Trade Association），利物浦棉花协会（The Liverpool Cotton Association）。

的法庭或者机构进行裁判，① 六是商业协议达成或者纠纷产生时共同确定的其他裁判者。商事裁判在更广阔的空间范围之内渐成体系并逐步完善起来。

第四，传统行会身份与契约的逻辑张力，在国家立法调整之中逐渐明朗。近代波澜壮阔的社会变革使商事裁判的形态几经浮沉，早期民族国家将行会视作中世纪封建势力的组成部分，行会自治一度受到国家法律制度的严格限定，司法诉讼的程序大有吞并商人裁判的趋势。但是，商业裁判的自主性毕竟在客观上有所延续，为此英国首开商事裁判合法化的先例，于 1698 年通过了《仲裁纠纷裁决法案》（*An Act for Determining Differences by Arbitration*，1698），规定拒不执行仲裁决议的当事人可受牢狱处罚，继而认可了商业仲裁的地位并且加强了强制措施的保障；此法案的 1833 年修正案进一步明确，未经法庭处分任何人不得反驳商事仲裁的决议，1854 年《普通法诉讼法案》（*Common Law Procedure Act*，1854）还规定普通法法庭承认仲裁的效力，1889 年《仲裁法案》（*Arbitration Act*，1889）第 12 条完善了商事仲裁上诉国内法庭的程序。欧洲大陆的情况亦是如此，1807 年《法国商法典》复又对商人行会的自治地位做出了补充，1900 年《德国民法典》以"权利能力"和"法律的人"，为商人团体保留了法定的自治空间。美国的商事仲裁演变同样复杂，1920 年《纽约仲裁法案》（*The New York Arbitration Act*，1920）算是里程碑式的法律文件，但是直到 1925 年《联邦仲裁法案》（*The United States Federal Arbitration Act*，1925）通过，商人仲裁才结束了游离法律之外的生涯。20 世纪以来，尤其二战以后诉讼爆炸现象的出现，商事领域的意思自治得到充分的尊重。1958 年《承认与执行外国仲裁裁决公约》（以下简称《纽约公约》）确立了全

---

① 如巴黎国际商会仲裁庭（Court of Arbitration of the International Chamber of Commerce of Paris）及其他国家主持的国际商会仲裁庭。

球范围内对仲裁裁决可执行性的有效保障，使仲裁更易得到现代商业社会的自愿选择。① 这表明契约属性仍旧是支撑商事活动的主旋律，而在相关立法框架不断完善的情况下，司法救济和监督的保障也作为并行的线索固定下来了。

（三）其他延伸：教育与慈善

行会遗产对后世的深远影响，还体现在近代以后的教育特别是职业教育以及慈善事业中。

数百年的民间慈善与行会教育，使与生俱来的财富、地位与荣宠不复作为评价个体的决定性标准。以实习、培训而改变身份的行会晋升路径，使勤勉的学习和诚信的经营受到充分的社会尊重。反复临摹的工作程序以及循环往复的熟练方法，至今仍是不曾改变的基础学习环节。作坊生活中长达 7 年的学徒期限、出徒的毕业考核外加两年以上的帮工实习，是近代教育体系最为直接的母胚——当今欧美国家高等教育体系中的导师制度、一对一辅导以及学位品级的鉴定，很难说不是吸收了行会教育模式的精髓。行会师傅的培养方式各有不同，技能培训大多成为各有特色的因材施教。这种个性化的特征使行会超过了中世纪的教会学院，成为最佳的学习平台——"学院只是多数人的公共课堂，只有行会才提供了专属的导师（tutor），使得普通的匠人能够成为该领域的娴熟者，并将专有的技艺代代相传"。② 从这个意义上说，兴起于中世纪时期的近代大学以及法律会馆，就直接借鉴了行会培训的理念，才取得了启发智慧、传递技艺的成功。近代国家兴起之

---

① 初北平：《"一带一路"多元争端解决中心构建的当下与未来》，《中国法学》2017 年第 6 期，第 73 页。

② John Harvey, *Medieval Craftsmen*, London：B. T. Batsford Ltd. London & Sydney, 1975, p. 50.

后，旧有的行会体制得到了适当的整编和改造。直到今天，英国职业技术资格的鉴定与考核，仍然服从伦敦城市与行会联盟（City and Guilds of London Institute）的统一认证和组织，[①] 伦敦法律会馆仍旧以律师自治组织的形式把持着资格授予和职业管辖的权力。

如果说教育对身份差距的缩小仍是潜在的，行会的慈善帮扶活动则直接在社会生活之中注入了关注弱者、平衡差距的潜意识。可以说，这种意识是营造中世纪行会和谐的关键。到了近代，公益、慈善的行动或者理念不仅没有随着经营主体地位的衰退而消逝，反而化作社会习俗和法律传统的一部分。正因为长期处于此种意识的"浸润"之中，人们才有可能认为，利他行为与利己行为同样是常态的，公益的主体也不单是官办的赈济，更是广大社会组织以及个人的责任。

三　小结：消解但未消失的中世纪行会

作为契约共同体的行会以及契约型行会法律规范，对传统的社会身份结构及其法律秩序造成了巨大冲击，推动了欧洲法律文明由传统向现代的过渡。然而，行会毕竟是中世纪封建社会和手工业时代的产物，在它身上仍不可避免地打着传统社会的身份烙印。

中世纪行会仍在一定程度上沿袭了等级身份传统，继而成为近代社会变革的对象。行会成员虽然都是独立的工商业者，但行会内部的三个等级界限分明，在师徒如父子的封建道德观念下，学徒和帮工时时处处都唯师傅马首是瞻，终生不得背叛师傅，这种准父子身份关系束缚了学徒与帮工的个人发展和自我价值的实现。有些保守的师傅为

---

① "The Institute's Royal Charter of the United Kingdom, 1900", Annual Report and Account of the City and Guilds of London Institute, 1976 – 1977.

维护垄断性经济利益，防止技术外流，不愿把关键技术传授给外来的学徒和帮工，刻意培养自己的子女以便继承家业，严重阻碍了技术的改进与创新。按照行会规定，学徒期限一般为7年，出徒后即有资格独立开业，但多数学徒因资金、原料、市场等条件的限制，无力自立门户，只能继续跟随师傅无限期地充当帮工，从而成为长期依附于师傅的封建性雇员。即使在师傅阶层中，也有大师傅和小师傅的等级之分。大师傅经济实力雄厚，多是行会领袖，其社会地位和政治影响力都远远高于小师傅，甚至享有少量特权。这种等级身份制残余显然是与现代法制文明不相容的，这也是行会最终落后于时代而被历史所淘汰的重要原因之一。

中世纪行会无法完全摆脱对当地政府的政治依附性。尽管少数大型商会拥有跨地区乃至跨国贸易往来，但占绝对多数的手工业行会只能依托当地的资源与市场，故而行会章程规定的道德原则、产品种类、质量标准、生产规模与价格体系主要满足当地需求，而且无法脱离当地政府的管制。及至中世纪末，主权民族国家在欧洲相继建立，政府的社会管理职能的范围迅速扩大，行会原本享有的组织本行业生产、裁断内部纠纷等职能纷纷转入国家政府手中，行会日趋衰落。[1] 中世纪显赫一时的意大利商业城市，如米兰、佛罗伦萨、博洛尼亚、威尼斯、米兰等，昔日的行会盛景也成明日黄花。[2]

随着自由资本主义经济政治制度在欧洲的确立，曾经风光上千年的行会，作为一种实体性社会经济组织陆续退出了历史舞台。但是，中世纪行会所蕴含的契约精神不但没有销声匿迹，反而沉淀为个人与

---

[1]　Charles R. Hickson and Earl A. Thompson, "Essays in Exploration: A New Theory of Guilds and European Economic Development", *Exploration in Economic History*, Vol. 28, Amsterdam: Elsevier, 1991, pp. 127 – 168.

[2]　Carlo Poni, "Norms and Disputes: The Shoemakers' Guild in Eighteenth Century Bologna", *Past and Present*, No. 123, Oxford: Oxford University Press, 1989, p. 83.

团体、权利与义务的制度性成果，更加受到人们的重视。摆脱了等级与身份枷锁、完全建立在个人意思自治基础上的现代契约关系，成为维系社会秩序的纽带。孕育于中世纪行会的身份与契约，作为现成的资源被现代经济实体和法律制度继承发扬。

第八章　法约还是政令：与古代中国行会法律属性的比较分析

> "登山则情满于山，观海则意溢于海。"
>
> ——（南朝）刘勰，《文心雕龙》

以加强行业内部联系、提升专业化水准和抑制竞争为原则的行会组织，在欧洲以外的世界其他地区同样存在。行会也是古代中国社会经济生活的重要组织形式，并且也已经形成了相对稳定的行业制度形态。当然，由于时代背景和现实需求的差异，欧洲中世纪行会与中国古代的行会发挥着相近但不相同的社会作用。

与中世纪的欧洲相比，中国古代的行会制度兴起于大致相似的时间点，又在多个方面呈现出颇为相近的外观特征。13世纪时期，行会组织活跃于欧洲各国的商品生产与流通领域，古代中国的行会组织同样方兴未艾。唐代以后，中国行会数量不断增加，至明清时期已相当可观。行会组织于唐宋时代称"行"，宋元至明初称"团行"，明中叶以后称"会馆"、"公所"和"公会"，另外也称"帮""肆""会""堂""庙""殿""社""门"等。随着宋代坊市分离制度的打破，本是商人工匠居住地点的"坊"与贸易活动的"市"融为一体，数量众多、业务丰厚的行会组织成为社会活动的基本单元。

中国古代的行会组织同样接洽业务、评议物价、监督产品质量，保障城市工商业活动的正常运营。尤其在宋代，集权的国家体制似乎淡出了行会的经营活动。如果不考虑税役和朝廷的摊派因素，宋代商人在市场上的经营实际是相对宽松的，"夜市直至三更尽，才五更又复开张"。① 宋人在职业选择方面也是相对自由的，一些无地或少地的农民也在商品货币的引诱之下涌入城市，弃农经商，"耕织之民，以力不足，或入于工商"，② "今民无以为生，去为商贾，事势当尔"。③ 官府只对布帛、钱币、粮食等极少数与官府消费关系密切的物品加以限制，其他多任行会自主。官榷物品之外的物价采取开放政策，一般也不受干预。行户在市场价格拟定的过程中具有自主性，可以维护同业利益、加强集体行业的内部团结并达到抑制竞争的目的。商品的估价也不由官府包办，而是由主管官员与各行商人根据市场物价共同商定，一旬一评价，是谓"旬价"。另外，各行为保护其行业机密还大多保有不与社会共享的"行话"或"隐语"。④ 行会的经营时间甚至没有限制，夜市在繁华地区通宵不绝。诸行会有自己的行业服装，"谓如香铺裹香人，即顶帽披背；质库掌事，即着皂衫角带不顶帽之类，街市行人便认得是何色目"。⑤ 况且，中国古代的行会组织亦有整合社会资源、凝聚社会力量的功能——欧洲中世纪行会有关学徒制度、节庆祭祀、照拂团体成员的日常活动，同样见之于古代的中国。在各大城市迎送、祭祀天地的活动中，行会扮演重要的角色。据《东京梦华录》的记载，北宋东京的行会同样积极参与城市活动，"诸司及诸行百姓献送甚多，其社火呈于露台之上，所献之物，动以万数"。⑥ 南宋

---

① （宋）孟元老撰，伊永文笺注《东京梦华录笺注》卷三《马行街铺席》，中华书局，2007，第312页。
② （宋）吕祖谦编《宋文鉴》卷一百二十五《望岁》，中华书局，1992，第1752页。
③ （宋）吕祖谦编《宋文鉴》卷五十四《上皇帝书》，中华书局，1992，第815页。
④ 马继云：《宋代工商业行会论略》，《山东社会科学》2006年第2期，第128页。
⑤ （宋）孟元老撰，伊永文笺注《东京梦华录笺注》卷五《民俗》，中华书局，2007，第451页。
⑥ （宋）孟元老撰，伊永文笺注《东京梦华录笺注》卷八《六月六日崔府君生日二十四日神保观神生日》，中华书局，2007，第758页。

时，杭州诸行的迎神赛会又胜过北宋东京。彼时，各行竟以本行所经营货物作为献神祭品争奇斗巧，大有支配都市经济生活的架势。① 然而，诸多的相似性却没有使古代中国的行会具有类似于中世纪欧洲行会的实际社会影响力——既未见中国古代的行会凭借独立的经营技艺参与城市或者国家的政治生活，亦少见行会团体或成员凭借团体的章程主张诉讼官司的记录。仅就外观而言，古代中国行会的法律功能当与中世纪的欧洲颇具相似性。然而，外观相似的背后却隐匿着巨大的差异，这些差异不但直接决定了古代中国与欧洲行会规制模式的不同，而且间接地影响了近现代工商业行会组织的法律性能。

值得注意的是，欧洲中世纪的行会在规范行业利益、促进工商业发展方面效能显著，因为它们自发产生了行业约法，外在于行政权力系统的制约；古代中国的行会则承担了更多的维护社会秩序稳定的国家职能，故而许多行会规章与其说是行业自治规范，毋宁说是行政指令的表达与化身。但是，即便欧洲与中国的传统行会存在规制上的巨大差别，却都在近代社会变迁的历程中互有取舍。欧洲中世纪的行会逐渐被近代民族国家所吸纳，开始具有了"体制依附"的色彩，传统中国的行会在内忧外患、国家失灵的状态下，反而客观上获得了"自治"和"约法"的空间。比较古代中国与欧洲行会的不同法律属性，有助于促进我国当代行业管理制度的改革和完善。

一　产生路径的分野

行会在欧洲中世纪前期的自发性生长路径并未见之于古代中国。就其产生、发展以及实际运行状况而言，后者鲜明地反映出国家政权

---

① 马继云：《宋代工商业行会论略》，《山东社会科学》2006年第2期，第128页。

对社会职业组织的规范和调整，结果束缚和压制了行业自身主动性的发挥。始于公元前3世纪的统一国家和君主专制体制，确立了国家政权在中国社会中的绝对主导地位，随之而来的行会发展不可能不依附于政治力量。在疆域辽阔但交通、通信、行政管理技术落后以及货币经济不发达的时代条件下，为了满足财政需求，中央政府只能一方面通过国家税收聚敛财富，另一方面直接控制要害生产部门，诸如盐、铁、酒等官府手工业、皇庄等。[1] 可以说，当行会尚在酝酿之时，其基本的经营活动就已经被严格规划在特定的国家框架之内，行会的规范一出世便隶属政府部门的管辖权限，行会的运行不是以促进职业交往与发展为出发点，而是把便于政府管理监控奉为重点。如果说马克斯·韦伯所言——中国古代城市"主要并不是靠城市居民在经济与政治上的冒险精神，而是有赖于皇室统辖的功能"[2]——不无道理，那么，古代中国行会的产生与发展或许更是如此。

西周至秦汉的"市以类聚"，是政治力量规划经济主体的肇始。此时尚不存在职业者的组织，工商业者以"市籍"标明身份，接受政府管理、缴纳赋税并服应徭役。初具规模的"市"是政令规划与控制的客体，市之管理不外乎官规政令的实现过程。市场被设置在城内的特定地点，具有空间封闭、时间限定和经营统一的特点。其一，专"市"为交易场所，工商业者住在市内，其他非工商居民住在市外，界线分明，不得混淆，如《周礼政要》卷下《保商》中有言："以次叙分地而经市，以陈肆辨物而平市。"[3] 市有障碍环绕，犹如城中之城，工商业者具体的居住地点都由政府指定。其二，工商业活动处在

---

[1] 〔德〕马克斯·韦伯：《中国的宗教：儒教与道教》，康乐、简惠美译，广西师范大学出版社，2010，第19页。

[2] 〔德〕马克斯·韦伯：《中国的宗教：儒教与道教》，康乐、简惠美译，广西师范大学出版社，2010，第23页。

[3] （清）孙诒让：《周礼政要》卷下《保商》，中华书局，2010，第437页。

政府的严格控制之下，有职官"司市"为"市官之长"，"掌市之治、教、政、刑、量度、禁令"。① 开市之时，司市在办公场所的高处挂上标识，结束时摘下并关闭市门。其三，工商业者主要的服务对象是"官"，后者也是最大的消费群体。经营者虽有少量"日至于市而不为官贾"的私商，但大部分具有官工官商的身份。工商业者的生产资料也由"官配官给"，是谓"工商食官"。秦汉时期的城市大体延续了"市以类聚"的制度，尽管出现了部分摆脱"食官"的私营工商业者，但工商业活动仍限制在特定的区域内进行，是谓官定的铺席和居住地点。

北魏至唐代，"市以类聚"的古典市制依旧延续，但"市"的分化具有了一定的规模，已经出现了地域意义上"行"的概念。唐代《大业杂记》载丰都市"一百二十行"。② 唐代都市经济较隋代有了新的发展，"行"数量更多，唐天宝、贞元、元和年间的房山石经《大般若波罗蜜多经》题记中，有白米行、绢行、生铁行、炭行、布行、肉行等数十行礼佛活动的记载。③ 市场管理机构的发展基本同步，唐代市场都设有市楼，"市楼有重屋，有令署，以察商贾货财买卖之事"；长安、洛阳各市内设"市署"和"平准务"为"市令"，为从六品上职事官，下有丞、录事等；市令负责市内民间交易、物价、度量衡的管理。

唐代的"行"是同业店铺或者同类货物售卖的区域，与秦汉时代"货列遂分"的市场制度没有本质差别。但是，中唐以降，城市居民的生活更加多元，狭小的"市以类聚"转向"经营之行"。"市肆皆建标，筑土为候"，即在各行行首建筑一个土堆，作为各类货物的区域

---

① （清）孙诒让：《周礼政要》卷下《保商》，中华书局，2010，第437页。

② （唐）韦述、（唐）杜宝撰，辛德勇辑校《大业杂记辑校》，中华书局，2020，第205页。

③ 曲彦斌：《行会史》，上海文艺出版社，1999，第4页。

之界；界首立一碑牌，上写行名，说明该区域所售商品的类别。唐都长安内有南北向、东西向的平行街道各两条，呈"井"字型，与围墙四面的八个门相通，分"市"为九个方形小区。同类货物依旧集中在一个区域内出售，临街巷店铺、各类货物按类分成"行"，其设置及废除完全由政府确定。① 同行业人在官府的统一管理下经营特定的区域，虽有行业组织的形式，但实际是以地域区划为基础的营业种类，不是依靠自身力量组织起来的行会。可见，唐"行"仍非真正意义上的行会之行。不过，唐"行"日益浓厚的职业团体色彩已经毋庸置疑了。

社会氛围的宽松，使宋代之"行"保留了行业区划的意义，但内涵已大为扩展。南北两宋共历 300 余年，缔造了中国历史上都市经济与文化空前繁荣的时期。国都"杭城"亦是行都之处，"万物所聚，诸行百市"。② 东京南市"东西南北居二坊之地，其内一百二十行，三千余肆……"③。旧有的"市"被"行"取代，行业区域也不再是"行"的全部所指，"行"已经等同于"行分""团""市""作""作分"，也有连称"团行""行市""行作"的。见于史载的"行"种类很多，如米行、梳行、销金行、冠子行、鱼行、姜行、猪行、布行、菜行、网边行、针篦行、炒锅行、豆腐行、抄报行、柴草行、裁缝行、图书行、媒人行、箍桶行、土工行、抿刷行、蒸作行、泥塑行等，又见花团、青果团、柑子团、鲞团等。"作"又称"作分"，概指有关手工业制作方面的组织，见吴自牧《梦粱录》中的碾玉作、篦刀作、腰带作、金银作等。④ 这些团行不仅可指商品的行列或同业集中的区域，

---

① 魏天安、戴庞海主编《唐宋行会研究》，河南人民出版社，2007，第 46 页。
② （宋）吴自牧：《梦粱录》卷十三《团行》，三秦出版社，2004，第 192 页。
③ （清）徐松：《唐两京城坊考》卷五《东京·外郭城》，中华书局，1985，第 160 页。
④ （宋）吴自牧：《梦粱录》卷十三《团行》，三秦出版社，2004，第 191 页。

更指同业者的组织，一定程度上具有限制竞争、垄断市场的作用。只是，由于城市贵族既是最大的消费者，又是市场商品的主要经营者，大多数行的主要服务对象仍是官府机构，或者至少与官府的消费联系密切。"团"与"行"仍然缺乏自主性，如何应对官方强制、完纳赋税徭役是它们的主要职能之一。可以说，尽管宋代的行会组织已经在形式上颇具规模，但是行会无法脱离官府政策指令的限制，也就不可能形成自主性营业活动的规章制度。

明清行会延续了唐宋行会的建制。行会的内部规制已经明确涉及学徒、帮工数目、作坊地点与规模、产品价格、规格、质量、数量、原料分配购买、工时长短、工资标准等诸多问题。但是，维持行会运行的力量仍旧来自官府，行会章程是政令官规在细节方面的具体化——行章中越是涉及自主经营的部分，越是遭遇到国家层面先行规定的限制。于是，各行会的章程不过是政府法规的"下位法"，具体内容局限于政府设计的框架模板之内。例如，在商品价格、度量衡以及产品质量方面，明清政府均以官定律令的形式严格负责勘核。

【度量衡】凡私造斛斗秤尺不平，在市行使，及将官降斛斗秤尺，作弊增减者，杖六十。工匠同罪。若官降不如法者，杖七十。提调官失于较勘者，减一等，知情与同罪。其在市行使斛斗秤尺虽平，而不经官司较勘印烙者，笞四十。[①]

【物价】凡民间市肆买卖，一应货物价值。[②] 凡诸物行人，评估物价，或贵或贱，令价不平者，计所增减之价，坐赃论，一两

---

① （清）伊桑阿等编著，杨一凡、宋北平主编《大清会典》（康熙朝）卷一百十五《市廛·私造斛斗秤尺》，凤凰出版社，2016，第1531页。

② （明）申时行等修《明会典》卷三十七《户部二十四·课程六·时估》，第270页。

以下，笞二十，罪止杖一百，徒三年。入己者，准窃盗论。①

【质量】凡买卖诸物，两不和同，而把持行市，专取其利，及贩鬻之徒，通同牙行，共为奸计，卖物以贱为贵，买物以贵为贱者，杖八十。若见人有所买卖，在傍高下比价以相惑乱而取利者，笞四十。若已得利物，计赃重者，准窃盗论，免刺。②

清代中后期，面对外商势力的冲击，传统行会的官方指导模式遭遇了现实的挑战。行会做出了实现自主经营的努力，有关行会宗旨、人事组织、职业道德以及具体权利义务等方面的市场化规制与约束在各行章程中均有体现。但是，面对外商集团的强势压力，清末行业协会的生存实际上更加离不开官方的扶植和引导。清光绪二十九年十一月二十四日（1904 年 1 月 11 日），清政府商部奏准仿照欧美及日本等资本主义国家设商会组织办法，颁行了《商会简明章程》二十六条，开始改革传统行会。《商部奏劝办商会酌拟简明章程折》称：

纵览东西诸国交通互市，殆莫不以商战角胜，驯至富强，而揆厥由来，实皆得力于商会。商会者，所以通商情、保商利，有联络而无倾轧，有信义而无诈虞。各国之能孜孜讲求者，其商务之兴，如操左券。中国历来商务，素未讲求。不特官与商隔阂，即商与商亦不相闻问；不特彼业与此业隔阂，即同业之商，亦不相闻问。计近数十年间，开辟商埠至三十余处，各国群趋争利，而华商势涣力微，相形见绌，坐使利权旁落，浸成绝大漏卮。③

① （清）伊桑阿等编著，杨一凡、宋北平主编《大清会典》（康熙朝）卷一百十五《市廛·市司平物价》，凤凰出版社，2016，第 1529 页。
② （清）伊桑阿等编著，杨一凡、宋北平主编《大清会典》（康熙朝）卷一百十五《市廛·把持行市》，凤凰出版社，2016，第 1530 页。
③ 《商部奏劝办商会酌拟简明章程折》，《东方杂志》第 44 期，1904 年。

即便注意到中国商会的"素未讲求"之处，力促"有联络而无倾轧"，也未能真正推动行会的自主性。光绪三十一年（1905），翰林院编修王同愈奏呈商部设商会说帖，言辞切切，以为"盖商之情散，惟会足以联之；商之见私，惟会足以公之"。商部的批复则尤为保守，"应俟举定会员并将详细章程送部核准后再行办理"。① 可见直至清末，行会活动仍旧是在官定条律范围之内的探索，其执行的过程亦难逃"官"与"商"在具体社会情境中的管控与附庸关系，很难说是取得了实质性的突破。由此可见，古代中国行会及其自身规制的有效性，始终是以官方的行政指令为依托的。

欧洲行会组织的产生与此相去甚远。如果古代中国的行会组织便利了政令的顺畅与管理的通达，恰当地维持了稳定的城市秩序及职业划分，那么，中世纪欧洲的行会则着力于独立经营自由的实现。在古代中国，行会是为了便于管理坊市的"行"，收缴赋税、差派徭役、协助政府平抑物价而建立的，国家以行政体制来管理团行，是完全可行的。中世纪欧洲的行会专注职业技能和团体利益的实现，其形成的过程大多是非官方的（ex officio），或者至多经历了当地行政权威的授权。② 业有所长的个体组成行会，然后拟定章程进行自我约束和保护，并非外部权威设计之下职业区划的结果。可以说，欧洲的行会多是由工商业者自发组建的，而不是在强势权力的引导与设计之中产生的；形成以后的行会章程不以地域为基本的适用范围，而是鼓励并支持行会人进行超地域范围的商业活动；行会章程的适用也不以行政权力的

---

① 马敏等主编《苏州商会档案丛编》（第一辑上册），华中师范大学出版社，2012，第 4 ~ 5 页。
② Susan Reynolds, *Kingdoms and Communities in Western Europe, 900 – 1300*, Oxford：Oxford University Press, 1997, p. 70.

支撑为依托，而是首先诉诸内部裁决的力量。诸如物价、度量衡等具体的经营事务均属行会自决的领域——它们多由行会自行拟定，至多与外部权威协商议定。行会章程作为经营活动者自行议定的法律规范性文件，更多地受到商品价值、消费水平、供求关系等市场要素的影响，而非以行政权力的管控为转移。在大多数情况下，国王、领主以及城市政府只能以认可或者授权的形式容忍行会组织的既有形态，使之以固定的、"特许"的形态长期存在，不得作出单方面的变更。如果说欧洲行会和行会章程主要是职业者的合意共约，从制定到施行都独立于国家权力系统之外，那么，古代中国的行会则承担了大量维护国家秩序的功能，故而与其说是行业自治，毋宁更是行政指令的变体与化身。

二　内部结构的不同

（一）人事组织

古代中国行会的领导权限多是政府职权向经济领域的延伸。行会首领称"行头""行首""行老"，成员为"行人"。加入工商行会即为"投行"，"投行"即为"行户"。"投行"是每一个工商业者招揽活计的前提，凡于市肆经营交易者，都必须"投行"，亦即加入相应的行会，接受行头的监管。至于基本的入会程序，"凡雇请人力及干当人……下及门面铺席要当铺里土管后座……俱各有行老引领"。[①] 行老大都由官府指派，即便是本行业推举产生者，也必须获得官方的认可。

---

① （宋）吴自牧：《梦粱录》卷十九《顾觅人力》，三秦出版社，2004，第301页。

　　行老在政令实施与社会管理的过程中扮演助理的角色。行老并非选自全员集会的特定程序，而是直接由官府委任，或者由行会挑选一位享有盛誉或具有实授官职的社会贤达，以期改变商人手工业者低下的社会地位。[①] 唐代贾公彦《周礼注疏》云：周时"肆长谓行头，每肆则一人，亦是市中给繇役者"。[②] 唐代之"行头"犹如周时之"肆长"，差派徭役和检校行肆为其主要职责。行老应使每个在城市谋生的经营者皆投其行，否则停止其营业，予以制裁——"京师如街市、提瓶者，必投充茶行，负水担粥以至麻鞋、头发之属，无敢不投行者"。[③] 他们还须贯彻政府指令、配合政府收缴赋税，差派徭役。凡同行人员之间一切共同活动及行外的一切接洽交涉事宜，都由行老代表本行出面处理。为平抑物价、管理市场，各行行老需定期与府县官员评估物价，之后交由各铺户照行。行内营业项目、产品质量或者技术规格亦属行老监管的范围，行老也有向官府报告行会经营状况的义务。《旧唐书·食货志》载唐德宗贞元九年（793）二月二十六日敕令称："自今已后，有因交关用欠陌钱者，宜但令本行头及居停主人、牙人等，检察送官，如有容隐，兼许卖物领钱人纠告。其行头、主人、牙人，重加科罪。"由于行老对行会中的利弊秘密皆了然于心，每逢县令到任，皆要询问各行行老，方得物色名目。明清时期，行老协调内外竞争、维护会员利益的职能虽然有所增加，但其官定义务未有实质的改变。

　　行人亦有师傅、帮工和学徒的晋升机制。但是此处的学徒制，具有与中世纪欧洲完全不同的宗法制含义。师傅与徒弟的关系在唐代甚为普

---

①　顾銮斋：《中西封建行会的一些差异》，《东方论坛》1997年第1期，第33～34页。

②　（汉）郑玄注，（唐）贾公彦疏《周礼注疏》卷九《地官司徒第二》，中华书局，2009，第1505页。

③　《全宋文》（第99册）卷二一六九《郑侠一·免行钱事》，安徽教育出版社，2006，第256页。

遍，学徒的年限，因各工种学习的难易而不同，大致有数月到数年不等："凡教诸杂作工业，金银铜铁铸，凿镂错镞，所谓工夫者，限四年成；以外限三年成；平慢者限二年成；诸杂作有一年半者，……有九月者，……有三月者，有五十日者，有四十日者。"① 细镂之工，教以四年；车辂乐器之工，三年；平慢刀槊之工，二年；矢镞竹漆屈柳之工，半焉；冠冕弁帻之工，九月。② 有些行会将学徒期分为两个时间段，后期以帮工的身份为师傅服务，两个阶段全部完成才能算作行会正式招用的行人。若帮工期结束后师傅不需要他的服务，他才能自由地去向别处。许多行会还严格限制学徒的人数。但是，古代中国的行会章程中，未见涉及师徒权利义务关系等类似契约性文件的约定条款。③ 在古代中国传统家族秩序的浸染下，孝道与责任是行人心中最为基本的价值标准。行会组织结构呈现拟制的长幼尊卑关系——"投行"者的店铺和作坊得享行会的经营特权，成为基本的家庭式生产单位，师傅是小作坊拟制的"家长"，行头是整个行会的"族长"，行头必须尊崇行业的先驱创立人为"祖师爷"，还要率领全行履行义务，以融入外部更为宏大的差序社会关系之中。好比家族或者村落的成员，那儿有他崇拜的祖先的祠堂，透过祠堂，他必须尽心尽力维护自身所属的身份团体。因此，行会技能的传授时而体现为"家族秘方"的保持，一些行会甚至规定，除了行会成员的儿子与侄子之外，不允许任何人学艺。唐代以来的行会制度，诸"行"之领袖必须贯彻政府法令，协办征缴赋税、科买、和雇以及定价等事务。行首不仅要对本行商户负责，还需对官府负责。他们既要对可能发生的不法情况进行监察，还

---

① （唐）李林甫等撰《唐六典》卷二二《少府监》，中华书局，1992，第572页。
② （宋）欧阳修：《新唐书·百官志》，转引自全汉昇《中国行会制度史》，百花文艺出版社，2007，第38页。
③ 全汉昇：《中国行会制度史》，百花文艺出版社，2007，第75页。

要以族长式的威严保护成员利益，培养成员，使其获得技能，同时代表成员对外交涉。行会的祖师崇拜正是来自宗法家族之中的祖先崇拜，各行每逢行业祖师诞日即举行盛大祭拜与聚会活动。行业祖师即行业神或行业保护神，是具体从业者所奉祀的本行创始人或关系行业根本利益的神祇。隋唐至清，有关祖师爷崇拜的记载逐渐增多，各行会所推崇祖师爷各异，比如，木瓦石匠业的鲁班，冶炼铸造行的太上老君，鞭炮业的祝融，网巾行的马皇后，补锅行的女娲，拓印装裱业的孔子等。[①] 如果说欧洲中世纪的行会尊基督教的圣人为庇佑者，那么古代中国祖师崇拜则不仅如此——行会组织借用传统中国社会自上而下的家长式社会管理模式，延续了宗法制社会关系的纽带，并以此期许行会团体生活的永续。古代中国行会中拟制的长幼差序伦理与欧洲中世纪行会的合作伙伴关系形成了对比。

同一行会成员之间存在贫富差异所导致的贵贱悬殊，行会内部的作坊更有家族的意识，而非团体职业的意识。中世纪欧洲行会章程中刻意为之的机会均等，在中国古代的行会生活中是稀缺的。行会内部有着兼并之家和大小户分化的现象，鲜见有照拂贫弱、限制规模的记载。贫富的差异，导致行会成员的不同社会地位甚至科役任务的区别。在唐、宋、元、明诸朝，行会的自我约束机制较弱，成员可以根据自己的财力、能力放手经营，而没有限制措施。于是，行会大户交易"动即千万，骇人闻见"，而小户则只能顶盘挑担，沿街叫卖。这些大户常把持行会，通过定价以强凌弱，以贵倾贱。在宋代，同一行业内部，有的成员"屋宇雄壮，门面广阔，望之森然"，有的则"货摊渺小，店铺萎缩，其状可叹"。官府征税不得不将同一行会成员分为数等，形成科派的基本依据。宋代京都的肉行即划分为中、下两等，中

---

① 曲彦斌：《行会史》，上海文艺出版社，1999，第170页。

户每月缴纳科银二贯七十文，下户每月纳钱一贯二百九十文，几乎相差一倍。[1] 并且，行中大户发迹的目的，常常在于摆脱行会的生活，入朝为官。富裕商家往往培养族中的优秀子侄入学、中举、捐官等，有着较强的"趋体制性"。相比伦敦、巴黎、佛罗伦萨等欧洲城市不同行业经营规模上的分野，中国古代的行会持续体现着强化成员内部身份性差异的趋势。

（二）经营活动

行会内部的经营活动秩序井然。欧洲中世纪的行会监督控制产品质量，严禁以次充好、缺斤短两、哄抬物价和走私物品等；为了保障行业内部的产品质量，避免团体的经营风险，各作坊的生产环节基本明确，也有行内通用的技术规范和产业标准。与此类似，古代中国的行会以维护同业利益、加强行业的内部团结为目的。

古代中国关于行会产品的数量、质量以及价格的规定，先见于官府颁发的政令性文件。由于官民之间的贸易广泛存在，古代行会关于商品质量的规定，大都以行政机构的指令性规则为基础。后者的出发点是政令通达的便利。为保障政府收入和防止官吏贪污，官方所拟的产品质量标准相对严格。宋太祖、太宗、真宗三朝，产品度量衡的设备主要依据官方所用的斛斗尺秤。官定计量标准通行于各城市的中心市场，试图以此严格规范行会交易。不过，大量的非官方标准盛行于民间初级贸易，且各地区并不完全一致。这种违背官方标准的行会产品即称"行滥"，官方对此类产品的查禁即为"行滥之禁"。[2]

行滥产品的出现，体现了行会质量标准"从官"再"从己"的基本顺序。首先，官方对行会产品的生产进行了严格的限定，行会的经

---

① 傅筑夫：《中国经济史论丛》，生活·读书·新知三联书店，1980，第424页。
② （清）徐松辑《宋会要辑稿·食货》卷六四之一六，1936年影印版，第6107页。

营自主性受到限制。宋政府官营工业规模庞大，除东京有众多官营手工工场外，各地州府均有"作院"。官营禁榷的商品一律在官府的"场务"之内进行，且受到专门的法律限制。《宋刑统》全文照录《唐律疏议》中有关"行滥之禁"的内容，从金银玉器、各类武器、纺织印染、陶瓷器皿、酿酒制茶，凡质量不合官定标准者，一律不准行会生产并禁止在市场上出售。但是，律文虽然严酷，民间行会违禁生产的"行滥商品"却屡禁不止。小至贫弱工商业者，大至富裕行商，都在价格低廉、销路宽泛的行滥货品中受益，甚至形成了专门的行滥市场。于是，在与国家财政关系比较紧密的铜钱、布帛、茶盐等商品的范围内，行会首先服从官定的禁榷制度，同时又不放弃行滥之禁的利润。况且，行滥商品表面上因质量瑕疵而受到政府法令的限制，实际却以低廉的价格丰富了都市人民的生活，也与官府有千丝万缕的利益干系。直至清代，私营盐铁、矿藏的违禁之举屡禁不止，多令国家无可奈何。①

　　非官营禁榷的商品亦须服从官府的管控及限制。《东京梦华录注》载，"肆各有体例……皆有定价"。② 进货的地点和时间均为特定，如鱼行"每日早惟新郑门、西水门、万胜门，如此生鱼有数千檐入门。……每斤不上一百文"。③ 仅一项简单的行价旬估制度，就须经过重重的官方簿记和审批程序。以宋朝为例，尽管行会产品的价格名义上由官府"杂买务"和行会共同议定，但是事无巨细的程序只能说明，行会至多不过是价格拟定的"参与者"。监督价格的力量也不在行会本身，而在于官府的"杂买务"及其背后强大的官僚行政体系。宋真宗大中

---

① 陈振汉、熊正文、萧国亮编《清实录经济史资料（顺治—嘉庆朝）·商业手工业编·叁》，北京大学出版社，2012，第1154页。

② （宋）孟元老撰，邓之诚注《东京梦华录注》卷四《杂货》，中华书局，1982，第125页。

③ （宋）孟元老撰，邓之城注《东京梦华录注》卷四《鱼行》，中华书局，1982，第130页。

祥符九年条例的"时估"，同样规定了"应于旬假日集行人定夺"，但大致程序不外是由府司详细打点。第一步，会同定价并簿记。待入旬第一日，召集各行会至杂买务处"齐集定夺"，务官须簿记具体讨论事宜、年月月时辰等，以备日后检点之必需。第二步，报返实价，再次簿记。簿记之后实际行情的价格，还要再由各行会在下一旬初报还杂买务，亦即"诸般物色见卖价状赴府司，候入旬一日，牒送杂买务"。杂买务则另写一簿，"具言诸行户某年月日分时估，已于某年月日赴杂买务通下取本"。第三步，呈送簿记，有司查检。杂务官吏于二次簿记的文件之前批凿收领月日，送提举诸司、库务司置簿备案，以备检点。"如有违慢，许提举司勾干系人吏勘断。"①

官府的商业性消费造就了大批生活骄奢的富商阶层，客观上产生了限制行会自身发展完善的结果——如西欧行会提高自身技能、最大限度地吸纳社会资本与劳动力，中古时期的中国行会根本无法实现。以宋朝为例，真正意义上生产规模的扩大与产品质量的提高，绝大部分以满足城市富裕官家的购买需求、维持手工业者基本生计为初衷。这种"外部指向"的行会发展模式，自然没有足够的精力专注于组织内部的自治权限，甚至也无力限制不断进城的外商货品。实际上，外来产品丰富了城内的商品种类，反而颇受历代官家的喜爱。外来商户的注册并非在当地的行会，而是服从地方政府有关人丁、赋税的安排。② 此时，既有的行会组织与外来商人同样是政令调控的对象，本地行会的经营没有专属性，更不存在严格悬殊的经营地位之差。

各行会经营活动的时间与地点也在官方的引导之下不断细化。行会的产生即官方划分经营地段的产物。尤其在唐以前"坊市分离"

---

① （清）徐松辑《宋会要辑稿·食货》五五之一七，1936年影印版，第5756页。
② （清）徐松辑《宋会要辑稿·食货》五五之一四，1936年影印版，第5088页。

的条件下，政府为了让同类商品在统一的管理之下共同被销售，特集中陈列作"肆"。唐贾公彦《周礼注疏》云："肆，谓行列，……肆长谓行头。"① 到了宋代，官定经营地段的限制有了避免矛盾纠纷的考量。各行互不干涉，以此维系稳定的社会秩序。《东京梦华录注》中，民间筵会往来必须"各有地分，承揽排备，自有则例，亦不敢过越取钱"；② "其供人家打水者，各有地分坊巷"。③ 这些行会及其内部的分界措施，目的在于避免彼此"任意紊做揽夺"。明清时期，随着行会内部章程的出现，有关原料、产品价格、经营范围、市场限定、用工、工资、收徒、门市位置，以及关于非会员同行业户诸项，均以行规形式做出明确规定和详尽的违规惩罚办法。各行规、公约，大都郑重刻碑立于议事的会所、会馆，作为永久性的公开凭据。对于认可行规的会员业户来说，这些行规具有习惯法性质的约束力。④ 但是，尽管这些同业组织的章程、公告和规定逐渐丰富，但仍旧没有突破官利与行情的错综关系，因此也未必将行会自身的利益作为基本的出发点。

此外，古代中国的行会没有因宗教的虔奉而产生的慈善募捐。中世纪的欧洲，当个体手工业者愿意建立一个关系密切的、有约束力的联盟时，早期的宗教互助团体已经提供了现成的模式。基督徒浸染和影响之下的行会组织，将教徒的誓约观念顺势转化为行业内部彼此之间的关系与义务。教会生活中的募捐与慈善成为行会的常规活动，借用"兄弟之

---

① （汉）郑玄注，（唐）贾公彦疏《周礼注疏》卷九《地官司徒第二》，中华书局，2009，第 1505 页。

② （宋）孟元老撰，邓之诚注《东京梦华录注》卷四《筵官假赁》，中华书局，1982，第 126 页。

③ （宋）孟元老撰，邓之诚注《东京梦华录注》卷三《诸色杂卖》，中华书局，1982，第 119 页。

④ 高其才：《论中国行会习惯法的产生、发展及特点》，《法律科学》1993 年第 6 期，第 73～74 页。

爱”"邻人之爱"校正可能的身份差别——这种校正即使在实际的社会生活中作用有限，它对行会人观念的影响也的确存在。同行成员可以为死去的行会人捐助棺材、提供祭品和蜡烛。与此相比，成员募集善款的制度在中国古代的行会中同样存在，但善款的去向常为公用寺庙开销与对节庆活动的赞助。诸如贫困的救济、婚丧嫁娶等诸多事宜，仍是由行会内部的成员家庭各自承担的。可以说，因内部救济而产生的朴素均平观念并不存在于中国古代的行会。无怪乎 H. B. 马士（H. B. Morse）考察对比中西行会之后有言："西方世界的宗教感情是强烈的，这种感情会提供一种比一致的行业利益更为牢固的契约联盟。"①

三　外部结构的差异

在政治权威多元化的欧洲中世纪，周旋于领主、教会、城市和王权之间的行会组织成为各大势力竞相收买的对象。尽管承担一定程度的课税义务，但不少领主为了拉拢行会并从中取利，鼓励行会自行主持经营活动。行会不仅负责审查从业者的资质，而且监管产品的材料、生产工艺、质量、价格与利润，甚至划定了具体的工作时间与地点。不少行会章程记载，行会会长和理事会有权裁定行内纠纷，并对经营活动的审查具有终局权威。

与欧洲中世纪的行会相比，中国古代城市更是政治统治和行政管理中心，行会则是行政体系单向度的服务者。外观上看，中国古代行会的活动空间甚巨。宋代城市的规模宏大，北宋开封、南宋杭州人口已达百万。北宋全境拥有 10 万户以上的城市有 40 多个，到宋徽宗崇宁年间上升到 50 多个，数量超过汉唐数倍，也远远超过了同时期的西

---

① H. B. Morse, *The Guilds of China*, London：Longmans, 1932，见彭泽益主编《中国工商行会史料集》（上册），中华书局，1995，第 63 页。

欧——后者在 14 世纪以前很少有人口超过 5 万的城市，14 世纪早期，威尼斯、佛罗伦萨、巴勒莫（Palermo）、巴黎四城的人口才刚刚超过 10 万人。但是，若就内部构成而言，虽然宋代城市的绝对人数大大多于同时期的西欧城市，但城市工商业者的相对人数却在城市人口构成上占较小的比例。行会手工业者在欧洲的城市中占据了主导的地位，他们的经营规范甚至妨碍到城堡领主或者君侯的权力，后者的地位通常被削弱为"同侪间第一人"（primus inter pares），城市行政者可能降至地位几乎平等的门阀（gentes）之一员，靠推举产生，任期很短且权力受到极大限制，市民可以共同参与和平的贸易。① 中国古代的城市聚集着皇室、贵族、官吏和一些大地主，他们地位尊崇、家产显赫，本身既已构成了最为重要的居民。一般工商阶层实际上只是城市居民中少数卑微的"浮末者"（工商业者的别称）。行会人不仅是职业团体的成员，更是亲族里坊的成员。尽管行会及其他职业团体可能也有某种权限，不过大多拘泥于细枝末节的经营问题。因此，中国古代的城市宏大整齐又颇为繁荣，但官家手工业所占者多，行会工商业者要么成为官府差役的仆从，要么只能在行滥之禁的边沿领域辗转逐利。

　　先天上的不自主性使行会成为政治力量的附庸。在中国古代，政府对商业事务的管理和干预多基于非经济的伦理性原则。地方官府为科索而采用编行制度，行会也以供应达官显贵所需的奢侈品为大宗。《东京梦华录注》载："市肆谓之行者，因官府科索而得此名，不以其物大小，但合充用者，皆置为行，虽医卜亦有职。……又有名为'团'者，……或名为作。"② 吴自牧《梦粱录》亦称："市肆谓之团

---

① 〔德〕马克斯·韦伯：《非正当性的支配——城市的类型学》，康乐、简惠美译，广西师范大学出版社，2005，第 99 页。

② （宋）孟元老撰，邓之诚注《东京梦华录注》卷三《天晓诸人入市·前点汤茶》，中华书局，1982，第 118 页。

行者，盖因官府回买而立此名，不以物之大小，皆置为团行，虽医卜工役，亦有差使，则与当行同也。"① 如果拒绝政治势力的管束，行会组织便因遭到当局的猜忌而难以成立。不唯如此，官府还采用"均输""平准"等行政的手段，设立市官税卡，强化管理行会的贸易。行会的经营活动可以集中在诸如茶、酒、盐、铁等相对重要的民生领域，却很难实现自主权，更谈不上垄断性的专营权。如此，欧洲中世纪行会在特定地域范围之内获得的授权性规范，在古代中国的行会中是很难看到的。

古代中国的行户以执行官府指令、协调官商关系为主，兼事本行利益。中国古代的行会联合了城市中的同业者，承担着向官府供纳物品和劳役的义务。诸行行首协助官府管理行户事务，管理征用行户的徭役、行银。行之设置、行会首领的选任均受官府的干预和制约，各行章程的审编悉由官府裁定，行会的合并、分化亦悉遵政府的指令。由宋至清，府县对行会首领的选任采取干预政策，行首实为官方监督的代理者。对于民间自行推举而未经官府认可者，即视为私举，以违法论处。唐代坊市合一之后，政府事实上已不可能直接干预和监督从商品生产到流通的全部过程，但是为了便于管理城市工商业者，官方强制工商业者按照所属行业组织起来，使每个在城市中谋生的人各投其行，以"纲举目张"。一般而言，行会以所在地的行政管理建制为本位，要求从业者全部加入行业组织并接受管理，具有一定的强制性。行会遂成为科索、征调徭役的主要社会单元，也是社会管理的末端组织。

行会必须完成的对官义务即为"行役"。行役之中，最为重要的是科配。宋朝的行役是一种差役，有强制性。科配的本意，是强制性

---

① （宋）孟元老撰，邓之诚注《东京梦华录注》卷三《天晓诸人入市·前点汤茶》，中华书局，1982，第118页。

分派，因此也有科率、差科、拆配等名目。如果是强制性分摊买卖，一般又包括科买或官方强制性的借贷、租赁等。① 宋朝政府对工商业者苛责颇重，有"科索""和买"等名目。科索包括物资和人力，就前者而言，"不以其物大小，但合充用者"皆须向官府供应；就后者而言，虽医卜工役，亦有差使，即各色人等都有被官府招募服役的义务。② "和买"也是一种变相的科索，是政府在各行业无偿供应之外，应宫廷及官府需要而到市场上购买物品。

行会人无法通过职业活动的经营加入城市管理者的序列。城市机构由官府设置，官员由朝廷派驻。行会会员无权参加城市管理。历朝郡、府、州、县都设有市令以及众多的属官，行人大都归属地位低下的匠籍之流。在这些官职中，即使是肆长这样的小官，其职权仅管理某一肆的事务，也都由官府任命。唐代以后，尽管专设的市官相继废止，但其职能却保留下来改由地方官兼任。不仅如此，工商业者几乎被堵塞了仕进的道路。西汉孝惠、高后之时，"为天下初定复弛商贾之律，然市井之子孙，亦不得仕宦为吏"。汉后诸朝几乎无一例外地重申并贯彻了这一禁令——行会与行人只是城市科役的服从者，没有参与城市管理的可能。③ 可以说，"对于他们（行会人）来讲，组织和联合行动是极易做到的，这是因为他们对于权威有着一种与生俱来的敬畏和遵守。他们的驯顺来自他们的自我控制的习惯"。④

地方府县为行会活动提供家长式的照拂。行会组织对成员的控制以府县的力量为依托。明代万历年间，"如遇逃故消乏，许其（官吏）

① 魏天安、戴庞海主编《唐宋行会研究》，河南人民出版社，2007，第94页。
② （宋）吴自牧：《梦粱录》卷十三《团行》，三秦出版社，2004，第191~192页。
③ （汉）司马迁：《史记》卷三十《平准书》，转引自顾銮斋《中西封建行会的一些差异》，《东方论坛》1997年第1期，第34页。
④ D. J. Macgowan, "Chinese Gilds or Chambers of Commerce and Trades Unions", *Journal of North-China Branch of the Royal Asiatic Society*, Vol. 21, No. 3 (1886), 转引自彭泽益主编《中国工商行会史料集》（上册），中华书局，1995，第51页。

告首（行首）查实豁免"。① 神宗熙宁六年为减免行会科役之苦，将物料科役统一用钱折算，称为"免行钱"，实际是出于对行会的体恤。马端临《文献通考·市籴考》载，北宋神宗熙宁六年奏议"免行钱"，就是减免课税名目的努力。奏称"乞约诸行利入厚薄纳免行钱"，②"计官中合用之物，令行人众出钱，官为预收买，准备急时之用。如岁终不用，即出卖，不过收二分之息，特与免行……元不系行之人，不得在街市卖易与纳免行钱人争利，仰各自诣官投充行人，纳免行钱，方得在市卖易，不赴官自投行者有罪，告者有赏"。③ 当然，行首经官府备案认可，一定程度上杜绝了恶霸把持行会，维护行会一级市场秩序，是社会治安的一个重要环节。但是，遇到官方对团体结社行为心存芥蒂的情形，行会的发展可能步履维艰。例如，清政府出于政治上对民间秘密组织反清会社的敏感，对工商业行会组织也一贯谨慎警惕。行迹不明的行会组织不仅不加以鼓励，反而多行查禁。

行会的违纪行为属于国家违法行为的一种，行内纠纷须由县令等基层司法官僚进行审判，行内诉讼不被支持。根据《宋会要辑稿》的记载，行会事宜是国家统一行政管理和司法体系的部分。若"贪赋之徒为民蠹令"，"许诸色人不以有无干己越诉"。④ 即使在行会章程相对发达的明清时期，官府也是行会规约的执行者与裁判官。清吴光耀的《秀山公牍》是作者任职四川秀山县的公牍汇集，其中光绪二十八年（1902）《龙秀禄以纠捉欧磕告宿仁显等判》载裁缝行学徒减价卖工案称："龙秀禄之侄龙永福，本拜宿仁显为师，学习裁缝手艺。私自减

---

① （明）沈榜：《宛署杂记》卷十三《铺行·万历十年四月内》，北京古籍出版社，1980，第107页。
② （宋）马端林：《文献通考》卷二十《市籴考一·均输市易和买》，中华书局，2011，第580页。
③ （宋）马端林：《文献通考》卷二十《市籴考一·均输市易和买》，中华书局，2011，第580页。
④ （清）徐松辑《宋会要辑稿·食货》卷九，1936年影印版，第4966页。

价卖工，有犯行规。因照规罚做工钱六串文归公款，永福各自赴贵州卖工而去。秀禄事外无干之人，欲磕诈此钱，以为己利，开此讼端。"可见，在行人"有犯行规""以为己利"的情况之下，行会的"讼端"实所难免。诉之于官的行会争端对行政官员提出了忠公无私的要求，却没能产生行会内部的纠纷解决机制。这些组织尽管最终诉诸专断行为，但是，只要行政执法官员公忠无畏，这些恶行就可以得到有效的遏制。当然，行会成员也反抗贪腐、昏聩的地方官员，他们或者驱逐一个特定的官吏，或者排除一个具体的法令，而非争取长久的自主权利。

行会对外商的态度较欧洲更加宽容。依附性的社会地位影响行会职业垄断的形成。在古代中国各行政单位之间彼此开放、互通有无的情形之下，本埠行会无力排斥外乡商人介入城市的经济生活。行会组织对外来同行业者的迁入无法进行有效限制，而只能是来者不拒。籍贯是加入西欧行会的最重要条件，却不构成中国古代外籍者入行的限制，许多行业甚至明文规定外商与本地人一视同仁。苏州梳妆业公所章程即规定入行者的加入费，外地与土著同为"七折大钱二十两"。不仅如此，外乡人还可以在城市诸行中逐渐形成势力并取得优势。隋唐两朝，城市都有"五方商贾，辐辏云集"的景象。唐代的两京"招致商旅，珍奇山积"，各地商客可以自由进出。广州、扬州甚至寄居着许多"贾胡"。至明清，更是"市肆贸迁，皆四远之货；奔走射利，皆五方之民"。①

四 小结：行会的结构功能比较

欧洲中世纪的行会在中国古代的行业社团中找到了对应物。尽管

---

① 顾銮斋：《中西封建行会的一些差异》，《东方论坛》1997年第1期，第29页。

数量众多、业务丰厚的古代中国行会同样是社会活动的基本单元，且中国的行会同样以加强内部团结的方式达到了提高专业程度、抑制竞争的目的，但是，如同欧洲行会一般的团体契约属性并未出现。尽管晚晴时期上海、宁波等地区的行会章程已经出现自主的仲裁与调停程序，却依然没有摆脱政府的主导。或者，古代中国行会团体并不以解放个体身份束缚、推动灵活经营为初衷，而更多地成为维护既有秩序稳定的有机组成部分。这绝非孰优孰劣的对比，而是立足不同社会情境的实际需求所获得的、行会现实功能意义上的分析。

就结构而言，古代中国的行会是沟通城市商品流通的同业人组织，首先承担着向官府缴纳赋税、提供工役等义务，这种服务与服从是单向的。大多数的情形下，行会依附于外部行政权力的政策命令，其接洽业务、评议物价、监督产品质量等活动的自主性，多数以"行滥"的形式来实现。虽然古代中国城市的绝对人口大大多于同时期西欧的城市，但就整体而言，行业组织只在城市人口的构成上占据较小的比例。不仅如此，古代中国行会组织的内部关系是拟制的家族关系，"师与徒"更像是传统中国宗法社会秩序中"父与子"的关系模式在行会生活中的延伸。同样，行会人无法通过职业活动的经营加入国家行政管理者的序列，只能接受后者家长式的照拂；行业聚会、祭祀与宗教活动也并非解决内部纠纷、募集慈善款项的场合，而更多具有宗法仪式上的意义。可见，结构性的差异指向实质意义上的巨大差别——契约化的趋势在古代中国的行会中并未突显，行政性指令的执行与表达是更为鲜明的行会意向。无论如何，作为行业性的社会组织，古代中国的行会与欧洲中世纪的行会在一个方面仍旧具有共通性：以行业利益的联盟为基础，不断增强社会成员对职业团体的笃信。

第九章 结论与启示：在身份与契约之间，但以契约为主

"法律秩序必须既稳定又灵活。"

——〔美〕罗斯科·庞德，《法律史解释》

中世纪欧洲的行会演绎了身份关系的消解和契约关系的进化过程，生动地反映了人类法制文明的发展趋势与规律。就历时性维度而言，中世纪行会堪称是传统法制向现代法制演化的一个历史缩影。若从共时性维度讲，中世纪行会是一种介于身份与契约之间但以契约为主的特殊法律共同体。

一 结论：以契约为主的制度性贡献

（一）传统身份的烙印

作为契约共同体的行会以及契约型行会法律规范，对传统的身份社会结构及其法律秩序造成了巨大冲击，推动了欧洲法律文明由传统向现代的过渡。然而，行会毕竟是中世纪封建社会和手工业时代的产物，在它身上不可避免地打着传统社会的身份烙印。

首先，中世纪欧洲行会仍在一定程度上沿袭了等级身份传统。行会成员虽然都是独立的工商业者，但行会内部的三个等级界限分明，在师徒如父子的封建道德观念下，学徒和帮工时时处处都唯师傅马首

是瞻，终生不得背叛师傅，这种准父子身份关系束缚了学徒与帮工的个人发展和自我价值的实现。有些保守的师傅为维护垄断性经济利益，防止技术外流，不愿把关键技术传授给外来的学徒和帮工，刻意培养自己的子女以便继承家业，严重阻碍了技术的改进与创新。按照行会规定，学徒期限一般为 7 年，出徒后即有资格独立开业，但多数学徒因资金、原料、市场等条件的限制，无力自立门户，只能继续跟随师傅无限期地充当帮工，从而成为长期依附于师傅的封建性雇员。即使在师傅阶层中，也有大师傅和小师傅的等级之分。大师傅经济实力雄厚，多是行会领袖，其社会地位和政治影响力都远远高于小师傅，甚至享有少量特权。这种等级身份制残余显然是与现代法制文明不相容的，这也是行会最终落后于时代而被历史所淘汰的重要原因之一。

其次，中世纪行会无法完全摆脱对当地政府的政治依附性。中世纪行会分别隶属所在城市政府的管辖之下，尽管少数大型商会拥有跨地区乃至跨国贸易往来，但占绝对多数的手工业行会只能依托当地的资源与市场，故而行会章程规定的道德原则、产品种类、质量标准、生产规模与价格体系主要旨在满足当地的社会需求，而且必须服从当地政府的管制。及至中世纪末期，民族主权国家在欧洲相继建立，政府的社会管理职能的范围迅速扩大，行政、税收和司法体系日益健全完善，行会原本享有的组织本行业生产、裁断内部纠纷等职能纷纷转入政府手中，行会日趋衰落。

是故，18～19 世纪，随着资本主义经济政治制度和现代法制文明在欧洲确立，曾经风光上千年的行会，作为一种实体性社会经济组织陆续退出了历史舞台。但是，中世纪行会所蕴含的契约精神不但没有销声匿迹，反而得到进一步发扬光大。摆脱了等级与身份枷锁、完全建立在个人意思自治基础上的现代契约成为维系社会的纽带。同时，近代社会已经开始关注的个人与团体、权利与义务的关系等问题，这多少得益于对中世纪行会的反思。

（二）以契约为主

中世纪行会"在身份与契约之间"的双重属性，实是特定时空条件下的产物。在中世纪早期动荡不定的局势下，流离失所的工商业者迫于生计汇聚并合作，他们原本是互不相识、素无联系的陌生人。为了能够有一个和平有序的工作与生活环境，只能以职业工为基础，以契约为纽带，自发结合而成同业者行会，而且必然以行会法的形式将彼此之间的约定以法律的形式确定下来。所以，行会的建立本身就是对传统身份关系的否定，就是基于契约关系的基石之上的。然而，中世纪行会及其所依托的城市，无一不处于由等级身份构成的封建社会关系的大环境中，所以不可能"出淤泥而不染"，而是继续保留了上述各种等级身份关系的残余。不过，两相比较，契约关系毫无疑问占据主导地位，这集中体现在以下三个方面。

首先，以权利和义务为核心约定内容，确立了行会成员在法律上的平等地位。行会成员通过宣誓自愿入会，由此而平等地享有会员权利、履行会员义务，并通过行会法将这些权利义务固定于法制的范围内。行会法有关权利义务和对违反者的罚则诉则等规定，对全体成员是一视同仁的，即便是身居管理者职位的行会领袖，也处于有限任期、有限权力的限制下，并不因身居管理职位而高人一等，导致身份产生差别。行会法为勤奋能干的学徒提供了通往成功的均等机会，行会的日常生活管理遵循统一的标准。师傅、学徒和帮工之间的等级差别是客观自然条件造成的社会差异，而非法律不平等的表现，更不代表固定不变的尊卑贵贱。所以在正常状态下，行会内部关系的基调是合作而不是依从，是和谐而不是冲突。可以说，从行会建立伊始，成员之间永久性的身份差别和从属关系就不复存在。

其次，以授权的方式赋予了行会团体法人资格，据此，行会可以在对外交往中合法地抗衡外部权威。行会法明确授权行会领袖作为行会团体利益的代表者，负责处理对外联系与交往事宜。这样，在对外关系中，行会就具备了"人的特质"（persona moralis），① 如同一个自然人一样。这种特质虽然是拟制的，但却使行会在面对国王、领主、城市政府等外部权威时，可以以一个权利义务的主体出现，在涉及利害冲突的对外事务中，可以平等地讨价还价，所以更像一种经济交易，而非身份上的从属与依附。可以说，中世纪行会作为一个法人的实践活动是现代民法体系中有关社团法人制度的直接历史渊源。

最后，以程序化的司法将行会成员的权利义务落实于实践。行会利益的对立面没有尊荣与特权的持有者，只有法律诉讼程序中的应诉人。内部的冲突和对外的矛盾种类繁多，有些可以通过协商化解，但根本解决方法只能走司法途径，即依据章程的规定诉诸法律。在内部的诉讼中，行会是中立的法官；在外部纠纷的场合，行会是主张利益的当事人。无论是在内部纠纷还是在外部诉讼中，维护行会利益和成员的合法权利，都是会长、理事会或其他行会领袖义不容辞的职责。通过各种权利诉讼的实践，行会成员的权利意识和维权能力都能相应增强，从而为现代法制文明奠定了社会基础。

这些特征无疑将行会的团体和成员置入了一种权利平等的契约型关系中。不唯如此，行会还意味着公权力的限制和私权利的萌生。行会赖以存在的授权和特许，具有限定外部干涉、保障行会自主的效力，也使成员个体权利的实践受到鼓励。历经近代西方社会的变迁，个体的人正是凭借这种实践权利的精神，走出了团体的组织，直接参与到强大的国

---

① Otto von Gierke, *Naturrecht und Deutsches Recht*, Frankfurt, 1883, Vol. iii, trans. by Ernest Barker as *Natural Law and the Theory of Society, 1500 – 1800*, Boston: Beacon Press, 1934, p. 186.

家"利维坦"中去。此后很长的一段时间内，平等职业者自由结社的形式也许受到了冲击，但主体平等和意思自治的契约精神却保留了下来。也正是由于团体契约与个体权利的结合，才使近代西方社会的思维方式呈现出个体人之于国家社会的定位——既有微观私权利的意识，也有宏观的社会公共责任。这是一种平面化的视野，它分散了家族内部的血脉关联，抵御了国家行政体制的侵蚀，最终为个体权利的自行运转扫清了障碍。尽管行会的参与者不过是底层的工商业者，但是他们以众多的数量使行会的制度形态具有了普适性，并且，商贸和技术类的经营活动本身即中世纪最接近现代社会生活的线索。

在中世纪行会缔造职业理念和制度的过程中，社会成员之间的差异得到平衡的调试，差异不断地出现，调试也就不断地进行。如此往复，行会的精神意涵最终"晕染"开来，成为社会体系内部自行校正的力量。尽管明显的身份悬殊早已罕迹于近代的社会，但是，每当出现偏颇的利益导向和社会不公，这种力量即会被激活。弥足可贵的是，至少从中世纪行会的时代起，反思与校正的力量就借力于法而道成肉身。

二　启示

（一）契约属性与身份依附之间的当代行业协会

与中世纪欧洲行会对应存在的古代中国行会，同样是经济社会活动的基本单元，也以加强内部团结的方式达到了提高专业程度、抑制竞争的目的。从功能主义的角度分析，二者坚持了各自必要的发展路径。基于演变路径、内部结构以及对外关系等多个方面的差异，古代中国行会更多的是维护国家整体秩序稳定的有机组成部分。可见，形式上的相似性指向实质意义上的较大差别——欧洲中世纪的行会因其对团体契约的笃信而相对独立，古代中国的行会则是行政指令的执行与表达。当然，行会制度的比较分析，绝非意在孰优孰劣的争执，而是寄望更好地把握本国行会的生长资源。此种对比、冲击与整合之下的挖掘和提炼，能够为后世行会法律秩序的设计带来启示——无论是欧洲传统的"行业约法"抑或中国古代的"体制政令"，可以为当代行会组织的制度建设提供怎样的历史启迪？

实际上，欧洲中世纪与中国古代在行会规制方式上的差别，都在近代社会变迁的历程中"有舍有得"。欧洲中世纪的行会逐渐被民族国家所吸纳，"体制依附"的色彩更加突出，传统中国的行会在近代内忧外患、政治失灵的状态下，反而客观上获得了"自治"和"约法"的空间。在这个意义上，"行业约法"和"体制政令"并非某种机械化的类型学标签，而是一架调试中的"天平"，承载时代背景与现实需求之下的、行会与体制彼此互动的张力。

欧洲中世纪的行会改头换面后被吸纳于近代民族国家的主权体制，这在一定程度上折损了传统自治模式下的契约属性，进而获得国家法律体系中的精准定位。近代欧洲民族国家的崛起，使"国家主权"的不可侵犯性压倒传统欧洲行会的经营自主性。新兴国家警惕行会自治可能造成的体制壁垒与经营垄断，凭借强大的司法、行政和税收体系全面接管行会职能。近代的行会成为包含于"主权"内部的概念，而主权又是统一和不可分割的，职业行会的退场成为再自然不过的事情。此后，传统欧洲行会的法律规制仅在立法资源的层面上获得认可。①

与欧洲不同，近代中国的行会借力清末民初势弱的行政管控，转而向行业"约法"的向度倾斜。整体观之，古代中国行会的独立性发

---

① 〔英〕J. H. 伯恩斯主编《剑桥中世纪政治思想史》（下），郭正东等译，生活·读书·新知三联书店，2009，第462页。

展相对迟缓，诸如身份平等、意思自治等有关契约的精神要素，亦内嵌于古代中国纵向的行政体制和家族亲情的血缘网络之内，这当然产生了有效维持整体秩序的结构性功能。然而，由于缺乏一种长期的、社会化的演进历程，近代以后的行会产生了两个重要的新面向。其一，体制"松动"之下的近代中国，启动了对行会与政府关系的思考。清末至民国时期，同业公会、商会等工商社团借机活跃起来，上海、苏州、宁波等地区的行会率先克服传统行会所固有的封建性与保守性，实现了自主性较强的行内法律规范，在维系同业秩序、经营行外关系等方面成绩斐然。① 这表明，近代中国行会做出了自治性的探索，行会契约属性凸显出来并付诸实际的运作。其二，行会对国家体制的依附仍旧无法中断，从晚清政府、北洋政府到南京国民政府，始终没有放弃对行会进行有利于官方的改组和整顿，通过颁行《奏定商会简明章程》（1904）、《商会法》（1915）、《工商业同业工会法》（1929），对近代行会的制度与运作实施统一的约束。近代行会在"兴商还是限商"② 的纠结中风云变幻，无论是一种近乎传统条件反射的体制依附趋向，还是出于行业利益驱使的挣扎觉醒，"独立"抑或"自主"、"官办"抑或"民办"、"自治"抑或"他治"等争论不休的问题，表明契约性与身份性的张力同样成为近代以后我国行会不可绕过的症结。

　　新中国成立以后，行会的发展伴随体制变革的脚步。在新中国成立初期计划经济的体制下，私营工商业者悉数并入国有，国有企业与政府之间的垂直依附关系占据主导地位。行业自治空间的急剧萎缩，使行会组织一度退出了历史舞台。③ 改革开放以后，随着社会主义市场

---

① 朱英、魏文享：《行业习惯与国家法令——以 1930 年行规讨论案为中心的分析》，《历史研究》2004 年第 6 期，第 135～137 页。
② 谭洪安：《〈商会法〉：兴商还是限商？》，《中国经营报》2013 年 11 月 4 日，第 D08 版。
③ 王名、孙春苗：《行业协会论纲》，《中国非营利评论》2009 年第 1 期，第 4～5 页。

经济体制的逐步建立，各类企业重新获得了独立经济主体的地位，各级政府也同步启动了机构优化与改革的进程。20 世纪 90 年代中期以来，随着政府职能转变的有效开展以及系列法规政策的出台，[①] 数量庞大的行会组织涌现出来，其中又包含了两种基本的类型。一是政府职能转变过程中产生的行业性分支管理机构，它们在政府的帮助下形成行业协会，[②] 二是经济发展较快的地区如深圳、温州等地企业自发组建的行业协会，它们在较大程度上形成于企业经营者的共同意志，最终通过登记等形式获得了政府的认可。值得注意的是，无论哪一种行会，实际都在政府、市场与企业主体的利益平衡中获得定位。这在现实中导致以下两个层面的出现。一是"身份性"有余但"契约性"不足，不少行业协会成为政府机构的延伸触角，甚至上挂下联地成为"二政府"和"红顶中介"，出现政会不分、管办一体、创新发展不足等问题。二是"契约性"有余但"身份性"缺失，行业协会置于市场经济的环境之中，容易产生彻底摆脱制度束缚的"离心力"，这又可能落入行业性垄断、不正当竞争的窠臼。在这一问题上，东西方行会发展的经验已经表明，独立性过弱的行会可能慵懒懈怠、坐享其成，独立性过强的行会又可能垄断资源、限制竞争。"将恐今之视古，亦犹后之视今"——行会所蕴含的身份性与契约性如何在现实中产生"帕累托最优"的态势？

行会兴起与发展的历程表明，身份与契约的平衡需要借力制度性的

---

① 1997 年国家经贸委印发了《关于选择若干城市进行行业协会试点的方案》，此后深圳、上海等地出台地方性法规予以跟进；1999 年国家经贸委印发了《关于加快培育和发展工商领域协会的若干意见（试行）》，明确了促进行业协会发展的基本方针；2002 年 4 月国家经贸委印发了《关于加强行业协会规范管理和培育发展工作的通知》，进一步提出"调整、规范、培育、提高"的工作方针；2007 年 5 月国务院办公厅印发了《关于加快推进行业协会商会改革和发展的若干意见》；2008 年 10 月，行业协会立法被列入十一届全国人大常委会的五年立法规划。

② 1993 年我国撤销纺织工业部，组建中国纺织总会；1999 年将原九大专业经济管理部门改为十大行业协会。

调试。针对政会不分的现实问题，我国已经开始探索建立有利于行会独立性的政府职能模式。自 2013 年以来，我国酝酿并启动了行业协会与其"主办、主管、联系、挂靠"的各级行政机关"脱钩"改革，并于 2015 年出台了《行业协会商会与行政机关脱钩总体方案》，后以 2016 年《社会组织登记管理条例》继续提供制度性的支持。尤其自 2015 年以来，国务院召开全国推进简政放权放管结合职能转变工作电视电话会议，首次提出了"简政放权、放管结合、优化服务"改革，经过几年的探索，2019 年《优化营商环境条例》的出台已经成为此项改革的制度性成果。"放权"与"脱钩"实为异体同构的两面，共同致力于实现行会机构、职能、财务、人员管理、党建外事的分离。这是从制度上否定了行业协会的行政属性，转向购买服务、业务监管等相对松散的政会关系模式。

应当看到，我国当前的脱钩改革其实意味着行业协会主体事务的"契约性"倾向。各类行业协会首先是事业性约定产生的团体，应当在脱离行政体制依附的前提下，激发自主经营的内在动力。但是，如果考虑到传统行政支持的背后往往连接着行会赖以生存的市场资源与人脉网络，就应注意到尚未充分解决的问题——脱钩改革以后，行政机关的业务指导与监管仍难摆脱传统层级依附的逻辑，而改革以后的"购买服务"则以平等性、契约性的逻辑为主线。那么，如何在身份悬殊的层级关系仍旧隐性存在的前提下，平衡购买关系中行业协会的客观弱势地位呢？尽管行业协会组织的人、财、物能够实现形式上的独立性，但是，面对"监管偏好"或者"甲方独大"的现实影响力，行政机关是否仍有可能凭借掌握信息、资源等关联优势加以"软性强制"，进而延续传统政会难分的老路？调研发现，各地政府的职权下放一般通过提出适合由行业协会商会承担的服务"清单目录"，① 但是

---

① 中共中央办公厅、国务院办公厅印发《行业协会商会与行政机关脱钩总体方案》，"脱钩任务和措施"，http://www.gov.cn/zhengce/2015 - 07/08/content_2894118.htm。

"清单"难免存在"虚多实少"的情况，将"盖章""收资料"等日常琐事交给行业协会，不仅增加了行业的劳动力投入，也没有实际的意义。[①] 历史经验和现实问题提醒我们，行业协会的发展离不开社会经济领域深层次的支配、调度和孵化过程。有鉴于此，改革不仅要通过"放权"在形式上支持行业协会脱钩自治，更要在"放权"之后，支持行业协会可以调度相关资源。这种支持当然也包括监管的内容，对于有可能造成行业性垄断的领域，则应提防"契约自由的滥用"，需要考虑培育与竞争机制，避免行业产品质量的降低。总之，脱钩使行业协会的主体意识更加明朗，还需获得行政权力精细化的放权操作。

行业协会"脱钩体制却不脱钩法制"，这就明确了新的"身份性线索"——法律上的"身份"。脱钩以后的行业协会更须自律，自治权限的提升，带来了优化内部结构、增强管理责任感的契机，行业协会需要在内部规制不断成熟的前提下，遵守国家宏观法律的限定。整体上看，脱钩以后的行业协会主要受到两个层次的法律制度约束。一方面，行业协会必须是依法设立的，就行业协会在国家法律体系中的定位而言，行业协会属于社会组织的一种，我国《民法典》与相应行政法规将行业协会具体列入"非营利性法人"的范畴。[②] "法人"，也就是在法律上认可行业协会全员大会、理事会和监事会的常规组织管理形态；"非营利"，则将行业协会区分于企业组织，鼓励其在沟通协调、信息发布、对外联络、培训咨询甚至维护行业整体利益方面发挥作用。[③] 另一方面，行业协会又是自主设定的，行业协会内部规制体

---

① 《政府职能下放商会，如何走更稳》，《南方日报》2013年7月26日。

② 《民法典》第八十七条"非营利法人"；《关于非营利组织免税资格认定管理有关问题的通知》，http://www.chinatax.gov.cn/n810341/n810755/c3317344/content.html。

③ 民政部《社会组织登记管理条例（草案征求意见稿）》第四条规定"社会组织不得从事营利性经营活动"，第十条规定前述社会组织的种类包括"行业协会商会"和科技类社会团体、社会服务机构、公益慈善类社会组织等。

现为协会章程和行规行约，它们不直接处于国家法律体系的范围之内，本质上是行业协会融入市场、自主探索的生存举措。就两个层次的逻辑关系而言，行会法律规制来自成员认可的契约性规范，它们得到国家法律的认可，在不与国家法律相抵触的情况下可以作为法律的有效补充内容，二者共同建构起行业协会运作的制度依据。①

行业内部救济和一般民事纠纷解决机制可以取代传统行政监管发挥作用。在传统政会不分的模式之下，行政监管是调整行会行为的最常用模式，其主要的监管手段是政府的批复和批准，行政处罚的手段包括罚款、责令遣散和责令排除违法行为等。② 如我国《反垄断法》第四十六条规定，"行业协会违反本法规定，组织本行业的经营者达成垄断协议的，反垄断执法机构可以处五十万元以下的罚款；情节严重的，社会团体登记管理机关可以依法撤销登记"。对此，又如孟德斯鸠所言，"如果司法权同行政权合而为一，法官便将握有压迫者的力量"。③ 行政监管与行政处罚客观上导致行政机关身兼政策制定者与实施者的双重身份，实际是集行政权和裁判权于一体，这无疑加深了行业协会的体制依附性。无论如何，在当前脱钩改革的背景下，行业协会已经逐步去行政化地转向"民间性"与"社会性"，行业协会法律制度的实施手段也应当向这一方向转变。对此，传统行会解决纠纷的裁判模式已经表明，行业协会相关法律制度的实施至少有两个层次，一是通过行业内部实施的救济，二是诉诸外部的行政手段、商事仲裁或者司法诉讼。其中，内部救济的机制具有公认的便利，行业协会自治本就意味着对内部事务具有充分的发言权，常见的协会内部处分包

---

① 黎军：《基于法治的自治——行业自治规范的实证研究》，《法商研究》2006 年第 4 期，第 49 页。
② 鲁篱：《行业协会限制竞争行为的责任制度研究》，《中国法学》2009 年第 2 期，第 82 页。
③ 〔法〕孟德斯鸠：《论法的精神》（上册），张雁深译，商务印书馆，1997，第 156 页。

括警告、罚款、批评甚至除名等。在行业协会无法处理或者对处理结果不满的情形下，民事纠纷解决的一般手段，诸如调解、仲裁和司法诉讼等，应当取代行政监管而具有常规性。与后者相比，民事仲裁与司法诉讼更是"事后"的介入，因而可以将侵蚀行业协会商会自主性的风险降到最低，也会产生更加公允的实际社会效果。

（二）意思自治、国家授权与当代商事仲裁

在法律演进的脉络中，近代之前的欧洲行会尊重商事主体的契约合意，它形塑了跨地区、跨国商事交往与裁判纠纷的初生逻辑。应当看到，我国目前国际商事仲裁体系和相关法律制度尚在逐步完备的过程中，对境外知名仲裁调解机构或组织的吸引力暂无突出优势。尽管我国"一带一路"倡议提出 8 年有余，共建"一带一路"国家中的绝大多数已经先行加入起源于欧洲商事习惯的理念和体系，这使它们选择并接受我国相关制度倡议需要一定的时日。尤其在相关欧洲商事仲裁机构或组织已经于新加坡等地设立亚洲办事处或者分支机构的背景下，如何吸引这些机构组织参与我国所倡议的多元争端解决机制，成为值得考虑的问题。中世纪行会的逻辑主线却能够回应当下的问题——身份与契约的逻辑张力，如何为我国当前商事裁判领域话语权的增强带来启发？这主要体现在商事仲裁领域惯有的意思自治原则，也同时涉及国内司法体制与程序的定位问题。

首先，我国尊重商事仲裁尊重意思自治原则，这正是对传统行会商事裁判逻辑的"衔接"与"发展"。2018 年 1 月 23 日，中央全面深化改革领导小组会议审议通过了《关于建立"一带一路"国际商事争端解决机制和机构的意见》（以下视情简称《意见》），将意思自治作为国际商事争端解决的重要原则，标志着我国倡议下的国际商事裁判制度框架已经确立。不难发现，意思自治的原则在此凸显了两个十分

重要的功能面向。一方面，意思自治是当代商事裁判与传统商事裁判的对接，这种对接目前已经有了相对稳定的制度依据。近代国际商事仲裁来源于"商人事件，商人意愿，商人决断"的行会意思自治传统，商事仲裁的当事人不仅可以自主决定是否发生仲裁法律关系，与谁发生仲裁法律关系，在什么地点发生仲裁法律关系，适用何种规则发生什么样的仲裁法律关系，甚至可以决定仲裁效力是否具有终局性等。[①] 这种商事同侪者的合意，是结合职业需求和特定情境达成的共识，本身具有极大的包容性与可商议性。当前"一带一路"倡议旨在推动世界贸易投资的自由化和便利化，争端解决机制的首要目标是满足多元法律文化背景的各国当事人对公平、高效的需求，这也是传统商事仲裁意思自治的重要体现。另一方面，从商事仲裁长时段的演化特征来看，保有弹性空间的意思自治调控着传统国家立法与商事习惯的契合度，意思自治可以超越原则和制度的层面，成为商事裁判领域面向未来的、可能性较大的制度增长点。在诠释学的意义上，尽管意思自治的原则是框架性的，但它的实现却体现为个案之中情境化的法律论证——每当出现制度适用的争论或冲突，意思自治毋宁是启动贸易商谈的引擎，它赋权贸易参与者进行声明和主张，新的贸易命题甚至规则就有可能应运而生，中世纪行会法律制度产生与演化的实践已经是最好的例证。对此，我国国际商事裁判领域相关法律制度、标准的确立和完善，应当在尊重参与国意思自治的基础上，更加注重规则诠释与个案裁判智慧的累积。作为辅助，具体的商事裁判应当充分考虑跨国商业主体活动的非政府性和契约性，同时参考传统国家法律体系之外的企业章程和国际习惯，还要借力成熟的专业咨询公司、法务公司、审计公司的协助等，最终兼顾各方的切实利益和关切。这些内

---

① 林一：《国际商事仲裁中的意思自治原则——基于现代商业社会的考察》，法律出版社，2018，第 17 页。

容是常规国内法律法规所难以覆盖的，是故取得好的裁判声望和影响力也绝非朝夕之功。无论如何，秉持商事裁判中的"同侪者立场"，可以尽最大可能为共建"一带一路"国家的商事争端提供便利，而我国所倡议的国际商事纠纷解决机制，只有在意思自治原则的实际运作中才能实现。

其次，商事仲裁机构的所在国应当给予商事仲裁充分稳定的授权，传统国家司法侧重以"环境"的形式发挥作用。在商事仲裁逐步完善的过程中，国内司法体制究竟扮演怎样的角色？这个问题的答案，在于商事裁判和国内司法程序的功能性区分。司法程序的核心逻辑在于"合法还是非法"，商事仲裁的核心逻辑在于"合意还是非合意"，这是司法与仲裁各自运作并保持稳定的不同"源代码"。不仅如此，作为国家法律运作的中心，司法本质上是公权力的体现，也是非常昂贵的公共资源，它保有严格的形式性要求，甚至为此一定程度上牺牲了效率；仲裁是当事人意志的选择，这种选择具有灵活性、自主性的特征，也是司法审判无法取代的自治领域。然而，司法与商人自治从欧洲中世纪行会就有了交集，多元并存的裁判体制恰是商事裁判诞生的丰厚土壤；近代司法国家化之后，高效、集中的国家审判体系压缩了商人裁判的生存空间。这导致的结果，就是一定程度的"司法化"总是与商事仲裁相伴相生——商事活动的意思自治接受国家法律秩序的约束，尤其在当事方未能协议选择管辖、协议管辖无效以及申请承认、执行仲裁裁决的情形下，司法成为争议解决的最后方案。必须看到，司法并不是解决商事争议的捷径，也完全不能取仲裁而代之，只要全社会处于不断复杂化的进程之中，商业意思自治就能够获得发展，并不断提供及时精准的纠纷解决方案，商事仲裁的意义正在于此，司法是以"外在于"仲裁的方式发挥作用，比如通过有限的监管对其进行引导，或者通过迅速的执行推动仲裁结果的实现，这些体现出了中世纪行会所保有的实用主义取舍。尽管司法判决拥有更为突出的实效性，但是纵观从中世纪行会诉讼到近代国际商事仲裁的演进过程，传统司法主权观念实际不得不做出调整——本国司法对于商事裁判的监督和支持，大都在商事活动实用主义的取舍中发挥有限的作用，涉外民事领域是否诉诸司法体制，几乎取决于当事人协商的结果。职是之故，只有适当调整传统司法主权观念，进而减少管辖权方面的国际冲突，才能最终保障提升商事仲裁服务的质量。① 这实际上延续了中世纪以降行会组织的核心线索，契约逻辑的自治性与体制定位的身份性既彼此区分，又"若即若离"。

再次，程序性内容是解决商事纠纷的必要选择。我们已经看到，从中世纪分散、多元的地方司法格局，到近代民族国家不断集中统一的司法体制，程序的运行回应了社会主体对于稳定的、规范性秩序的期待，这种稳定秩序的期待在商事交往之中同样存在。裁判程序得以不断发展的原因，我们已经在行会形成初期权力博弈的框架内做了分析。今天，程序的稳定性并不专属于司法的体制，它也是商事仲裁内置的结构性要素，司法体制与商业仲裁有着结构上高度关联的"耦合性"②。须知，为了保障当事人持久的信赖关系，传统行会裁判的期间、论辩、证据、陈述、出庭等程序性内容不断完善起来。理解这种关联性，一方面，

---

① 在我国目前的涉"一带一路"案件中，司法力量的介入提供了相对理想的法治环境，但还须以必要性为限。2018 年《关于建立"一带一路"国际商事争端解决机制和机构的意见》的主要内容，体现在设立国际商事审判机构、组建国际商事专家委员会以及构建多元化国际商事纠纷解决机制等方面——这实际上为"一带一路"建设过程中司法要素的确定提供了指引，也进行了客观化的限定。应当看到，《意见》在纠纷解决方式多元化原则的基础上，注重诉讼与仲裁、调解的差异性，区分了案件解决的不同途径。

② 耦合（coupling）是电子学和电信领域的概念，"耦合性"也叫块间联系，它是软件系统结构中各模块间相互联系紧密程度的一种度量。模块之间联系越紧密，其耦合性就越强，模块之间越独立则越差，模块间耦合度的高低取决于模块间接口的复杂性、调用的方式以及传递的信息。系统论法学用耦合的概念描述系统与环境的关系。这里做了引申，解释仲裁程序与司法程序紧密联系、互相影响却又彼此独立的关联性。

要看到程序性要素确实不是商事裁判原生的内容，而是自司法体制中借鉴过来的，它的适用使商事裁判更为高效地得以运行；也正是因为程序性要素的存在，商事仲裁转向司法诉讼的途径更加便捷，结果使商事仲裁既能依照稳定的步骤和程式自行解决纠纷，也可以进一步升级至诉讼的环节。那么对灵活便捷的商事仲裁而言，这种程序性内容的增加究竟意味着损失还是利好？不可否认的是，行会的裁判毕竟借助外部强制力获得了形式上的稳定性和权威性，这可谓利大于弊。①另一方面，这种程序性内容的范围也不可以无止境扩展，过多的司法介入不一定适应商业运作的需求，商事纠纷如果每每面临繁重的法院审查，商业的活力也就套上了"枷锁"，诸如费时、费力、费钱和专业知识的匮乏等历来颇受商人诟病。② 根据近代以来英国普通法法院强制实施商事仲裁的经验来看，不少商人为了躲避高额的诉讼费用和审判程序，居然频繁出具高度负债的假证明规避司法。③ 目前，国际通行的做法是遵循"最低限度干预"（Limit to a minimum the power of national courts）的原则，即把法庭对于仲裁程序的干涉约束在最小的限度以内，也把仲裁上诉司法程序的可能性约束在最小的范围之内。④有鉴于此，商事仲裁应当在注重程序性要素的同时，科学限定程序性要素的适用。只要仲裁具有独立性和公正性，且没有违背国家的法律和最为基本的社会道德，国际商事裁判就应当具有最终的效力。中世

---

① 本文认同日本学者谷口安平在《程序的正义与诉讼》（王亚新等译，中国政法大学出版社，2002，第404 - 408 页）中的观点，即"必然的诉讼化"，这有利于仲裁的革新与完善。

② 〔德〕尼克拉斯·卢曼：《社会中的法》，李君韬译，台湾：五南图书出版公司，2009，第491 页。

③ Lynden Macassey, "International Commercial Arbitration: Its Origin, Development and Importance", *Transactions of the Grotius Society*, Vol. 24, Problems of Peace and War, Papers Read before the Society in the Year 1938, p. 188.

④ Lynden Macassey, "International Commercial Arbitration: Its Origin, Development and Importance", *Transactions of the Grotius Society*, Vol. 24, Problems of Peace and War, Papers Read before the Society in the Year 1938, p. 202.

纪行会裁判的经验告诉我们，外部建制的"如影随形"与商事裁判的自我运作能力可以并行不悖。

最后，当今商事仲裁的国际性和专业性，实际构成商事裁判领域的"行会式"回潮。我们当然不能忽视商事仲裁的"国际面向"，以及这种国际面向背后的行业化、专业化、同质化特征。今天，包括国际商事仲裁委员会（ICCA）、北京仲裁委员会（BAC）、伦敦国际仲裁院（LCIA）、美国仲裁协会（AAA）在内的各大仲裁机制基本没有实质性差异，以《国际商事仲裁示范法》《纽约公约》为基础的国际商事仲裁执行体系也得到许多国家的承认——这些商事仲裁的机构，实质都来自商事主体合意的选择，它们是活跃在现代的"仲裁者行会"。在经济全球化的视域中，这些"仲裁者行会"对各自领域的商事行为进行调整，利用越发标准化的章程，规范散落在多地的、受到国内司法程序监督的商业活动。毫无疑问，我国国际商事裁判机制的建设应善于利用这些"仲裁者行会"，重视商事仲裁的意思自治逻辑，及其与司法体制耦合而又疏离的互动模式。目前，随着 2018 年《意见》的出台，"一带一路"多元化纠纷解决中心已经启动，该平台的管理采取相对松散的模式，本质上同样是"仲裁者行会"。与此同时，"一带一路"智库合作联盟、"一带一路"国际科学组织联盟、丝绸之路沿线民间组织合作网络、"一带一路"新闻合作联盟、"一带一路"绿色发展国际联盟、"一带一路"企业战略联盟等其他各类功能性、行业性组织纷纷成立，从不同领域为"一带一路"国际商事仲裁的实现提供了互助与互信的良好土壤。[①]"行会式"平台对于增强我们的国际话语权和规则制定权、引领国际合作发展潮流，推动解决"一带一路"建设过程中的制度对接、利益分配、习俗融合等问题，具有重要

① 林永亮：《一带一路"建设的综合效益及前景展望》，《当代世界》2019 年第 1 期，第 70 页。

的理论启迪和实践意义——这也是中世纪行会研究意犹未尽的题外之音。

　　欧洲中世纪行会为法律文明的进程做出了贡献。为欧洲中世纪行会的研究画下句点，我们触碰到制度史的力量，也慨叹制度积累磅礴如海难以把握，除非付出巨大努力。斯塔布斯曾言，制度史"不会提供充满浪漫色彩的兴趣或者构成通史那样的迷人魅力的如画组合，给你的头脑带来的不过是那个小小的诱惑：总想研究历史的真相。但是它对那些有勇气从事这一视野的人而言，具有不可估量的价值和持久不变的兴趣"。[①] 诚哉斯言！在呈现并分析欧洲中世纪行会的过程中，我们重点把握欧洲具有代表性地区的行会，其内部结构、对外关系、发展演进的整体脉络也趋于明朗。可以看到，欧洲中世纪的行会一定程度上保留了传统社会的身份特征，但契约性的面向也显而易见甚至更加突出。正是凭借这一特性，中世纪欧洲的行会助力于传统向现代过渡的法律文明进程，影响带动了欧洲甚至更广地区的制度演变。

---

① William Stubbs, *The Constitutional History of England: In its Origin and Development*, 3rd edition, Oxford: The Clarendon Press, 1880, p. iv.

附表 欧洲中世纪度量衡及消费清单（1200～1500 年）

1. 货币计量单位

1.1 罗马—日耳曼后裔影响之下的欧洲大陆

3.5 克黄金（gram of gold）＝1 杜卡特（ducat）＝1 佛伦（florin）＝6 里拉（lira/libra）＝120 索尔多（soldini）＝240 德纳（denari）

1.2 诺曼征服后的英格兰

1 磅白银（pound weight of silver）＝1 英镑（pound）＝20 先令（shilling）＝1.5 马克（mark）＝240 便士（pennies）≈240 德纳（denari）

2. 长度单位

1 足长（foot）＝4 手宽（hand）＝16 指宽（finger）＝12 英尺（inch）

3. 重量单位

1 磅（pound）＝12～27 盎司（ounce）＝300～350 克（gram）

4. 价目举例

4.1　日常用品

全套骑士铠甲（Total Armor owned by a knight）	16 镑 6 先令
	（c1374）
绅士帽（Gentry Hat）	10 便士至 1 先令
	（c1470）
6 条金项链（gold necklaces）	100 先令
	（c1382）
3 件泥瓦匠工具（mason's tools）	9 便士
	（c1350）
1 副铁锹和铁铲（spade and shovel）	3 便士
	（c1457）
1 把板斧（axe）	5 便士
	（c1457）
1 匹战马（War Horse）	50 先令以内
	（12 世纪）
红酒最低价格（cheapest wine）	3～4 便士
	（13 世纪晚期）
1 只羊（sheep）	1 先令 5 便士
	（14 世纪中期）
2 只鸡（chickens）	1 便士
	（14 世纪）
2 打鸡蛋（dozen eggs）	1 便士
	（14 世纪）

4.2　教育

教会学校（Monastary School）	2 镑/年
	（c1392—1393）
大学最低学费（Minimum University tuition fee）	2～3 镑/年
	（14 世纪晚期）
7 本书（books）	5 镑
	（c1479）
租书（rent a book）	1～5 便士/天/本
	（13 世纪中期）
长袍、学士服（gown）	10 镑
	（14 世纪晚期）

4.3　婚丧嫁娶

简易农户嫁妆（sample peasant dowries）	13 先令 4 便士
	（14 世纪晚期）
富农婚庆总消费（wealthy peasant wedding total）	3～4 镑
	（14 世纪晚期）
男爵女儿嫁妆（dowry for baron's daughter）	1000 镑
	（15 世纪）
富室女性简易葬礼（cheap gentlewoman's funeral）	7 镑
	（c1497）

附图　行会章程原始页（13 世纪，威尼斯）

资料来源：Capitolare dell'arte del Fustagno, Archivio di Stato di Venezia, Giustizia Vecchia, busta 1 Reg. 1 copia 79 A。

参考文献

一 原始文献

Corpus Juris Civilis, Lione: Hugues de la Porte, 1558 – 1560, column 761, C. 4. 64.

Contarini, Gasparo, *De Magistribus et Republica Venetorum*, trans. by Lewes Lewkenor Esquire as *The Commonwealth and Government of Venice*, London: John Windet, 1599.

Charter Granted by Queen Elizabeth to the East India Company, dated the 31st December, in the 43rd year of Her Reign, Anno Domini, 1600.

Venice, Archivio di Stato di Venezia (ASV):

– Arti, busta 108, *Arte di Fabbri*: *Registered Capitoli*, 15 December 1581.

– Arti, busta 108, *Arte di Fabbri*: *Registered Capitoli*, 25 January 1594.

– Arti, busta 113, *Arte dei Fabbri*: *Processi Diversi*, 1526.

– Arti, busta 152, 29 January 1569.

– Arti, busta 312, anno 1446.

– Arti, busta 313, anno 946, copia.

– Arti, busta 313, 25 November 1597.

– Arti, busta 313, anno 946, copia.

– Arti, busta 350, Processo Contro Mercers A, Copia Tratta Dalla Mariegola Della Scolla di Marzer anno 1248.

Baron de Montesquieu, *De l'esprit des lois*, London: Printed for T. Evans,

1777.

Statuto Dell'arte Della Lana di Firenze (*1317 – 1319*) , Cura di Anna Maria
E. Agnoletti, Firenze: Felice le Monnier Editore, 1940 – 1948.

English Guilds, ed. by Toulmin Smith, London: N. TrÜbner and Co. , 1870:

– "Ordinances of Guild of the Joiners and Carpenters, Worcester"
– "Ordinances of the Carpenter's Gild, Norwich"
– "Ordinances of the Gild of St. Katherine, Stamford"
– "Ordinances of Guild of Garlekhith, Worcester"
– "Ordinances of the Gild of the Resurrection, Lincoln"
– "Ordinances of the Gild of the Tylers, Lincoln"
– "Ordinances of the Gild of the Palmers, Ludlow"
– "Ordinances of Fraternitas Sancte Katerine, Norwic"
– "Ordinances of Worcester"
– "Ordinances of Fraternitas Sancte Katerine, Norwic"
– "Ordinances of the Cordwainers, Exeter"
– "Ordinances of the Gild of St. Katherine, Stamford"

"Records of the Honorable Society of Lincoln's Inn", *The Black Books*,
ed. by J. Douglas Walker, London: 1897, Vol. I.

"The Institute's Royal Charter of the United Kingdom, 1900", Annual Report
and Account of the City and Guilds of London Institute, 1976 – 1977.

*I Capitolari Delle Arti Veneziane: Sottoposte alla Giustizia e poi alla Giustizia
Vecchia Dalle Origini al 1330*, eds. by Giovanni Monticolo and Enrico
Besta, Roma: Forzani, 1896 – 1914:

– "Capitulare Artis Barbariorum"
– "Capitulare Artis Mercariorum"
– "Capitulare Callegariorum"

－"Capitulare Samitariorum"

－"Capitulare Callegariorum"

－"Capitulare de Sartoribus"

Silvia Gramigna and Annalisa Perissa, "Le Scuole a Venezia", *Scuole di Arti Mestieri e Devozione a Venezia*, Venezia: Arsenale Cooperativa Editrice, 1981.

G. Caniato, "Arti e Mestieri a Venezia", *Arti e Mestieri Tradizionali*, ed. by M. Cortelazzo, Milan: Silvana Editoriale, 1989.

Antonio Manno, *I Mestieri di Venezia: Storia, arte e Devozione Delle Corporazioni dal XIII al XVIII*, Venice: Biblos, 2010.

（西周）周公旦：《周礼·地官司徒第二·司市》，岳麓书社，2001。

（汉）司马迁：《史记》卷三十《平准书》，中华书局，2006。

（汉）郑玄注，（唐）贾公彦疏《周礼注疏》卷九《地官司徒第二》，中华书局，2009。

（唐）李林甫等撰《唐六典》卷二二《少府监》，中华书局，1992。

（宋）孟元老：《东京梦华录》卷三、卷四、卷八，商务印书馆，1936。

（宋）吕祖谦编《宋文鉴》卷五十四、卷一百二十五，中华书局，1992。

（宋）吴自牧：《梦粱录》卷十三、卷十八、卷十九，浙江人民出版社，1984。

（唐）杜宝：《大业杂记·大业元年》，中华书局，1991。

（宋）耐得翁：《都城纪胜》，"诸行"，上海古籍出版社，1993。

（宋）马端林：《文献通考》卷二十，中华书局，2011。

（宋）欧阳修等：《新唐书·百官志》，商务印书馆，1928。

（明）沈榜：《宛署杂记》卷十三《铺行》，北京古籍出版社，1980。

（清）徐松辑《宋会要辑稿·食货》，1936年影印版，卷五五之一四、卷五五之一七、卷六四之一六。

（清）徐松：《唐两京城坊考》卷五《东京·外郭城》，中华书局，1985。

《明律集解附例》卷十《户律·市廛》，学生书局，1986

《大明会典》卷三十七《时估》，江苏广陵古籍刻印社，1989。

《大清律例》，《户律·市廛》，天津古籍出版社，1993。

《商部奏劝办商会酌拟简明章程折》，《东方杂志》第 44 期，1904 年。

彭泽益主编《中国工商行会史料集》，中华书局，1995。

马敏等主编《苏州商会档案丛编》（第一辑上册），华中师范大学出版社，2012。

陈振汉、熊正文、萧国亮编《清实录经济史资料（顺治—嘉庆朝）·商业手工业编·叁》，北京大学出版社，2012。

二　外文文献

Alderman Charles Haskins, *The Ancient Trade Guilds and Companies of Salisbury*, Salisbury: Bennett Brothers, Printers, Journal Office, 1912.

Adolphus Ballard, *British Borough Charters, 1042 – 1216*, Cambridge: Cambridge University Press, 1913.

American Bar Association ed. , "Salute to the Bar of England", *American Bar Association Journal*, Vol. 26, No. 10 (October 1940).

A. W. B. Simpson, "The Early Constitution of the Inns of Court", *The Cambridge Law Journal*, Vol. 28, No. 2 (November. , 1970).

Antony Black, *Guilds and Civil Society in European Political Thought from the Twelfth Century to the Present*, London: Methuen & Co. Ltd. , 1984.

Avner Greif, Paul Milgrom and Barry R. Weingast, "Coordination, Commitment and Enforcement: The Case of the Merchant Guild", *Journal of Political Economy*, Vol. 102 (1994).

Alan Harding, *Medieval Law and the Foundations of the State*, Oxford:

Oxford University Press, 2001.

Adrienne D. Hood, *The Weaver's Craft Cloth, Commerce and Industry in Early Pennsylvania*, Pennsylvania: University of Pennsylvania Press, 2005.

Amar Farooqui, "Governance, Corporate Interest and Colonialism: The Case of the East India Company", *Social Scientist*, Vol. 35, No. 9/10 (September. -October. , 2007).

Alan M. Stahl, "Coins for Trade and for Wages: The Development of Coinage Systems in Medieval Venice", *Wages and Currency: Global and Historical Comparisons from Antiquity to the Twentieth Century*, ed. by Jan Lucasson, Oxford: Peter Lang, 2007.

Bertrand A. W. Russell, *A History of Western Philosophy and Its Connection with Political and Social Circumstances from the Earliest Times to the Present Day*, London: Allen & Unwin, 1961.

Brian Pullan, *Rich and Poor in Renaissance Venice: The Social Institutions of a Catholic State, to 1620*, Oxford: Basil Blackwell, 1971.

Charles Darwin, *On the Origin of Species*, First Edition, London: John Murray, 1859.

C. E. A. Bedwell, *A Brief History of the Middle Temple*, Boston: Butterworth & Company, 1909.

Cecil Headlam & Gordon Home, *The Inns of Court*, London: Adam and Charles Black, 1909.

Charles M. Hepburn, "The Inns of Courtand Certain Conditions in American Legal Education", *Virginia Law Review*, Vol. 8, No. 2 (December, 1921).

Carlo Poni, "Norms and Disputes: The Shoemakers'Guild in Eighteenth Century Bologna", *Past and Present*, No. 123 (1989).

Charles R. Hickson and Earl A. Thompson, "Essays in Exploration: A New Theory of Guilds and European Economic Development", *Exploration in Economic History*, Vol. 28 (1991).

Christopher May, "The Venetian Moment: New Technologies, Legal Innovation and the Institutional Origins of Intellectual Property", *Prometheus: Critical Studies in Innovation*, Vol. 20, No. 2 (2002).

D. J. Macgowan, "Chinese Gilds or Chambers of Commerce and Trades Unions", *Journal of North-China Branch of the Royal Asiatic Society*, Vol. 21, No. 3 (1886).

Daniel Waley, *The Italian City-republics*, London and New York: Longman, 1988.

David Lemmings, *Gentlemen and Barriste Bar: The Inns of Court and the English Bar, 1680 – 1730*, Oxford: Clarendon Press, 1990.

Daniel Waley, *Siena and the Sienese in the Thirteenth Century*, Cambridge: Cambridge University Press, 1991.

Edwin R. A. Seligman, *Two Chapters on the Medieval Guilds of England*, Cleveland: Duopage Process, 1887.

Edgcumbe Staley, *The Guilds of Florence*, London: Methuen & Co. , 1906.

Ephraim Lipson, *The Economic History of England*, London: A. and C. Black, 1948.

Ernest Pooley, *The Guilds of the City of London*, London: William Collins of London, 1945.

Eugene F. Rice, *The Foundation of Early Modern Europe, 1460 – 1559*, New York: W. W. Norton and Company, 1994.

Edward I. Dugdale, *Origines Juridicales or Historical Memorials of the English Law, Courts of Justice, Forms of Trial, Inns of Court and Chan-*

cery, https://quod. lib. umich. edu/e/eebo/A36799. 0001. 001/1: 6 3. 27? rgn = div2; view = fulltext（last accessed 20. 3. 2015）.

F. B. Millett, *Craft-guilds of the Thirteenth Century in Paris*, Kingston: The Jackson Press, 1915.

Frances Anne Keay, "Student Days at the Inns of Court", *University of Pennsylvania Law Review and American Law Register*, Vol. 75, No. 1 （November, 1926）.

Ferdinand Schevill, *History of Florence: From the Founding of the City through the Renaissance*, London: G. Bell and Sons, Ltd. , 1937.

Frederick Pollock and Frederic William Maitland, *The History of English Law before the Time of Edward I*, Cambridge: Cambridge University Press, 1968.

Filippo de Vivo, *Information & Communication in Venice: Rethinking Early Modern Politics*, New York: Oxford University Press, 2008.

Georg Wilhelm Friedrich Hegel, *Philosophy of Right*, trans. by Samuel Walters Dyde, London: George Bell and Sons, 1896.

Georges Renard, *Guilds in the Middle Ages*, London: G. Bell and Sons, 1919.

Gene Brucker, *Florentine Politics and Society, 1343 – 1378*, Princeton: Princeton University Press, 1962.

George Unwin, *The Guilds and Companies of London*, London: Frank Cass and Company Ltd. , 1963.

Gene Brucker, *The Civic World of Early Renaissance Florence*, Princeton: Princeton University Press, 1977.

Gervase Rosser, "Crafts, Guilds and the Negotiation of Work in the Medieval Town", *Past and Present*, Vol. 154 （1997）.

Gary Richardson, "Guilds, Laws, and Markets for Manufactured Merchandise in Late-medieval England", *Explorations in Economic History*, Vol. 41 (2004).

Gene Brucker, *Living on the Edge in Leonardo's Florence*, Berkeley: University of California Press, 2005.

Gijs Kessler and Jan Lucassen, "Guilds and Labour Relations: Exclusion, Inclusion and the Terms of Trade", Paper for the S. R. Epstein Memorial Conference, "Technology and Human capital Formation in the East and West", London School of Economics 18 – 21 June 2008, http://www. lse. ac. uk/economicHistory/seminars/Epstein% 20Memorial% 20Conference/ PAPER-KesslerLucassen. pdf (last accessed 24. 7. 2014).

Henry Sumner Maine, *Lectures on the Early History of Institutions*, London: Murray, 1885.

Henry Sumner Maine, *Ancient Law*, London: John Murray, 1905.

Holdsworth, W. S. , *A History of English Law*, Vol. 2, London: Methuen & Co. , 1923.

H. B. Morse, *The Guilds of China*, London: Longmans, 1932.

Henry Bracton, *De Legibus et Consuetudinibus Angliae, 1922 – 1942*, New Haven: Yale University Press.

Henri Pirenne, *Economic and Social History of Medieval Europe*, London: Kegan Paul, Trench, Trubner & Co. , 1936.

Heather Swanson, "The Illusion of Economic Structure: Craft Guilds in Late Medieval English Towns", *Past and Present*, No. 121 (1988).

Hugo Soly, "The Political Economy of European Craft Guilds: Power Relations and Economic Strategies of Merchant and Master Artisans in the Medieval and Early Modern Textile Industries", *The Return of the Guilds: International Review of Social History*, eds. by Lucassen and

Others, Supplement 16 (2008).

Hao Jia, "On Group Self-governance: Evidence from Craft Guilds in Late-medieval England", http://www. imbs. uci. edu/files/imbs/docs/2006/grad_conf/06-haoJia-paper. pdf (last accessed 13. 7. 2014).

Ian D. Aikenhead, "Students of the Common Law 1590 – 1615: Lives and Ideas at the Inns of Court", *The University of Toronto Law Journal*, Vol. 27, No. 3 (Summer, 1977).

J. C. T. Rains, "Aristotle at the Inns of Court", *Blackfriars*, Vol. 18, No. 206 (May, 1937).

James E. Shaw, "Retail, Monopoly and Privilege: The Dissolution of the Fish-mongers' Guild of Venice, 1599", *Journal of Early Modern History*, Vol. 6, No. 4 (2002).

James E. Shaw, "Justice in the Marketplace: Corruption at the Giustizia Vecchia in Early Modern Venice", *Institutional Culture in Early Modern Society*, eds. by Anne Goldgar and Robert I. Frost, Leiden: Brill, 2004.

James E. Shaw, *The Justice of Venice: Authority and Liberties in the Urban Economy, 1550 – 1700*, Oxford: Oxford University Press, 2006.

James E. Shaw, "Liquidation or Certification? Small Claims Disputes and Retail Credit in Seventeenth-Century Venice", *Buyers and Sellers: Retail Circuits and Practices in Medieval and Early Modern Europe*, eds. by Bruno Blondé and Others, Turnhout, Belgium: Brepols, 2006.

James E. Shaw, "Institutional Controls and the Retail of Paintings: The Pain-ters'Guild of Early Modern Venice", *Mapping Markets for Paintings in Europe, 1450 – 1750*, eds. by Neil De Marchi and Hans J. Van Miegroet, Turnhout, Belgium: Brepols, 2006.

John Fortescue, *De Laudibus Legum Angliae*, London: Savoy, Printed by H. Lintot for D. Browne, 1741.

J. Malet Lambert, *Two Thousand Years of Gild Life: Or an Outline of the History and Development of the Gild System from Early Times*, Hull: A. Brown, 1891.

John Kennedy Melling, *Discovering London's Guilds and Liveries*, Oxford: Shire Publication Ltd. , 1973.

John Harvey, *Medieval Craftsmen*, London: B. T. Batsford Ltd. London & Sydney, 1975.

J. H. Baker, *Readers and Readings in the Inns of Court and Chancery*, London: Seldon Society, 2001.

John Baker, *An Introduction to English Legal History*, Oxford: Oxford University Press, 2019.

Kirti N. Chaudhuri, *The English East India Company: The Study of an Early Joint-stock Company: 1600 – 1640*, London: Frank Class & Co. , 1991.

Lujo Brentano, "On the History and Development of Gilds", *English Guilds*, ed. by Toulmin Smith, London: N. TrÜbner and Co. , 1870.

Lynden Macassey, "International Commercial Arbitration: Its Origin, Development and Importance", *Transactions of the Grotius Society*, Vol. 24, Problems of Peace and War, Papers Read before the Society in the Year 1938.

Lord Upjohn, "Evolution of the English Legal System", American Bar Association Journal, Vol. 51, No. 10 (October 1965).

Lee G. Holmes, "A Visit to the Inns of Court", *American Bar Association Journal*, Vol. 55, No. 1 (January, 1969).

Luca Mola, *The Silk Industry of Renaissance Venice*, Baltimore and London:

The Johns Hopkins University Press, 2000.

Michelangelo Muraro, "The Statutes of the Venetian Arti and the Mosaics of the Mascoli Chapel", *The Art Bulletin*, Vol. 43, No. 4 (1961).

Marsiglio Padua, *Defensor Minor and De transaltione Imperii*, Cambridge: Cambridge University Press, 1993.

Nicholas Terpstra ed. , *The Politics of Ritual Kinship: Confraternities and Social Order in Early Modern Italy*, Cambridge: Cambridge University Press, 2000.

Nicholas Scott Baker, "For Reasons of State: Political Executions, Republicanism, and the Medici in Florence, 1480 – 1560", *Renaissance Society of America*, Vol. 62, No. 2 (2009).

Otto von Gierke, *Das Deutsche Genossenschaftsrecht*, Vol. iii, Berlin, 1868 – 1913, trans. by F. W. Maitland as *Political Theories of the Middle Age*, Cambridge: Cambridge University Press, 1900.

Odon Por, *Guilds and Co-operations in Italy*, trans. by E. Townshend, London: The Labor Publishing Company, 1923.

Otto von Gierke, *Naturrecht und Deutsches Recht*, Frankfurt, 1883, trans. by Ernest Barker as *Natural Law and the Theory of Society, 1500 – 1800*, Boston: Beacon Press, 1934.

Otto von Gierk, *Das Deutsche Genossenschaftsrecht*, Vol. ii, Berlin, 1868 – 1913, trans. by Bernard Freyd as *The Development of Political Theory*, New York: w. w. Norton & Company, 1939.

Olaf Pedersen, *The First Universities: Studium Generale and the Origin of University Education in Europe*, Cambridge: Cambridge University Press, 1997.

P. W. Duff, *Personality in Roman Private Law*, Cambridge: Cambridge University Press, 1938.

Phyllis Allen Richmond, "Early English Law Schools: The Inns of Court Source", *American Bar Association Journal*, Vol. 48, No. 3 (March, 1962).

Peter Spufford, *Handbook of Medieval Exchange*, London: Offices of the Royal Historical Society, 1986.

Pamela O. Long, "Invention, Authorship, 'Intellectual Property', and the Origin of Patents: Notes toward a Conceptual History", *Technology and Culture*, Vol. 32, No. 4 (1991).

Patricia Anne Allerston, "The Market in Second-hand Clothes and Furnishings in Venice, c. 1500 – c. 1650", unpublished Doctoral Thesis, European University Institute, 1996.

Paul Grendler and Others eds. , *Encyclopedia of the Renaissance*, 6 vols, New York: The Gale Group, 1999.

Peter Stabel, "Guilds in Late Medieval Flanders: Myth and Realities of Guild Life in an Export-oriented Environment", *Journal of Medieval History*, Vol. 30 (2004).

Robert R. Pearce, *A History of the Inns of Court*, London: Richard Bentley, 1848.

Rev. Reginald J. Fletcher, *The Reformation and the Inns of Court*, London: Harrison and Sons, 1903.

Robert Sidney Smith, *The Spanish Guild Merchant*, Durham: Duke University Press, 1940.

Ronald Edward Zupko, *A Dictionary of English Weights and Measures: From Anglo-Saxon Times to the Nineteenth Century*, Madison: University of Wisconsin Press, 1968.

Ronald Edward Zupko, *French Weights and Measures before the Revolution a Dictionary of Provincial and Local Units*, Bloomington: Indiana University Press, 1978.

Ronald Edward Zupko, *Italian Weights and Measures from the Middle Ages to the Nineteenth Century Memoirs of the American Philosophical Society*, Philadelphia: American Philosophical Society, 1981.

Richard Mackenney, *Tradesmen and Traders: The World of the Guilds in Venice and Europe, c. 1250 – c. 1650*, London: Croom Helm, 1987.

Robert Finlay, "The Myth of Venice in Guicciardini's History", *Medieval and Renaissance Venice*, eds. by Ellen E. Kittell and Thomas F. Madden, Urbana: University of Illinois Press, 1999.

R. B. Dobson Dobson and D. M. Smith eds. , *The Merchant Taylors of York: A History of the Craft and Company from the Fourteenth to the Twentieth Century*, York: Borthwick Publications, 2006.

Robert P. Merges and Wilson Sonsini, "From Medieval Guilds to Open Source Software: Informal Norms, Appropriability Institutions, and Innovation", http://www. law. berkeley. edu/files/From _ Medieval _ Guilds_to_Open_Source_Software. pdf (last accessed 24. 7. 2014).

Samuel Ireland, *Picturesque Views with an Historical Account of the Inns of Court In London Westminster*, London: C. Clarke, 1800.

Stacy V. Jones, *Weights and Measures: An Informal Guide*, Washington, D. C. : Public Affairs Press, 1963.

Susan Reynolds, *Kingdoms and Communities in Western Europe, 900 – 1300*, Oxford: Oxford University Press, 1997.

Steve Sheppard, *The Selected Writings and Speeches of Sir Edward Coke*, Vol. II, Liberty Fund, 2003.

Sheilagh Ogilvie, "Guilds, Efficiency, and Social Capital: Evidence from German Proto-Industry", *Economic History Review*, Vol. 57, No. 2 (2004).

Stephan Epstein, "Craft Guilds in the Pre-modern Economy: A Discussion", *Economic History Review*, Vol. 61, No. 1 (2008).

Sheilagh Ogilvie, *Institutions and European Trade: Merchant Guilds 1000 – 1800*, Cambridge: Cambridge University Press, 2011.

Samuel K. Cohn, *Popular Protest in Late Medieval English Towns*, Cambridge: Cambridge University Press, 2012.

Sheilagh Ogilvie, "Can We Rehabilitate the Guilds? A Sceptical Re-apprais al", http://www. econ. cam. ac. uk/research/repec/cam/pdf/cwpe0745. pdf (last accessed 20. 11. 2014).

V. S. Bland ed. , *A Bibliography of the Inns of Court and Chancery*, London: Selden Society, 1966.

William Herbert, *The History of the Twelve Great Livery Companies of London*, London: Livery Companies of London, 1837.

Wilfrid Prest, "Legal Education of the Gentry at the Inns of Court, 1560 – 1640", *Past & Present*, No. 38 (December. , 1967).

Wesley Stoker Barker Woolhouse, *Historical, Measures, Weights, Calendars & Moneys of All Nations and an Analysis of the Christian, Hebrew and Muhammadan Calendars*, Chicago: Ares Publishers, 1979.

William Stubbs, *The Constitutional History of England: In Its Origin and Development*, Oxford: The Clarendon Press, 1880, 3rd edition.

三　中文译著

〔英〕爱德华·甄克思:《中世纪的法律与政治》,屈文生等译,中国政法大学出版社，2010。

〔法〕埃米尔·涂尔干：《社会分工论》，渠东译，生活·读书·新知
　　三联书店，2013。

〔英〕艾琳·帕瓦：《中世纪的人们》，苏圣捷译，生活·读书·新知
　　三联书店，2014。

〔英〕伯特兰·罗素：《西方哲学史：及其与从古代到现代的政治、社
　　会情况的联系》，何兆武、李约瑟译，商务印书馆，1982。

〔英〕保罗·布兰德：《英格兰律师职业的起源》，李红海译，北京
　　大学出版社，2009。

〔美〕本杰明·卡多佐：《司法过程的性质》，苏力译，商务印书
　　馆，2010。

〔英〕保罗·维诺格拉多夫：《中世纪欧洲的罗马法》，钟云龙译，中
　　国政法大学出版社，2010。

〔美〕步济时：《北京的行会》，赵晓阳译，清华大学出版社，2011。

〔法〕德尼兹·加亚尔等：《欧洲史》，蔡鸿滨译，海南出版社，2000。

〔法〕菲利普·内莫：《罗马法与帝国的遗产——古罗马政治思想史讲
　　稿》，华东师范大学出版社，2011。

〔日〕谷口安平：《程序的正义与诉讼》，王亚新等译，中国政法大学
　　出版社，2002。

〔英〕H.F.乔洛维茨、巴里·尼古拉斯：《罗马法研究历史导论》，薛
　　军译，商务印书馆，2013。

〔美〕哈罗德·J.伯尔曼：《法律与革命——西方法律传统的形成》，
　　贺卫方、高鸿钧等译，中国大百科全书出版社，1993。

〔英〕亨利·萨姆奈·梅因：《古代法》，沈景一译，商务印书
　　馆，1996。

〔英〕亨利·萨姆奈·梅因：《古代法》（英中对照），高敏译，九州

出版社，2007。

〔英〕赫伯特·斯宾塞：《社会静力学》，张雄武译，商务印书馆，1999。

〔比利时〕亨利·皮雷纳：《中世纪的城市》，陈国樑译，商务印书馆，2006。

〔德〕黑格尔：《历史哲学》，上海世纪出版集团，2006。

〔日〕河原温、堀越宏一：《图说中世纪生活史》，计丽屏译，天津人民出版社，2018。

〔英〕J.H.伯恩斯主编《剑桥中世纪政治思想史》（下），郭正东等译，生活·读书·新知三联书店，2009。

〔德〕卡尔·马克思：《资本论》，中共中央马克思恩格斯列宁斯大林著作编译局译，人民出版社，2004。

〔英〕拉努尔夫·德·格兰维尔：《论英格兰王国的法律和习惯》，吴训祥译，中国政法大学出版社，2015。

〔美〕刘易斯·芒福德：《城市发展史》，宋俊岭等译，中国建筑工业出版社，2005。

〔美〕罗斯科·庞德：《法律史解释》，商务印书馆，2013。

〔法〕孟德斯鸠：《论法的精神》，张雁深译，商务印书馆，1997。

〔英〕M.M.波斯坦编《剑桥欧洲经济史》（第2卷），钟和等译，经济科学出版社，2004。

〔法〕马克·布洛赫：《封建社会》，张绪山译，商务印书馆，2004。

〔德〕马克斯·韦伯：《非正当性的支配——城市的类型学》，康乐、简惠美译，广西师范大学出版社，2005。

〔德〕马克斯·韦伯：《中国的宗教：儒教与道教》，康乐、简惠美译，广西师范大学出版社，2010。

〔德〕马克斯·韦伯：《中世纪商业合伙史》，陶永新译，东方出版中心，2010。

〔意〕马里奥·塔拉曼卡：《罗马法史纲》（下卷），北京大学出版社，2019。

〔意〕尼可罗·马基雅维利：《马基雅维利全集·君主论》，潘汉典译，吉林出版集团，2011。

〔法〕努马·库朗热：《古代城邦——古希腊罗马祭祀、权利和政治研究》，谭立铸等译，华东师范大学出版社，2006。

〔德〕尼克拉斯·卢曼：《社会中的法》，李君韬译，台湾：五南图书出版公司，2009。

〔古罗马〕普布里乌斯·塔西陀：《阿古利可拉传·日耳曼尼亚志》，马雍、傅正元译，商务印书馆，1985。

《钱伯斯世界历史地图》，杨慧玫译，生活·读书·新知三联书店，1981。

〔日〕浅田实：《东印度公司：巨额商业资本之兴衰》，顾姗姗译，社会科学文献出版社，2016。

〔古罗马〕圣·奥古斯丁：《上帝之城》，王晓朝译，人民出版社，2007。

〔英〕塞西尔·黑德勒姆：《律师会馆》，张芝梅译，上海三联书店，2013。

〔美〕汤普逊：《中世纪晚期欧洲经济社会史》，徐家玲等译，商务印书馆，1996。

〔美〕汤普逊：《中世纪经济社会史（300—1300年）》（下册），耿淡如译，商务印书馆，2009。

〔英〕沃尔特·厄尔曼：《中世纪政治思想史》，夏洞奇译，译林出版社，2011。

〔古希腊〕亚里士多德：《政治学》，吴寿彭译，商务印书馆，1965。

〔古希腊〕亚里士多德：《尼各马可伦理学》，廖申白译，商务印书馆，2003。

〔英〕约翰·哈德森：《英国普通法的形成——从诺曼征服到大宪章时期英格兰的法律与社会》，刘四新译，商务印书馆，2006。

〔英〕约翰·洛克：《政府论》（下篇），叶启芳、瞿菊农译，商务印书馆，2010。

〔英〕亚当·斯密：《国富论》，郭大力等译，商务印书馆，2014。

〔法〕雅克·勒高夫：《试谈另一个中世纪——西方的时间、劳动和文化》，商务印书馆，2014。

〔美〕朱迪斯·M.本内特、〔美〕C.沃伦·霍利斯特：《欧洲中世纪史》，杨宁、李韵译，上海社会科学院出版社，2007。

〔美〕詹姆斯·W.汤普逊：《中世纪晚期欧洲经济社会史》，徐家玲等译，商务印书馆，2015。

四　中文著作与期刊

程汉大、李培锋：《英国司法制度史》，清华大学出版社，2007。

陈亚平：《清代商人组织的概念分析——以18—19世纪重庆为例》，《清史研究》2009年第1期。

常健：《行业自律的定位、动因、模式和局限》，《南开学报》（哲学社会科学版）2011年第1期。

陈沛志、王向阳：《西欧中世纪大学与近代科学的产生》，《自然辩证法研究》2012年第12期。

陈灵海、柴松霞：《法律文明史》第6卷《中世纪欧洲世俗法》，商务印书馆，2015。

初北平：《"一带一路"多元争端解决中心构建的当下与未来》，《中国法学》2017年第6期。

傅筑夫：《中国经济史论丛》，生活·读书·新知三联书店，1985。

方流芳：《近代民法的个人权利本位思想及其文化背景》，《法律学习
　　　与研究》1988 年第 5 期。

高其才：《论中国行会习惯法的产生、发展及特点》，《法律科学》
　　　1993 年第 6 期。

顾銮斋：《中西封建行会的一些差异》，《东方论坛》1997 年第 1 期。

郭义贵：《西欧中世纪法律概略》，中国社会科学出版社，2008。

郭薇、常健：《行业协会参与社会管理的策略分析——基于行业协会
　　　促进行业自律的视角》，《行政论坛》2012 年第 2 期。

耿兆锐：《文明的悖论：约翰·密尔与印度》，浙江大学出版社，2014。

韩晓莉：《新旧之间：近代山西的商会与行会》，《山西大学学报》
　　　2005 年第 1 期。

霍新宾：《清末民初广州的行会工会化》，《史学月刊》2005 年第 10 期。

何勤华：《关于大陆法系研究的几个问题》，《法律科学》2013 年第
　　　4 期。

金志霖：《试论英国行会的产生及其早期经济措施》，《求是学刊》
　　　1990 年 2 月刊。

金志霖：《英国行会史》，上海社会科学院出版社，1996。

金志霖：《试论汉萨同盟的历史影响和衰亡原因》，《华东师范大学学
　　　报》（哲学社会科学版）2001 年第 5 期。

鲁篱：《行业协会经济自治权研究》，法律出版社，2003。

鲁篱：《行业协会限制竞争行为的责任制度研究》，《中国法学》2009
　　　年第 2 期。

黎军：《基于法治的自治——行业自治规范的实证研究》，《法商研究》
　　　2006 年第 4 期。

李栋：《英国普通法的"技艺理性"》，《环球法律评论》2009 年第

2 期。

李秀勤：《欧洲中世纪大学的行会性及其影响》，《重庆科技学院学报》
（社会科学版）2010 年第 18 期。

李南海：《行会与近代理性资本主义的起源——马克斯·韦伯行会思想
述论》，《漳州师范学院学报》（哲学社会科学版）2013 年第 4 期。

李猛：《除魔的世界与禁欲者的守护神》，北大法律信息网，http://article.
chinalawinfo. com/ArticleHtml/Article_2501. shtml（2014. 12. 21）。

赖佳、张晓晗：《试析欧洲中世纪行会学徒制》，《职教论坛》2014 年
第 28 期。

李自更：《中世纪英国行会述略》，《史志学刊》2017 年第 3 期。

刘景华：《现代公司制度的中世纪源头》，《湘潭大学学报》（哲学社会
科学版）2017 年第 6 期。

李红海：《英国普通法概论》，北京大学出版社，2018。

李秀清：《日耳曼法研究》（修订版），社会科学文献出版社，2018。

林一：《国际商事仲裁中的意思自治原则——基于现代商业社会的考
察》，法律出版社，2018。

林永亮：《一带一路"建设的综合效益及前景展望》，《当代世界》
2019 年第 1 期。

毛燕武：《试论民国时期杭州电织业同业公会的现代性》，《杭州师范
学院学报》（社会科学版）2003 年第 5 期。

马继云：《宋代工商业行会论略》，《山东社会科学》2006 年第 2 期。

彭小瑜：《西方历史误读的东方背景：法律革命、宗教改革与修道生
活》，《历史研究》2006 年第 1 期。

孟玲洲：《从行会到同业公会：济南近代手工业行业组织的演变》，
《青岛大学师范学院学报》2012 年第 3 期。

彭南生：《行会制度的近代命运》，人民出版社，2003。

朴基水：《清代佛山镇的城市发展和手工业、商业行会》，《中国社会历史评论》2005 年第 6 卷。

曲彦斌：《行会史》，上海文艺出版社，1999。

全汉昇：《中国行会制度史》，百花文艺出版社，2007。

税兵：《非营利法人解释——民事主体理论的视角》，法律出版社，2010。

宋文红：《欧洲中世纪大学的演进》，商务印书馆，2010。

孙沛东：《市民社会还是法团主义？——经济社团兴起与国家和社会关系转型研究述评》，《广东社会科学》2011 年第 5 期。

孙敏洁：《商标的早期历史追溯》，《求索》2012 年第 3 期。

孙笑侠：《论行业法》，《中国法学》2013 年第 1 期。

孙睿：《近代行会自我治理机制研究——一个经济社会视角》，《西安财经学院学报》2014 年第 6 期。

谭洪安：《〈商会法〉：兴商还是限商?》，《中国经营报》2012 年 11 月 4 日，第 D08 版。

汪莉：《论行业协会的经济法主体地位》，《法学评论》2006 年第 1 期。

汪熙：《约翰公司：东印度公司》，上海人民出版社，2007。

魏天安、戴庞海主编《唐宋行会研究》，河南人民出版社，2007。

王翔：《近代中国手工业行会的演变》，《历史研究》1998 年第 4 期。

王翔：《从云锦公所到铁机公会——近代苏州丝织业同业组织的嬗变》，《近代史研究》2001 年第 3 期。

王名、孙春苗：《行业协会论纲》，《中国非营利评论》2009 年第 4 卷。

王凤山等：《宁波近代商帮的变迁》，宁波出版社，2010。

王琦：《简述西欧行会产生发展及其衰亡》，《北方文学（下半月）》2011 年第 2 期。

王军：《比较视野下的英国特许公司——以四个特许公司为中心的考察》，《学习与探索》2011 年第 5 期。

王加丰：《中世纪中后期西欧贸易手段的创新与发展》，《经济社会史评论》2015 年第 1 期。

徐国栋：《优士丁尼〈法学阶梯〉评注》，北京大学出版社，2010。

徐浩：《中世纪西欧工业管理研究——以消费者、雇主和雇工权益为中心》，《史学理论研究》2015 年第 1 期。

虞和平：《鸦片战争后通商口岸行会的近代化》，《历史研究》1991 年第 6 期。

姚爱爱：《试论 14、15 世纪英国城市中手工业行会的变化和作用》，《齐齐哈尔大学学报》（哲学社会科学版）2002 年第 1 期。

叶林：《私法权利的转型——一个团体法视角的观察》，《法学家》2010 年第 4 期。

易继明：《社会组织退出机制研究》，《法律科学》2012 年第 6 期。

易继明：《论行业协会市场化改革》，《法学家》2014 年第 4 期。

郁建兴：《后双重管理体制时代的行业协会商会发展》，《浙江社会科学》2013 年第 12 期。

郁建兴：《从双重管理到合规性监管——全面深化改革时代行业协会商会监管体制的重构》，《浙江大学学报》2014 年第 4 期。

张水修、吕娜：《利普逊笔下的英国行会制度》，《史学月刊》1992 年第 1 期。

张冉：《中国行业协会研究综述》，《甘肃社会科学》2007 年第 5 期。

张磊：《欧洲中世纪大学》，商务印书馆，2010。

张沁洁：《行业协会的组织自主性研究——以广东省级行业协会为例》，《社会》2010 年第 5 期。

张华：《连接纽带抑或依附工具：转型时期中国行业协会研究文献评述》，《社会》2015 年第 3 期。

张静：《法团主义》，东方出版社，2015。

张薇薇：《中世纪城市的宪制》，《外国法制史研究》第 18 卷，法律出版社，2015。

赵文洪：《论英国行会的衰落》，《世界历史》1997 年第 4 期。

赵秀荣：《16—17 世纪英国商人与政权》，《世界历史》2001 年第 2 期。

郑小勇：《行业协会对集群企业外生性集体行动的作用机理研究》，《社会学研究》2008 年第 6 期。

周一良、吴于廑主编《世界通史资料选辑（中古部分）》，商务印书馆，1981。

周俊：《行业协会的公共治理功能及其再造——以杭州市和温州市行业协会为例》，《浙江大学学报》（人文社会科学版）2011 年第 6 期。

朱英、魏文享：《行业习惯与国家法令——以 1930 年行规讨论案为中心的分析》，《历史研究》2004 年第 6 期。

朱英：《近代中国商会、行会及商团新论》，中国人民大学出版社，2008。

五　博士学位论文

王晶：《上海银行公会研究（1927—1937）》，复旦大学，2003。

魏文享：《民国时期的工商业同业公会研究（1918—1949）》，华中师范大学，2004。

孙丽军：《行业协会的制度逻辑——一个理论框架及其对中国转轨经济的应用研究》，复旦大学，2004。

张天政：《上海银行公会研究（1937—1945）》，复旦大学，2004。

李严成：《民国律师公会研究（1912—1936）》，华中师范大学，2006。

关晶：《西方学徒制研究——兼论对我国职业教育的借鉴》，华东师范大学，2010。

董瑞军：《近代东北商会研究（1903—1931）》，吉林大学，2013。

六 政策法规

1997.3.19，《关于选择若干城市进行行业协会试点的方案》（国经贸〔1997〕139 号），国家经贸委办公厅。

1999.10.22，《关于加快培育和发展工商领域协会的若干意见（试行）》（国经贸产业〔1999〕1016 号），国家经贸委。

2002.4.28，《关于加强行业协会规范管理和培育发展工作的通知》（国经贸委产业〔2002〕278 号），国家经贸委。

2007.5.13，《关于加快推进行业协会商会改革和发展的若干意见》（国办发〔2007〕36 号），国务院办公厅。

2015.7.8，《行业协会商会与行政机关脱钩总体方案》（中办发〔2015〕39 号），中共中央办公厅、国务院办公厅。

2020.5.28，《中华人民共和国民法典》，中华人民共和国第十三届全国人大三次会议。

2018.2.7，《关于非营利组织免税资格认定管理有关问题的通知》（财税〔2018〕13 号），财政部、税务总局。

2016.8.1，《社会组织登记管理条例（草案征求意见稿）》，民政部。

2018.6.27，《关于建立"一带一路"国际商事争端解决机制和机构的意见》，中共中央办公厅、国务院办公厅。

七 报纸资料

《政府职能下放商会，如何走更稳》，《南方日报》2013 年 7 月 26 日。

图书在版编目（CIP）数据

在身份与契约之间：法律文明进程中的欧洲中世纪
行会／康宁著． -- 北京：社会科学文献出版社，
2023.1
　国家社科基金后期资助项目
　ISBN 978 - 7 - 5228 - 0235 - 0

　Ⅰ.①在… Ⅱ.①康… Ⅲ.①行会 - 研究 - 欧洲 - 中
世纪　Ⅳ.①F150.9

中国版本图书馆 CIP 数据核字（2022）第 099262 号

国家社科基金后期资助项目

在身份与契约之间：法律文明进程中的欧洲中世纪行会

著　　者／康　宁

出 版 人／王利民
责任编辑／赵怀英
文稿编辑／顾　萌
责任印制／王京美

出　　版／社会科学文献出版社·联合出版中心（010）59367151
　　　　　地址：北京市北三环中路甲 29 号院华龙大厦　邮编：100029
　　　　　网址：www.ssap.com.cn
发　　行／社会科学文献出版社（010）59367028
印　　装／三河市龙林印务有限公司

规　　格／开　本：787mm × 1092mm　1/16
　　　　　印　张：17.75　字　数：237 千字
版　　次／2023 年 1 月第 1 版　2023 年 1 月第 1 次印刷
书　　号／ISBN 978 - 7 - 5228 - 0235 - 0
定　　价／98.00 元

读者服务电话：4008918866